JIAOYU
YU
XINGFU
SHENGHUO

闽教书香文库·教育新视界丛书

李镇西 / 主编
王 君 / 著

教育与
幸福生活

福建教育出版社

# 总　序

## 李镇西

有人说，诚挚的心灵是学生情感的钥匙，高尚的师德是学生心灵的明镜。然而一说到师德，许多老师往往想到爱心。这是对的，但还远远不够。爱是教育的前提，但远不是教育的全部，因为教育更多意味着责任，即对孩子的一生负责。由爱而升华为责任，需要我们做富有教育智慧的老师。我认为，今天的师德内涵还应该增加一个重要内容——专业化水平的自觉提高。这里，"自觉提高"意味着教师的专业成长更多是发自内心的要求和行动。

怎样追求"专业化水平的自觉提高"呢？我的切身体会是——做一个反思型的教师。我们不能仅仅是向学生奉献心血、青春乃至毕生的年华，不能仅仅是因学生的成长和成功而喜悦，我们还应该在教育学生的同时，提升自己的事业境界和人生品位；在学生成长和成功的同时，我们自己也应该不断成长并走向成功，从中体验到人生的快乐，为自己的生命喝彩。从这个意义上说，教育不应该只是一个奉献的岗位，也应该是一个获取的职业；教师不是一支默默流泪的蜡烛，而是一轮灿烂耀眼的太阳！

要达到这个境界，我们就必须做反思型教师。何谓反思型教师？通俗地说，就是带着一颗思考的大脑从事每天平凡工作的教师，就是通过思考、解剖自己日常教育实践而不断超越和提升自己教育境界的教师。这里的"思考"主要指"反思"，即对自己教育行为乃至教育细节的一种追问、审视、推敲、质疑、批判、肯定、否定……

必须强调的是，我这里所说的反思型教师之"反思"绝不仅仅是"想"。20多年的教育经历告诉我，一个真正的反思型教师至少应该具备四个"不停"：不停地实践，不停地阅读，不停地写作，不停地思考。其中，思考贯穿于教育的全过程和每一个环节。

第一，不停地实践。这里的"实践"就是全身心地投入到课堂中，投入到学生中，踏踏实实地做好每一件日常工作。和一般纯粹老黄牛式的"干活儿"不同，作为反思型教师的实践，有两个特点：第一是"情感性"，就是带着感情投入工作，融入学生，在教育实践中永远保持一颗童心和对学生的依恋之情；第二是"科研性"，就是不盲目地干，而是把每一个学生当做研究对象，把每一个难题都当做课题，以研究的心态对待每一个学生，在实践中既不重复别人也不重复自己，每一阶段都要有创新，都要有超越。

第二，不停地阅读。反思型教师同时应该是终生学习的身体力行者，他把阅读当做像每天都要洗脸刷牙吃饭一样的必需的生活内容。反思型教师的阅读，也有两个特点：第一是"专业性"，教育名著、教学专著、教育教学报刊等等，都是阅读的对象；第二是"人文性"，作为人类精神文明的传承者，除了认真阅读教育教学专业书，反思型教师还要读一些政治的、哲学的、经济的、历史的、文学的等等与教育教学"无关"的书；徜徉于人类精神文明的长廊，在触摸历史的同时憧憬未来，在叩问心灵的同时感悟世界。

第三，不停地写作。这里的"写作"实际上是搜集积累自己的教育矿藏的过程，也是总结提炼自己教育智慧、教育艺术的过程。和有些教师仅仅是应付职称评定的"写作"不同，反思型教师的写作同样也有两个特点：第一是"日常性"，把写作当做自己的需要并养成习惯，通过每一天的写作点点滴滴地积累教育心得，而不是到期末为了应付检查才写一篇总结；第二是"叙事性"，就是写原汁原味的教育案例，不必煞费苦心地"构建"什么理论框架，也不借时髦的"理论"和晦涩的名词来进行学术包装，就让自己的教育故事保留着鲜活的气息，让心灵的泉水自然而然地流淌出来。

第四，不停地思考。教育本身就是最具创造性的精神活动，所以，教育者充满理想主义激情的人文情怀和独具个性的思考精神，当然应该贯穿于教育的每个环节和整个过程。这里的思考首先指对自己的思考，即把自己当做研究对象，揣摩、琢磨、体验、品味着自己已经和教育水乳交融的日常生活；同时，思考也包括关注、研究、咀嚼、审视别人的教育实践、教育思想。如果这思考带有对自己进行检讨、解剖的意味，它便成了我所理解的"反思"，而这种反思的习惯和能力正是任何一个教师走向成功必不可少的精神素养和职业品质。

在所有反思中，最重要的是对教育失误的反思。几乎可以这么绝对地说，任何一个教育者在其教育生涯中，都会犯这样或那样的错误。区别优秀的教育者和平庸的教育者，不在于教育者是否犯错误，而在于他如何对待已经犯了的错误。善于通过反思把教育失误变成教育财富，这是任何一个教育者从普通教师走向教育专家乃至教育家的最关键的因素之一。

所谓"反思错误"，通俗地说，就是犯了错误之后不要轻易地原谅自己，而是拷问自己的心灵：我为什么会犯这样的错误呢？这样的错误是出于一时的感情冲动，还是有着必然的思想根源？这样的错误事先能不能避免？这样的错误是否受到了我期望达到的"教育效果"的影响？如果达到了某种"教育效果"，那么我付出的代价是什么？如果没有达到，那么这次错误所造成的表面的后果和潜在的危机有哪些？这样的错误蕴含着怎样的教育遗憾、教育缺陷乃至教育悲剧？这样的错误可能会在我的学生心灵上造成怎样的伤害？这样的错误包含着哪些可以理解的善良意图？这样的错误掩盖着哪些不可原谅的自私和可怕的个人动机？我是否真正从这次错误中汲取了教训，并从中获得了新的教育启迪？……

每一次错误，对所有具备真诚反思精神的教育者来说，都是一个进步的台阶，于是便可以沿着这个台阶一步一步走向智慧的巅峰，于是便可以享受到更新更美的教育视界。本丛书所收录的正是在智慧之路上部分攀援者的反思点滴。有的是对个人教育行为的记载与思考，有的是对社会教育现象的归类与驳诘，还有的是对传统教育思想的探寻与争鸣。或朴实或诗意，或激情或理性的文章倾注了我们对教育坦诚的热爱与反思，希望它们能够引起广大教育工作者的理解与共鸣，并召唤更多的朋友在实践、阅读、写作、思考的教育之旅中走得更远！

# 序：这样的生命是和谐的

李镇西

读《教育与幸福生活》的过程中，我的胸膛内一直涌动着生命热潮。

我从中读到昨天的我——一样的年轻，一样的纯真，一样的激情，一样的浪漫……那时候，真的没有想过什么"赛课获奖"，什么"著书立说"，什么"特级教师"，什么"教育专家"……全部的追求，就是如何使每一天都让自己开心也让学生开心。

我禁不住问自己：当我现在已经成了所谓"教育名人"之后，我的生命之轮是否已经开始生锈？我是否还保持着王君老师这份对教育、对学生、对生活、对生命的赤子情怀？

当我们孜孜以求班上是否得了流动红旗的时候，追求某堂主题班会是否获得了领导的表扬的时候，追求班上有几个学生上了清华北大的时候，追求学校是否挂了国家级示范学校的牌子的时候，我们是否忘记了一个朴素的生命追求？

这个追求就是——过一种完整而幸福的教育生活。

我同意王君老师的观点：教育的幸福，首先体现于教育细节的幸福。这些细节可能是教师和学生之间的眼神、微笑、泪水、叮咛、抚慰……它们也许不一定能够直接带来班级流动红旗，带来很高的升学率，带来领导的表扬进而获得显赫的荣誉，但无数幸福的细节便构成了校园生活全部的美丽和教育生命的所有魅力。

　　王君老师正是怀着对朴素而简单的幸福生活的愿望，朴实而平凡地过着每一天的教育生活。本书展示了王君老师普通而鲜活的生命在讲坛上欢快流淌的情景，上课、备课、谈心、读书、反思、写作……一切都是那么平淡，但决不平庸。她把自己的生命从容不迫地融进了课堂，更融进学生的生命，学生的生命因此而获得生长的力量，王君老师的生命因此而永远青春勃发。

　　1998年，我曾和王君老师一起参加全国性的语文课堂大赛，我们都未能获得一等奖。当时年轻的王老师有点沉不住气，我告诉她："来日方长，不要把我们一生的荣辱甚至成败都寄托于某一堂课。让未来的日子证明我们自己！"（不是原话，大意如此）八年过去了，我和王君老师都用行动证明了自己。我为自己而骄傲，王老师也应该为自己而自豪。

　　所谓"骄傲"和"自豪"的唯一理由和依据在于，我们都没有因那次小小的失利而一蹶不振，因为我们都发自内心热爱着自己选择的职业，并愿意将这份职业变成一项不朽的事业。这里所说"不朽的事业"绝不是指我们要多么"显赫"，之所以"不朽"，恰恰在于我们都愿意把自己的生命自然而然地融进每一天的课堂、注入每一个孩子。生命不息，我们的事业自然也就不朽。反之亦然。

　　我认为，每一个愿意追求幸福生活的教师，都应该让生命这样自由地舒展。王君老师正在这样享受着教育，我也愿意继续这样富有诗意的生命之旅。

　　因为，这样的生命是和谐的。

2006年8月24日

# 自序：教育，乃是发现、创造、享受幸福生活的艺术

王　君

你永远不知道明天海潮会送来什么。

这段日子以来不断涌上我心头的就是这句话。它是汤姆·汉克斯主演的著名影片《荒岛余生》中给我留下最深刻印象的一句台词。

此刻，我坐在电脑前整理我这三年来的班主任手记。鹅黄色的窗帘把山城重庆已经高达40度的炽烈阳光挡在窗外，空调很温柔地送着凉风。我似乎游弋于一片巨大的神秘海洋，而这片海洋是由上百万的旧文字汇聚而成的。我沉浸其中慢慢回溯，重新点击着、检阅着已经定格的一千多个日子，居然也情不自禁地为自己的坚持和激情感慨万端了。

感谢生活，赐我以力量和情趣让我记下了这么丰富而美丽的一段历史。

三年前，当我成为重庆外国语学校初2006级IB班的一名班主任的时候，我没有想过要出这么一本书。三年前，当我把我的办公地点定位在教室的最后一排，决定每天和孩子们亲密接触的时候，我没有想过要出这么一本书。三年前，当因为一个偶然的机缘我开始写作"下水日记"的时候，我也没有想过要出这么一本书……生活真的就像扑朔迷离的海潮，每一天都在为你送来意想不到的惊喜。这些惊喜，成为了推动手记写作以及诞生这本书

的原动力。

因此，我敢自豪地说，对这三年班级生活的记述，是无功利的，是不靠毅力而仅靠兴趣和热情来坚持的。我为孩子们留下的这一百万字，每一个字都不是靠行政命令憋出来的压出来的，而仅仅是因为这三年的生机盎然的班级生活不断地温暖着我，震撼着我，魅惑着我。这些文字，都是好雨知时节，当春乃发生，连我自己也不知道是从什么时候开始，它们居然也已经成乱花渐欲迷人眼之势了。

大概也因为这个原因吧，当在很多家长和学生的强烈要求下，我决定开始整理这些文字时，我感觉到了艰难。去年，我在整理出版我的第一本书《青春之语文》时，是没有这样的艰难的。因为关于语文教学的写作，我一开始就有非常明确的目标，那就是要在核心期刊上发表。写作目标的清晰促成了我后来工作的简易。《青春之语文》的诞生几乎可以说是顺理成章的事。但是，这本书却完全不一样：率性的写作，自由的表达，最后呈现出来的不过是一堆生活的细节，真实却芜杂，谈不上选材，更无所谓构思，文字是素朴的，表达是粗疏的。除了真诚，从写作的角度来说，这些文字很难说圆满和精致。

但正如现在流行的原生态的唱法一样，手记的原生态样式也给我提供了一个很好的反思平台和反思角度。因为这种非常翔实的对教育生活的观察与体验似乎更能贴近真教育的本质。没有完美的规划是遗憾的，但教育在教育者和被教育者的共同实践中发展着完善着，不断呈现出它越发迷人的远景。对于尚处于教育科研入门处的我而言，这似乎是更本色更本真更本性的研究。

所以，我想通过这本书展示的，还远远不是宏观的教育思考，而仅仅是一段教育体验或者说教育历程。它是一个特定的班级、一群特定的孩子、一个特定的老师对教育原汁原味的咀嚼。

当然，这并不妨碍我在这三年之中和三年之后以较为形而上的思维方式来认真审视和总结这堆形而下的东西。我在想，到底是什么，让我饶有兴趣地不知疲倦地记录着校园生活的点点滴滴，到底是什么让我一直处于教育的高峰体验之中对平凡的教育细节乐此不疲。教育，是以什么样的姿态改变我们又被我们改变，塑造着我们同时又被我们塑造。对教育，我们应该还可以做出什么样的属于我们自己的个性化的诠释。

我不是善于逻辑思维的人，抽象出某种原理更不是我的所长。故作姿态的上纲上线只会让我成为涸泽之鱼，我只是以绝对诚实的心态面对自己留下的这些绝对诚实的文字然后绝对诚实地问自己：这三年的教育实践，如果要你用一个词语来形容，你准备选择哪一个？

我不会有什么迟疑，我的回答是：幸福！

在我的意念中，教育，乃是发现、创造、享受幸福生活的艺术。

这几年来，我先后浏览和研读了一系列的教育理论书籍，最喜欢的几篇，我都选在了这本书中第三部分"幸福班级的幸福老师"的"为有源头活水来"中了。这些理论书籍有的是名著，有的不是，但它们都对我产生过很重要的影响，为我构建自己的教育生活提供了理论的支撑。这其中，最让我心醉神迷的书是罗素的《教育与美好生活》。

情不自禁决定重读《教育与美好生活》，是因为这个题目又一次吸引了我。有了十三年的中学班主任经历后，我是如此深切地感到在我们的教育中充满了剑拔弩张的紧张气息——如果你采访现在的中学生和中学教师，能有多少人有底气用"美好"这样的字眼来形容我们的教育和生活的关系呢？

没有"美好"，何来"幸福"？

然而教育应该是这样的吗？当然不应该！

这似乎是一个很庞大而沉重的话题，它涉及到整个中国社会发展的历史文化背景，这不是我这篇小文能述说清楚的。我只想表达的是，作为有幸站在新世纪门槛上的一位还算年轻的教师，在迟疑彷徨之后，我们应该以什么样的思考和姿态去突破中国教育的这个瓶颈，哪怕仅仅是个体性的突破。

在《教育人学》中有这样一个观点：教育的领域是自由的领域。在这个自由的领域中，我们应该把受教育者自己生命的发展权、创造权还给他自己。教育就是对人性的充盈与放飞。一言以蔽之，教育即自由。

教育是对人性的充盈与放飞，教育即自由。如此诗意的阐述也许会让理论家们嗤之以鼻，但却让我这位一线教师向往不已。这个定义当然并非完美，我认为，教育如果只把受教育者定义为服务的对象，那么这个教育是不健全的。在我的意念之中，教育应该同时服务于被教育者和教育者。诚如这样："教育的领域是自由的领域。在这个自由的领域中，我们应该把受教育者和教育者自己生命的发展权、创造权还给他自己。教育就是对人性的充盈与放飞。一言以蔽之，教育即自由。"

教育，只有让受教育者和教育者都同时幸福地向人性的完美进军时，它才会呈现出它应该有的面目。

因为痴迷于这份教育理想，所以三年来，能让我感到特别有成就感的不是班上又得了多少纪律红旗和清洁红旗，不是我们又争得了多少一等奖特等奖，更不是我们的年级排名又增加了多少，而是如下的一些生命细节：

是全班同学为国际部大楼的救火阀被损坏而义愤填膺的时候；是孩子们心悦诚服地放弃了街舞，而把我们民族的腰鼓捶得咚咚响的时候；是孩子们用外语把祖国传统诗歌名篇《石壕吏》演绎得荡气回肠的时候；是孩子们把五十块钱一套的班服穿出了朝气蓬勃的时候；是孩子们采访了盲人学校后，对嘲笑了残疾人的金奖小品赵本山的"忽悠"系列提出了质疑的时候；是家长会上幸福的眼泪又飞起来的时候；是因为早恋差点轻生的孩子、家庭遭遇剧变的孩子、成绩太差要弃学的孩子的脸上又重新展露了笑容的时候；是科任老师表扬我们班上的孩子最有礼貌，最有激情的时候；是班上大部分同学的长跑都得了100分的时候；是一度沉默的蒋云淞变得能说会道的时候；是我根据IB班孩子们的真实故事写成的随笔和论文接二连三地在《班主任》、《班主任之友》、《中学语文教学》等刊物发表的时候；是我发觉自己由孩子眼中的"四大恶人"之一变成了"最温柔"的班主任的时候……

　　回眸这些鲜活的充盈着生命感的细节，我感觉到自己是一个真正的教育者，而不是中考指挥棒下的一个驯兽师。我和我的这群孩子，因为有着三年幸福教育生活的体验和锤炼，所以我们会更有激情，富有爱心，更能坦然地接受着生活中的风风雨雨，更能以健康积极的心境去创造未来。

　　我之所以有底气完成这一本书的整理，是因为我可以自豪地说，这三年，实在是我和这些孩子一道，发现、创造、享受了幸福的教育生活的三年。我渴望在这本书中展示的，就是这样一种幸福生活得以产生的令我回味不已的温馨过程。

　　要在这近一百万字中筛选出五分之一来表达一种教育追求，我越来越发觉这是非常痛苦的事情。因为当我着力于裁剪和重组的时候，我越发地确定教育实在没有多少惊天动地的大事，教育的本质或者说生活的本质就是细节，而任何一个细节的流失都会导致教育成为空中楼阁。所以，整理书稿的过程也成为了一个痛苦的抉择的过程，我小心翼翼地在删与留的矛盾中徘徊着，希望尽量同时给读者留下经脉和血肉。我诚挚地希望我的努力能够达到我的目标——读者通过这本小书，能如临其境地看到巴渝大地上一群孩子和一位老师的成长以及他们共同拥有的幸福人生。

　　这本书是以我的视角来观察教育和表达教育的。我把自己作为这段教育生活的核心人物，其原因在于我一直以为教师在教育生活中起着举足轻重的地位。一般来说，如果教师在教育中获得了长足的进步享受到了成长的幸福感，那么，以她为核心的班级生活也一定是幸福的。诚如弗洛姆所说：

> 上帝许诺的土地（土地象征着母亲）流淌着牛奶和蜂蜜。牛奶象征着上面所说的爱的第一个方面，蜂蜜象征着生活的甜美、对生活的爱及生活的幸福。多数母亲只能给予牛奶，但少数母亲才能给予蜂蜜。为了提供蜂蜜，她不仅应该成为一个好母亲，还应该是一个幸福的人——很少有人能达到这样的境界。我们完全可以在孩子身上，甚至是在成人身上看到哪些人只得到了"牛奶"，哪些人同时得到了"牛奶"和"蜂蜜"。

我希望我就是这样的一位老师，不仅能够给予学生牛奶，也能够给予学生蜂蜜。

顺便提及一句其实并不太想提及的话，在我着手整理这书稿时，重庆市的中考成绩正在下达。IB班的中考成绩是优秀的。这个成绩，超过他们才进校时候我对这个班级最后升学成绩的预期。提及这个似乎有点儿无可奈何，因为在当代中国，几乎对任何一项具有教改意义的教育行为的评价，都必须最终以中考高考成绩为衡量标准。英雄要过美人关，教改要过分数关。这几乎已是你无法回避的常识。我和我的IB班是幸运的，我们让我们的幸福经受住了最后一轮也是最残酷的一轮检验。

但我庆幸之余并不为此而自豪。把教育看成是发现、创造、享受生活的一种艺术，乃是一种理想的教育观，教育本身即是一种对人性和社会理想的追求。但是，现实无情，理想与现实常常不能牵手。即便如此，总要有人在过分功利的教育红尘中执著追寻在水一方的教育诗意；总要有人在现实的教育困境中为灵魂深处的教育理想辗转反侧；总要有人肩扛着闸门，让我们的子孙后辈，去发现，去创造，去享受最人性最幸福的生活；总要有精神的跋涉者即使在人性的荒原上也依旧翩翩起舞……

还是想以罗素的一句话作结：

  所有伟大的艺术和伟大的科学都是源于起初那种虚无飘渺的幻想——那种向人们召唤，诱使人们舍弃安全与舒适去忍受悲壮痛苦的奇美。凡怀有这种情感的人绝不会受名缰利锁的束缚，因为人之变得伟大，全归功于这种热情。

谨以此书展示我的教育之梦。期望着更多的读者能乐我之乐也。如果朋友们能从这本书中感受到些许教育与人生的幸福或惬意，那我，也就能从中萌生并享受到更多的幸福了。

2006 年 7 月 23 日于**重庆红育坡**

# 目　录

### 第一辑　天使素描

丑柑 …………………………………………………………（3）
男儿篇之真心英雄张钪 ……………………………………（6）
男儿篇之大头代东航的一次非常经历 …………………（10）
男儿篇之钟愚笑了 …………………………………………（14）
男儿篇之蒲涛上任 …………………………………………（17）
女儿篇之真心英雄李想 ……………………………………（22）
女儿篇之"巨蟹号"许菁 …………………………………（25）
女儿篇之文武双全杨羚箐 …………………………………（27）
女儿篇之小刺头何语婷 ……………………………………（31）

### 第二辑　激情岁月

"叛徒班"的幸福生活 ……………………………………（37）
孩子，谁能借你一双慧眼 …………………………………（44）
风雨兼程大礼堂（一）……………………………………（49）
风雨兼程大礼堂（二）……………………………………（52）
滚滚红尘 ……………………………………………………（61）
　　——校外主题实践活动"走进平民生活　感受平民情感"记录
他们为什么会流泪 …………………………………………（66）
南山作证 ……………………………………………………（69）
毛毛虫怎样过大河 …………………………………………（72）
一封迟到的信 ………………………………………………（76）

1

少年人的爱情也可以如此美丽 …………………………… (80)

## 第三辑　呵护心灵

班主任日记，呼唤审美的人生态度 ……………………… (87)
仅仅有尊重是不够的 ……………………………………… (91)
今天，穿着长裙上讲台 …………………………………… (94)
写在半期考试成绩揭晓之前 ……………………………… (97)
没有激情是可耻的 ………………………………………… (101)
软弱一下吧，孩子 ………………………………………… (104)
孩子，这份权力，请你珍惜 ……………………………… (108)
孩子，你做的，总有人看得到 …………………………… (110)
救救孩子 …………………………………………………… (112)
　　——一次作弊事作之后写给孩子们的日记
好班级创造好老师 ………………………………………… (115)
最后一个要求 ……………………………………………… (117)
家，只是起点 ……………………………………………… (120)
　　——面对一封学生来信
让你的老妈浪漫一回 ……………………………………… (124)
IB班要买车了 ……………………………………………… (127)
孩子，但愿阿里原谅你们 ………………………………… (129)
你们是多么幸运的孩子 …………………………………… (132)

## 第四辑　爱如潮水

女人三十初长成 …………………………………………… (137)
我交给你们一个孩子 ……………………………………… (141)
　　——新年之际写给我的家长们
流泪 ………………………………………………………… (144)
最甜蜜的批评 ……………………………………………… (147)
晴天不在 …………………………………………………… (151)
人间四月天 ………………………………………………… (155)
美丽新世界 ………………………………………………… (158)

| | |
|---|---|
| 提醒 | (163) |
| 谢谢你交作业 | (166) |
| 我不罚跑步 | (169) |
| 怀念一个孩子（一） | (171) |
| 怀念一个孩子（二） | (174) |
| 孩子，我送给你的不是同情 | (178) |
| 给阿左的回信 | (180) |
| 孩子，请相信爱 | (184) |
| 让阳光先行 | (189) |
| 问候成长 | (192) |
| 我给孩子们的一次期末评语（部分） | (195) |
| 一次浪漫的评语写作活动 | (199) |
| 最后一课 | (206) |

## 第五辑　教而不思则罔

| | |
|---|---|
| 初夏的羽绒服 | (225) |
| 装修对教育的启示 | (228) |
| "超级女声"给教育的启示 | (233) |
| 谁在为教育贴金 | (237) |
| 谁来同情教师 | (242) |

## 第六辑　源头活水

| | |
|---|---|
| 教育情怀当是诗 | (249) |
| ——兼推荐王艳慧《老师，我要你做我爸爸》 | |
| 黑夜给了我黑色的眼睛 | (254) |
| ——兼推荐陈俊瑜同学的《准高三时代》 | |
| 健康俊朗是少年的表情 | (257) |
| ——推荐《高三重点班来了一个漂亮女生》 | |
| 青春难以承受之重 | (260) |
| ——《门背后的天堂》助读 | |
| 走出师爱的误区（一） | (264) |
| ——弗洛姆《爱的艺术》对班主任工作的启示 | |

走出师爱的误区（二）················································(274)
　　——罗素《教育与美好生活》对班主任工作的启示
走出师爱的误区（三）················································(281)
　　——《教育人学——当代教育学的人学路问》对班主任工作的启示
教师自我拯救的三种视角············································(289)
　　——读《我们和差生》有感

**跋：每一天都是金子**··················································(298)

# 第一辑 天使素描

第一辑 天使素描

　　请记住：每一个儿童都是带着想好好学习的愿望来上学的。这种愿望像一颗耀眼的火星，照亮着儿童所关切和操心的情感的世界。他以无比信任的心情把这颗火星交给我们，做教师的人。这颗火星很容易被尖刻的、粗暴的、冷淡的、不信任的态度所熄灭。要是我们，做教师的人，在心里也像儿童对待我们那样，把无限的信任同样地给予他们就好了！那将是一种富有人情的相互尊重的美妙的和谐。

——苏霍姆林斯基

## 丑　柑

　　回到家，看到桌子上有一大盘柑橘，个儿非常小的那种。不仅小，而且颜色也不鲜艳，不是灿灿的金黄，而是黑色和暗红色相交。一些地方黄，一些地方红，一些地方黑，似乎存放了很久已经变了质。外皮还不光滑，凹凸不平的，像是别人选剩的货色。

　　我很惊讶。姨婆买东西是非常讲究的，怎么会买这样品种和质量的柑橘呢？

　　姨婆见我看着柑橘出神，从厨房走出来解释道："这种柑橘叫丑柑，外表难看，味道却极好，不信你尝尝。"

　　丑柑？好蹊跷的名字。我的好奇心上来了，于是选了一个个儿最小色

3

彩最黯淡的剥开来，一尝，果真特别滋润且甘甜。我一连吃了好几个，个个都极爽口。

"怎么样？"姨婆得意地看着我，笑着问，又补充道，"这丑柑，价格可不便宜，两块五一斤呢，而且还供不应求。来一批，卖一批，卖水果的老板说，市场上就这种柑橘的销售最好。"

2元5角一斤，是不便宜了。现在市场上个儿最大，形象最神气的脐橙，也不过2元钱一斤吧！

想想觉得有意思，我便拿了几个来放在笔记本电脑旁边，做着事情累了乏了的时候，便剥开来慢慢地品吃。

今天为孩子们写毕业评语，写着写着便想到这丑柑。您说，这丑柑，多像IB班的一些孩子啊。

作为择校生班，IB班的孩子都是当年在小升初的考试时失败的孩子，要读这个IB班也简单，只要稍多交一点钱就可。所以IB班似乎也不具备和平行班相提并论的资格。

许多现在看来优秀的孩子，当时真和丑柑一样啊。

比如蒋云淞吧，被我盛赞为"生子当如蒋云淞"，可见是属于偶像级别的学生。但他才到学校的时候可不是这样。初开学那段时间，我发现他做事情的速度特别慢，老是不能按时完成作业。甚至有几回考试，根本就没有做完。当时我想，这小子麻烦，恐怕很难适应中学学习了。优秀的小学生到了中学之后变成中等生甚至"忧生"，这种情况很常见。

谁会想到连作业都完不成的个子矮矮的蒋云淞，后来会成为班上第一名年级前十名，谁会想到他还会是体育尖子，谁会想到他甚至还有能力改变自己过于内向的性格呢？

谷雨更是一枚典型的"丑柑"。这小子，从一出现在IB班就开始闯祸，不遵守纪律不说，关键是还时不时做些特别另类的事情。记得当初我和他母亲第一次交谈，问的问题就是他小学时候有没有染上不好的社会习气。在很长的一段时间，我非常警惕地关注着这个孩子，担心他的没有准绳的过度活跃会对IB班产生负面的影响。

当时我怎么会想到，这个孩子会成为我们的骄傲。他的成绩、他的创造能力、他的幽默风趣，对塑造IB班的班级性格产生了重大的影响，而且是正面的影响。

　　还比如说杨雅云，这丫头，可以说给我的第一印象极差。在军训的时候，全班就她一个人请假，病恹恹的样子让人看着丧气。我最恨的就是不能吃苦遇到困难就溜边儿的行为，对弱不禁风的孩子也多少有点儿天然的反感。第一次和杨雅云聊天还觉得她有点儿夸夸其谈，不太务实。总之，我想啊，这孩子恐怕是比较娇气的一类。

　　但我错了，在以后的三年里，杨雅云的变化是巨大的。这姑娘灵气、聪慧，凡事都很有想法。她起初确实也是弱不禁风的，但后来慢慢地就健康起来了，这健康源于她总是能够认真对待每一次长跑训练。她的学习一度很吃力，但是她不放弃，不消沉不堕落，到现在，她已经进入了年级的前200名了，这和她初一时候的成绩比较起来，简直是天壤之别了。至于她后来成为了《石壕吏》的主角，成了市级作文大赛一等奖获得者，成为了年级的语文尖子……呵呵，杨雅云哪里还是当年的那个"丑柑"，她简直已经成了水果之王荔枝了。

　　多少孩子都曾有过"丑柑"的经历啊！默默无闻的王维妙最后冲进了年级前三十名，外表最朴实的杨羚箐居然是古筝高手，个子矮小的李想是长跑健将，外表敦厚的张慰慈能说出笑死人的冷笑话，活泼外向的何语婷有一颗温柔细腻的心，胆小内向的牛晓其实很有组织能力……这些孩子，只有你走近他们，静静地等待一段时间，你会发觉，他们都是那样的可爱，虽然他们多半貌不惊人不太善于表达自己。

　　我又剥开一个丑柑来，细细地观察着它粗糙丑陋的外表，慢慢地咀嚼着它纯正的甜。我想，教育，大概也就是一个品尝丑柑的过程吧。当一名老师，最甜蜜的幸福也不外乎是心平气和地面对每一个丑柑，然后慢慢地咀嚼品味它们的纯正的甜。

我坚定地相信,儿童在认识周围世界的同时,应当认识自己,应当充满一种深刻的自我肯定的感情。自我肯定是自我教育之母。自尊感是一个人的荣誉感、名誉感、健康的自爱心的最强大的源泉之一。

——苏霍姆林斯基

## 男儿篇之真心英雄张钪

这几日,让我在班上慷慨激昂义愤填膺的是孔琳的事。连续三天,《重庆时报》上都在报道孔琳在中秋团圆夜跳江救人的事迹。年仅32岁的孔琳在中秋之夜两度跳入江中营救落水学生,最后溺水而亡。

这样的报道偶尔也有,而且同类报道都惊人的相似:除了英雄的壮举之外,必然又有着太多的冷漠的看客出现。

孔琳事件也是一模一样。当孔琳奋勇救人的时候,50名围观者漠然旁观。当孔琳的家属以及好友恳求驾驶渔船的渔民们帮助寻找孔琳遗体时,打鱼者竟然要求家属出5000元的打捞费。而当凌晨三点英雄的遗体被打捞上来后,几名渔民又向家属索取200元的"劳务费"。亲友们无奈地在打出了5200元的白条后,将英雄的遗体送到了殡仪馆。

报纸上的两个大标题让我无法不痛恨。

一个是：只要有人拉一把，他就不会走。

一个是：为何从来不乏冷漠的看客？

我让学生在班上朗读这些报道。我站在门边，让冷风吹过我的脸。

让我还能够理直气壮地在班上评论这件事情的，还有一件骄傲的事情——就在我们班，上个周末，也出了一位真心英雄——张钪。

我一直在心里想像着，我的张钪，我们IB班的张钪，在那样的一个时刻，是怎样地克服了自己心中的恐惧。

张钪是瘦弱的，一米六五的个子，只有90来斤。张钪还是我们班上身体出状况最多的一个孩子，老受伤的是他，晕倒的是他，总之在我的印象中他是一个比较羸弱的学生。这样一个"排骨型"的、没有什么抵抗实力的孩子在遇到可能的暴力的时候会有什么样的表现呢？

发现小偷是在晨光百货。在一个很偶然的时间，他突然发现一个小偷力图把手伸进一个正在听随身听的年轻女子的包中。他便一直尾随小偷，一直跟到了红育坡顶。年轻女子沉浸在音乐中，完全不知道身后的状况。小偷的动作其实已经非常嚣张了，嚣张到了周围的人都开始指指点点，但是，就没有一个人敢说话。

在小偷的手再一次伸进年轻女子的包里的时候，我们的瘦弱的张钪冲上前去，大喝一声。

这一声，声动红育坡。

小偷猛然惊惧，转身夺路而逃。

在众人的惊叹声中，年轻的女子悠悠地转过头，一脸的无邪与宁静。

很巧，那正是我们学校的一个年轻教师，而且，还是我们教研组的一个年轻教师。

那真是一个美丽的瞬间。我调动我所有的想像力。我想起了《天下无贼》中的那个一直到最后都不晓得事情真相的憨厚可爱的"傻根弟弟"。

幸运的是，我们的张钪安然无恙。小偷被吓跑了，仓惶逃跑，虽然逃跑的时候满是狰狞的神情。没有流血事件，不像《天下无贼》中，为了斥退小偷，主人公最后甚至付出了生命的代价。

其实我真的不想用太隆重的文字来记叙这件事情，更不想用太隆重的文字来赞美这件事情。但是不行，这两天来，我的心中涌动着英雄的感觉，这种感觉在我笔尖灌注着感动和激情。我没有办法压抑我的感受，没有办法！

因为，在我们的张钪背后，报纸上不是依旧在连篇累牍地写满了"张钪"缺席，"孔琳"牺牲的让人触目惊心的事实吗？

2003年5月9日，湖南湘潭市，一位名叫姜健明的轻生男子在听到了看客"怎么还不跳啊，我的腿都站麻了"，"快点跳啊，我还有事呢"，"别磨蹭了，你到底敢不敢跳啊"的叫声中，拿起砖头扔向"鼓励"他跳楼的看客，悲愤地从五层楼上跳下，死了。（中央电视台新闻）

2004年4月21日，一讨薪民工突然爬上成都沙湾路某酒店顶楼作势欲跳，引来大批路人围观。众目睽睽之下，有看客大喊："等了你半天你都不跳，要我们呢！""往水池里跳！"后来有四人竟一起向这个民工发出命令："一、二、三——跳！"（2004年11月22日《天府早报》）

2004年11月28日，四川省绵阳市涪城区临园路花园小区大门附近的人行天桥上，一名身份不明的轻生男子在看热闹者"兄弟，快点跳下来""兄弟，搞快点跳下来""快点跳，莫要浪费时间哟"等一片"叫跳"声中，跳下身亡。（2004年11月30日《成都商报》）

2005年3月1日，带着几年的辛苦钱回家，哪知刚一出站就被人将钱骗走。突遭此变，重庆一外来打工人员在精神恍惚之下爬上雨棚要自杀。上千名看客看热闹，有人笑着说："要自杀就干脆点嘛！"一些围观者喊出："怎么还没有跳？快点哟！"这位打工者受不了刺激，挥刀自残，鲜血慢慢流淌下来，看客中却传来"再来一刀嘛"的喊声。（2005年3月1日《重庆时报》）

……

面对这些报道，我怎能不为我的张钪自豪，怎能不用最新鲜最美丽的词语做成鲜花，献给我们的真心英雄。

我还要把这段文字送给我的张钪：

  当他们把魔掌伸向共产党人时，我没有说话，因为我不是共产党人；当他们把魔掌伸向犹太人时，我没有说话，因为我不是犹太人；当他们把魔掌伸向贸易联合主义者时，我没有说话，因为我不是贸易联合主义者；当他们把魔掌伸向天主教徒时，我没有说话，因为我不是天主教徒；最后，他们把魔掌伸向了我——这时候，已经没有人站出来为我说话了。
    ——二战后基督教徒马丁·内莫勒的一段忏悔

张钪，为你骄傲，因为你"说话"了。
你是我们IB班的真心英雄。

### 教育与幸福生活

学习的愿望是一种精细而淘气的东西。形象地说，它是一枝娇嫩的花朵，有千万条细小的根须在潮湿的土壤里不知疲倦地工作着，给它提供滋养。我们看不见这些根须，但是我们悉心地保护它们，因为我们知道，没有它们，生命和美就会凋谢。

——苏霍姆林斯基

## 男儿篇之大头代东航的一次非常经历

大头代东航要代表全班在年级誓师大会上演讲了！呵呵，这可忙坏了一整个儿 IB 班。

首先，班主任王老师能不忙吗？论朗诵才能，代东航是最好的人选。他的个子，他的音质，他的普通话，他的感情表达应该说都是班上第一流的，但是他的胆量，以及他这段时间的表现，那可是班上最末流的。在年级的最后一次至关重要的大会上，选他作为 IB 班的形象代表，恰当吗？他到时候在台上忘了词儿怎么办？他被吓晕了怎么办？

要说班上的演讲好手多着呢？随便推个人出去，也不至于让班主任自己这么焦心。何语婷多棒啊，陈熙之多能干啊，李想胆儿多大啊，犯得着为个代东航弄得一个班都忐忑不安吗？

第一辑 天使素描

在这件事情上下决心，班主任我可真是犹豫了好一阵子。得了，拍板儿，就让代东航去，就冲着他这两个"末流"。兴许，他的懒散和胆小也许会因为这个特殊的机会有所改变呢？

接着是杨雅云忙。嗨，让代东航上倒是简单，他自己也乐意，但是所有后勤工作得给他做好啊。首先是稿子的问题。写作不是代东航的强项，怎么办？我想了想，这事儿对他确实有难度，好吧，给他配个秘书得了。我请了杨雅云，班上的大才女给他做秘书，让杨雅云写出初稿，要求代东航再根据自己的实际情况进行修改。总之，杨雅云是他的秘书兼文字总监了，我的要求是最后拿到我这儿的稿子，得八九不离十才行。

杨雅云倒是不负众望，快手快脚几下子就把稿子弄定了。我一看，还行，学生气浓了一些，浓就浓吧，就让这最后一次的演讲成为最本色的一次演讲。

接下来全班同学便都跟着忙了。

你肯定觉得很好笑，代东航参加演讲，大家伙儿跟着瞎掺和什么。连稿子都有了，这不什么都完美了，他自个儿背稿子准备不就得了。

问题就出在这"背"字上。

按理说，十四五岁的孩子，正是记性好的时候，背诵能算什么事情？可是您不知道，就这背诵，对于代东航简直就是难于上青天的事情。从初一到现在，为了背诵，我和代东航就一直做着艰苦卓绝的斗争。可以说，我简直就没有看到过代东航老老实实认认真真地把一篇东西背下来过。所以，这家伙的文科一直是个老大难。学到初三后期，必须要背的外语、政治、历史等等他都学得一塌糊涂。

代东航就是这样一个家伙，要让他背下这五六百字的稿子，还真要了他这个身高1.8米的彪形大汉的命。

于是，全班就不得不掺和进来了。

一位同学下课经过他的桌子出教室，就顺便问一声："喂，大头，你背下来了吗？"

这同学去厕所回来又经过他的桌子，又顺便问一声："喂，大头，你背下来了吗？"

那段日子代东航正和王维妙同桌，我便经常看见那稿子摆在两个人中间，似乎两个人都在念念有词。

我也不闲着，只要代东航一落入我的眼帘，我立马就提醒他："喂，搞定了没有？"

群体势力也不放过他。一上稍微闲一些的课，大家伙儿就在下边嚷嚷："让代东航去演练演练……"科任老师不明就里，但多半对这事情表现出热情。于是很大方地腾出五分钟，让我们的代东航一次一次地上讲台演练。那段时间，教室里便经常爆发出快乐的笑声，让隔壁班的同学莫名其妙。

就是在这样的高压下，代东航的背诵速度依旧缓慢得像蜗牛。在我多次踮起脚尖来敲他的后脑勺后，我都差点失去信心了。还有好几次，"换人换人"的话都到嗓子眼儿上了，看着他垂头丧气的样子，终于觉得于心不忍，于是硬生生地把话咽了回去。

誓师大会好像知道IB班的演讲者遇到了困难，不断地延期配合着代东航的缓慢。于是这些日子，我们终于看到了代东航努力背诵东西的模样。早也背，晚也背，课间也背，课上也背，走厕所也背，锻炼也背。我再也不好意思敲他的后脑勺了，因为几乎任何时候，他都拿着那几乎已经要被揉烂了的稿纸挺虔诚地背着。

一直背到将要上讲台之前了。

当然最后的结果是，他的演讲获得了极大的成功。

在诵读上代东航是有绝对天才的。他只要克服了胆小和怯场的毛病，他是一流的演讲高手。

这回像这样子折腾了近一个月，你说他要是再发挥不出来的话，他不真是个"大头"了吗？

演讲下来，代东航满面春风。我和全班同学的心继续"扑通扑通"地跳着，不过这回不是紧张害怕了，而是自豪快乐。这个代东航，真够吓人的。一人演讲，全班跟着受罪啊！

后来代东航的妈妈打电话跟我说誓师大会完了之后代东航可激动了，他告诉妈妈初中三年了，就没有哪一次像这一次那么扬眉吐气过。

我听得哈哈大笑。我说，代东航妈妈，您知不知道他为什么会这么高兴，因为他被活生生地压抑了一个月啊！没有压抑哪有爆发？在初中就要结束的时候，他终于真正体会到爆发的快感了！我边说边笑，让代东航的妈妈也找不着北了吧？是啊，她不是当事人，她怎么能体会到代东航的这一次"非常经历"呢？

　　最后，揭揭代东航的短。正式演讲的时候，他最终没能做到完全脱稿。他对自己的自信心还是不够。其实就这个月的做法，他早就应该倒背如流了。

　　遗憾，却让回忆更加甜美了。

教育与幸福生活

　　教育素养在很大程度上取决于教师是否善于在儿童的脑力劳动和体力劳动过程中，在游戏、参观、课外休息时间内观察儿童，以及怎样把观察的结果转变或体现为对儿童施加个别影响的方式和方法。

——苏霍姆林斯基

## 男儿篇之钟愚笑了

　　我看见钟愚笑了。

　　还有其他的科任老师也看见钟愚笑了。

　　当然还有更多的同学也看见钟愚笑了。

　　于是有孩子在练笔中悄悄告诉我说：王老师，连钟愚也笑了。

　　于是更有老师碰到我的时候眉飞色舞地说：王老师，钟愚都笑了，钟愚还是有培养前途的哟！

　　哈哈，您看，钟愚一笑，IB班简直就像过节一样了。

　　您不知道，钟愚的这一笑，有多么不容易啊。古人说"千金难买一笑"，咱们班的新同学钟愚，根本就是"万金难买一笑"哦。

　　钟愚是个奇特的孩子，上学期才到我们班上来。这家伙，样样让我们吃惊。

　　第一次自我介绍，他站在讲台上

十几分钟不说话。

他又瘦又高,有惨白的面容和很冷漠的神情,对什么都不理不睬。全班为着好笑的事情哄堂大笑的时候,他居然面无表情。

他是班上的"乐山大佛"之一,可以从早上第一节课坐到晚上最后一节课。不去厕所不吃饭。

对,他还不喜欢吃饭,不是免早餐就是免午餐,早中晚三餐都免的时候也很多,这让我特别头疼。

他把手揣在裤包里跑步,跑完了1800米也不见他气喘吁吁。

他不来升旗仪式,说是要在教室睡觉。

他周末一回家就不能按时返校,还不接我的电话。

他留着长长的头发,我要陪他去剪,他居然溜掉了。

我看见他和爸爸妈妈斗嘴,呵呵,真是个厉害的角色。

……

不要把您吓着了,钟愚是个奇特的孩子,您听我慢慢说。

钟愚外语口语特别强,笔试成绩也一等一的棒。他转到外语校来就是要读外语校的高中。这家伙,以后要是走外语专业这条路,甭说有多棒。

钟愚还很有物理天分,他的物理思维恐怕班上就只有"长臂猿"姚未来有得比。现在"长臂猿"被分出去了,钟愚的脑袋成了班上第一物理脑袋了。

钟愚的作文也写得不错,他的创新思维能力很强,写出来的东西常常让我捧腹。十四岁的钟愚在语言上已经很有个性了。

钟愚平时上课不开腔,但是语文课上偶尔发一次言,那多半是精彩的。特别是文言文,同学们都觉得难,但钟愚偏偏有超强领悟力。

钟愚现在和同学们说话的频率高起来了,下课的时候也能出去走走了。

钟愚这一周准时返校了。

钟愚周一早上准时参加升旗仪式了。

钟愚当了英语科代表了。

钟愚的脸上有些红晕了。

钟愚居然还笑了。

我看见了。
同学们看见了。
课任老师们也看见了。
大家都在乐着,像过节一样。
喂,我们真想让每一个人都知道:
IB班的钟愚笑了!
钟愚真有"培养前途"哟!

我认为，教育就是形成"可爱教育的能力"——使一个人对自己的成就和挫折非常关心。这一点，在我看来，乃是教育的核心，是教育的最宝贵之点：使一个人想成为好人，想竭尽自己整个心灵的全部力量，在集体的眼里把自己树立起来，显示出自己是一个优秀的、完全合格的公民，诚实的劳动者，勤奋好学的思想家，不断探索的研究者，为自己的人格的尊严而感到自豪的人。

——苏霍姆林斯基

## 男儿篇之蒲涛上任

（一）

对于一个内向腼腆的孩子，要出任班长，会经历什么样的苦痛挣扎呢？

这一周，班长蒲涛走马上任正式管事了，默默无语的他，又生活得容易吗？请读一读他的心声吧。

"我从来没有想过要当班长，没有别的原因，就是不想太张扬，就是不想从此背上一担重重的责任。

这也许是我的性格决定的。

在我眼中，自己只适合做一位乖乖学习的沉默学生。我不想去管理别人，那对于我是非常困难的事情。我胆怯于用自己本就微弱的声音去制止别人的吵闹，我慌张于自己在同学狡辩之时的穷于应付。在任何公开的正式场合中，我的心里总是充满了懦弱，我随时想的是如何逃避，而不是全身心去面对、解决。现在，担负责任会让我变得更加犹豫不决，以至于我整个人都陷入苦海。

……

但是，我又何尝不懂得这个道理：责任越大，能力的提高也越大。尽力而为吧，今晚，我已经迈出了第一步。让我从此踏上锻炼的路途，成长的路途吧！"

王老师想告诉蒲涛：

读了你的这篇练笔，王老师很欣慰，也很感动，还很振奋。

首先，我从你短短的几百多字当中，读到了你对自己的客观反省和解剖。人最大的可悲就在于，沦于黑暗而不知黑暗，陷于危险而不知危险。很为你自豪，因为你是一个清醒的孩子，你对自己个性的分析是一针见血毫不留情的。你那样毫不掩饰地大胆地向老师袒露着自己心灵深处的想法，这勇敢和坦率证明着你是一个敢于直视自己的内心世界的孩子。而你知不知道，蒲涛，一个人，只要拥有了这一份勇气，那他就已经成功一半了。

孩子，个人的世界很小很狭窄，但集体的世界很广阔很明丽。三年了，你一定看到了那么多班长们的精彩人生。从第一届的开朗大方的何语婷班长、高洁班长到后来和你一样腼腆内向的牛晓班长、郭丽阳班长，在他们的表现中，你一定能够体会生活的一些原汁原味。因为你一定比王老师还要了解，每一个班长都生活得不容易，因为他们都有各自的苦恼。他们有的学习底子不好，有的自我约束力不强，有的成绩三起三落，有的比你还要沉默……但是，当他们走出自己的内心小世界而投身到集体这个大世界之后，你是能够看到他们因为努力承担着什么而发生的小小或者巨大的变化。

因为承担，学习的压力反而被分解了，当一个人的肩膀上承受着两份责任的时候，他通常会比往常更加坚强。中学校园并非是孩子的天堂，残酷的学业竞争常常会让一个孩子有着短暂的迷失感。但是，因为肩上的沉甸甸的责任，这份迷失会很快地找到一个可以靠的岸——责任催人向上啊。因为承担，脚下的步子会更加沉着，灵魂的跳跃会更加活跃……

蒲涛啊，试着大胆地去为同学们多做点儿什么吧。在这个过程中，你会发现，每一次的在大庭广众下的高声说话虽然让你紧张，但也让你振奋。每一次的历经了心理搏斗之后的正义的行为虽然会让极少数的同学有暂时的不满，但大部分同学的佩服和拥护会让你感受到自己的价值。在努力地督促自己承担责任的过程中，你会发现自己的腰杆挺直起来、眼睛明亮起来、心灵饱满起来。

人生中有一种幸福感是庄严的：你突然意识到自己不仅仅属于自己，你还属于大家，因为大家需要你！

而被人需要，是对自己人生的多么崇高的奖励啊！

老师相信你，以如此严格的心态反省着自己的你一定不会面临着"苦海"。当然，承担责任毕竟是承担责任。就像背着沙包练习长跑，这毕竟是一件艰苦的事情。但是，当你挺过来，卸下沙包的时候，你回望自己走过的路，你会发现，经过一路的气喘吁吁，你收获的是一个更加坚韧且有力量的自己。

祝福你，孩子，祝福你在初三就要结束之前，拥有了一次背着沙包前行的磨练。

认真地跑吧，快乐地跑！我们——王老师，还有所有的同学都支持你拥护你！百天之后，我们希望看到，蒲涛说：我不仅可以做一位乖乖学习的沉默学生，我还可以大胆地去尝试做一位领导者！

如果这样，我们的IB班，会为你而自豪。

（二）

我带了块新的抹帕到班上去。讲台已经很脏了，早该收拾一下了。但上个星期我老是忘记。

按照习惯，我准备自己去收拾讲台。不是纵容孩子们懒惰，十三四岁的孩子，在家里边没有什么机会动手干家务活，在学校，做清洁的能力实在不敢恭维。所以，一般比较死角的地方和特别脏的地方，我都喜欢做个表率，给孩子们带个头。

今天，讲台就算比较"死角"的地方了，我得先拾掇拾掇，也给孩子们看看什么样才叫清洁整齐。

抹帕是新的，干的，我弄清爽了讲台上的粉笔等物，正准备开始抹，耳边响起了一个小小的声音。很小，我没有听清楚，还以为是自己听错了呢。

那声音又响起来了，这次大了一点儿，我愣了小片刻，确定身后确实有人。我转过头去，哦，果真有人，是蒲涛。

蒲涛是班上最瘦的男孩子，瘦到了全班都在争先恐后地减肥，只有他一个人晚上在寝室狂吃，目标是增肥。蒲涛的脸也是瘦瘦的，黑黑的，但很圆，所以有那么一点儿小娃娃的可爱了。蒲涛不仅瘦，还腼腆，是班上最腼腆的一个男生，平时不多言不多语，我从来就没有听他大声说过话。所以，此刻，他站在我身后，是在对我说什么，还应该是说了两遍，但我就是没有能听清楚。

他的脸有些红，腼腆的红，看得出他有些着急，因为这着急，他小小的窄窄的眼睛便上扬了。他认真地看着我，又匆匆忙忙地说了一句。这次我听清楚了。他说："老师，我来吧。"

我突然有点受宠若惊，是有点儿。我在讲台上帮助孩子们做清洁，无数次了，这是第一次，一个孩子，还是一个男孩子对我说："老师，让我来吧。"

一瞬间，我居然有点儿紧张，有点儿手足无措。我慌慌忙忙地把帕子递给他，说："好的，你来吧。"然后往后退，把位置给他让出来。

蒲涛半低着头接过抹帕，埋着头开始抹。然后又抬起头问我："是不是用点水？桌子很脏。"我又愣了愣，然后慌忙点点头。蒲涛便半低着头，走下讲台，往教室外走去了。

我愣在那里。其实讲台上只是粉笔灰比较多，不用水也行的。但蒲涛那双小小的窄窄的眼睛里的认认真真的眼神让我点了点头。

不禁有点儿嘲笑自己的"受宠若惊"了。

是啊，初三了，升学的压力铺天盖地地压下来，班上的孩子，对集体的事情，多少有点儿麻木了。像这样小小细节上的关怀，开学以来，还是第一次吧。

　　而这第一次,是蒲涛给我的。是班上最腼腆最内向的男孩子给我的。在大庭广众之下,在那么小小的让所有孩子都可以忽略不计的小事情上,蒲涛悄悄地问我:"是不是用点水?桌子很脏。"

　　真的,很温暖很感动。

　　好一会儿,我才醒悟。这一周,是新班长蒲涛第一次走马上任。他安排了自己第一个值日,他进入角色了,在每一个微小的细节上。

　　我笑了。这就是我们选出来的班长,您看,有多棒!

和谐的教育,这就是发现深藏在每个人内心的财富。共产主义教育的明智,就在于使每一个人在他天赋所及的一切领域中最充分地表现自己。人的充分表现,这既是社会的幸福,也是个人的幸福。

——苏霍姆林斯基

## 女儿篇之真心英雄李想

下午一走到教室里,几个孩子便朝我嚷嚷:"王老师,李想好了不起哟!"

我大笑。因为我最初以为这又是孩子们在逗我。李想这丫头,是班上长不大的小卷毛,举止言谈经常像个小小孩儿,比如喜欢在安静的教室里发出点儿怪声什么的。这个"好了不起",是不是讥笑她又有什么惊世骇俗的尖叫声呢?

见我不在乎的表情,孩子们急了。还是何语婷口快,哇啦哇啦地就把前因后果全说清楚了。

原来今天李想去食堂给饭卡充值,她要充的是50元,但是充卡的老师不小心误充为500元。当然,充卡的老师没有发现这个失误。

卡交给了李想,李想当时也不知道。

对于充卡的老师而言,这个错误

真够要命的。这不仅仅是 450 元的损失的问题，这已经是一次严重的事故了。您想想，如果犯了这个错误的是你，或者是你的亲戚，你会如何？

如果是我，一定会有很长的一段时间，都被沮丧包围着了。

但是这个充卡老师今天却因为自己的这个失误而幸福了一回。因为，她的失误幸运地撞到了我们的小丫头李想这儿。可爱的小精灵李想让一切都化险为夷了。

李想充卡后去食堂就餐，她很快就发现了卡上的数额不对。后面的故事很平常，她马上直接去了办公室，告诉充卡的老师："我的卡上多充了450 元。"

故事就这么简单，就像今天的这个日子，和往日的任何一天一样的平淡，但是因为我们的李想的这样一句话，充卡窗口里边的那张脸惊诧之后感激地笑了。此刻，在我敲下这些文字的时候，我也快乐地笑着。不仅仅是感动，更多的是甜蜜。

就为李想这平平淡淡的一句话，今天这个平平淡淡的日子有些不平淡了。哦，今天看到教室附近的那条林阴小道上的樱花开得特别的灿烂。我走过的时候，李想和杨之默正站在花下小声地说着话。那副画面可真让我心醉啊，两个美丽的青春少女和春天里一棵绽放的樱花树相映成趣。李想的头上，白云流动，春色烂漫。

呵呵，连花儿都知道今天要为李想开得更热烈一些。

前两天想要写的文字当然不是这些。当时我忍不住想要说说的是李想的另一份"精神"。

初三后期了，不少孩子在白热化的竞争下已经开始支持不住了。激情在渐渐地冷却，麻木在疯狂地滋生，懒惰浮躁忧郁颓废的气息像荒野孤坟中的毒气，时不时就窜出来，搅得我和孩子们都心神不宁。

但在这沉闷中，李想是一个奇迹。我发现她的眼睛越来越明亮了，她的神情越来越专注了，她在课堂上的"高音"越来越响亮了。我看她越来越频繁地缠着老师问问题，看她越来越勤勉地争分夺秒地完成作业，看她的笑容越来越明艳，看她的精神越来越饱满……

在压抑的空气中，在连我有时候都无法再保持笑容的情况下，李想真像一个小精灵，不知疲倦地活跃着。

我不是说她的成绩，虽然她的确是在进步着。这一次月考，她已经是我们班上的第三名了。我写下这些文字，仅仅是为了她闪闪的眼神和饱满的情绪。即使她并没有取得第三名的好成绩，我的文字依旧深情。

当这份"精神"和充卡事件中的"精神"相叠时，我心中的李想，变得分外的清晰和亲切了。

以前，李想可不是让我觉得清晰亲切的孩子。

还记得那次打腰鼓，个子最小模样儿最乖的她怎么都不愿意担当节目最高潮的主角——被几个男生举起来。

还记得她和杨之默气冲冲地指责我泄漏了她们写小说的秘密让我战战兢兢地委屈了好几天。

还记得班上放恐怖片的时候她缩在铺盖里瑟瑟发抖。

还记得她和杨之默老是搞小集团鬼鬼祟祟地扎堆儿说话违反课堂纪律。

还记得长跑训练的时候她老偷懒。

还记得那次"脱大衣投降事件"让我领教了她足以让黄河泛滥的眼泪。

还记得在相当长的一段时间里她的不安的神情焦躁的情绪。

……

呵呵，这丫头，可是个让人不省心的丫头：性子烈得像匹没有被驯服的小马。

但这小马，又总在关键的时刻"乖"起来了。

像她在最困难的日子里的闪闪的眼神，像她平淡地说"老师，我的卡多充了450元"，像她这次运动会又报了800米和1500米……

以前为张钪写过一篇文字叫《IB班出了真心英雄》，虽然李想今天的事情不像上次张钪遇到的那样刺激和危险，但是，我还是忍不住地把今天日记的名字又取作了《IB班出了真心英雄》。

我觉得李想还真是一个英雄，一个模样儿漂亮的、性格不太乖巧的、但可爱率真的英雄。

你们认为呢？孩子们。

我们的座右铭是：不要让任何一个学生感到他在智力发展上是不行的，在学习上是注定要落伍的。我深信，在少年和青年当中发生的许多悲剧的根源正在于此：一个人如果感到自己无能为力，他是不可能幸福的；而在缺乏幸福感的地方，就会产生性情孤僻、不相信别人和冷酷无情的现象。

——苏霍姆林斯基

## 女儿篇之"巨蟹号"许菁

许菁这家伙的练笔本的封页上有几行字：

我是巨蟹横着爬

我是巨蟹我怕谁

许菁这家伙，是班上个子最矮的一个小女生吧，但却是班上神情最狡猾，说话最利落，眼神最犀利，思想最尖刻，性格最张狂的小女生。

反正我得防着这只"巨蟹"，以防她冷不丁杀上来，杀得我遍体鳞伤狼狈不堪。

你看，今天她又横着冲上来了，根本就不给你喘息的工夫。

你看她今天交上来的这篇练笔，气"死"鲁迅，气"死"冰心，还要气"死"我。

先是批驳鲁迅将代指时间的"它"反复写成了"他"。巨蟹不服气，说如果是学生这样写，作文分怕都会给扣完了。可一到鲁迅的散文中，那就一定会有"深刻的含义"了。于是便会有人追根溯源地去研究，写出一篇关于"它"作"他"的装模作样的论文出来作为学术成果。巨蟹说，反正名家放个屁都是对的。

然后巨蟹把矛头指向冰心，说她"的""地"不分，还不如现在的小学生搞得清楚。我说那是因为是白话文初期，本身"的""得"就不分。巨蟹更不以为然，她说那选进教材的时候就应该改过来。这样谬种流传害人不浅。凭什么如此"宽待"大人物，却苛刻我们中学生呢？

一番话说得我无言。

巨蟹于是乘胜追击，把她的铁钳指向了我。她说难道《湖心亭看雪》中的"独往湖心亭看雪"一句里的"独"字真有错吗？我们现在一个人独自在码头吹风，难道就是指旁边或者远处不能有一两个陌路人吗？说"独往"，就是说明他一个人去的，并没有交待他将要去的地方没有人啊！况且是"往"，本就有一个人去的意思，至于后面湖心亭有人还是无人，根本就没有推敲的价值啊！还有诸多"张牙舞爪"的论述看得我汗毛倒竖。我知道她针对的是我。上《湖心亭看雪》的时候，我就是以争论这个"独"字作为切入点的，还自以为高明。

你说这巨蟹厉害不厉害？反正啊，这毛丫头经常眼睛咕噜噜一转就是一鬼主意，两片嘴皮子稀里哗啦一摩擦就是一堆道理。我经常想，等这丫头片子长大一点儿，保管是《射雕英雄传》中黄蓉的最好扮演者。

她呀，本身就是一小妖女，一小"东邪"。

呵呵呵，巨蟹号许菁，看你还能"邪"出些什么名堂出来，咱们也摩拳擦掌等着瞧呢！

"不是槌的打击,乃是水的载歌载舞,使鹅卵石臻于完美。"(泰戈尔)在教育上,教师和学生是互为水,也互为鹅卵石的。不过,我们更多的时候只是看到了教师的教育艺术之水让学生日臻完美,而没有意识到来自学生心灵的泉水也在洗涤、滋润着我们的心灵,让我们的人格,让我们的教育,让我们的事业也日臻完美。

——李镇西

## 女儿篇之文武双全杨羚箐

做教师是个既累人又很累心的工作,但同时又有不少快乐。其中一种重要的快乐就是在每一届学生中,你都会遇到让你特别欣赏的学生。

IB班也是。班上就有好些学生让我一直佩服着,感动着。

杨羚箐就是其中的一个。

单从外表上看,这是一个特别朴实的孩子。不算太白的皮肤,不算太高的个子,不算太漂亮的脸,毫不张扬的眼神。反正你乍一看这孩子,很安静很本分,不太像经常见到的那种长在大城市的姑娘,一头一身的点缀,眉目之间流转多情,十分聪明的样子。初一开学报名的那天,她安安静静地坐在位置上,不多言不多语的。说真的,最开始的时候,我还真没有太注意她。

这姑娘实在是太安静了。

但很快她就引起了我的注意。

先是语文课上的发言。我发觉这姑娘反应特别快，口才特别好。对任何问题都能滔滔不绝地谈个小半天。说真的，她的普通话不算太标准，表达也不算特别凝练和有条理。但是她一发言就有一种急匆匆地迫切地想要表达清楚的欲望。这个时候，她的安静就不见了，眉宇之间便多了不少生动。她微微地摇着身子，滔滔不绝地说，滔滔不绝地说，恨不得要把心都掏出来的那个样子。这个时候，她的眼睛便分外的明亮了，脸上也多了些执著和倔强。整个人突然地就闪亮了起来。

当时我的第一感觉是：这个女孩子有些意思。

没过多久我便吃到了她的糖。我带的班是一个择校生班，本没有正取生的。但杨羚箐却成了很特殊的一个。学校为了给更多的学生以机会，开学初在一部分没有参加入学考试的学生当中又举行了一次考试，考得好的孩子有比较丰厚的物质奖励。杨羚箐就是其中的一个。那次，我见到了她的妈妈，和她一样朴实的，个子矮矮的，一脸的善良和淳朴的妈妈。年龄似乎比其他妈妈要大些，打扮也要平常些。这位妈妈乐呵呵地给我送糖来，意思是要我分享女儿的成功。原来杨羚箐的成绩还这么好啊！我在心里惊叹道。

我是不喜欢吃糖的，但那次的糖却是味道好极了！

接近初一上学期期末的一天，杨羚箐很是兴高采烈地带了一个台历到学校来。这个孩子比较含蓄内敛，像这样神采飞扬的样子很少见的。我和一大帮同学围着看这本台历。哇，真是让我们惊喜！台历上的美女就是我们杨羚箐啊！杨羚箐小学毕业前参加了市里的一个比赛，获得了"手风琴古筝双十佳"的称号，这本台历上的，就是这些技艺超群的孩子了。淡淡地化了妆的杨羚箐真是漂亮极了，台历上的她依旧很文静和雅致的样子，小小辫子翘起，凭空多了些机灵和生动。笑得还是不张扬，但那笑容，像小童星般的很有些韵味，让人不能不浮想联翩了。

哦，咱们的杨羚箐！我的心中突然涌动起一种向往，很想看看她弹古筝的样子。

结果没过多久就看到了。那真是让我惊心动魄的一幕！以前总是在电视剧中或者是电视节目上看到女孩子弹古筝，已经觉得是美极，我真是没有想到，音乐居然可以如此巨大地改变一个人。很清楚地记得当时的那一幕：杨羚箐成了小小教室的主角。古筝本是很典雅的很古典的乐器，杨羚箐往古筝旁边一坐，我便发觉这女孩儿的神情和味道全变了，反正刹那间就光彩照人了。从她修长的手指凌空一拨的瞬间，闹哄哄的教室顿时鸦雀无声，就连平时最喧闹的男同学也安静下来了。我见过杨羚箐做广播体操，也见过她跳舞，她不是那种协调性特别好的孩子，甚至是有些笨拙的。但是古筝旁端坐的她，是一个怎样气质高雅玲珑剔透的女孩儿啊！她的身姿、她的表情、她的眼神、她的一切的一切无不是为音乐而生的，和音乐如此默契地融为了一体。她的身体和手臂随着音乐而起伏，整个人似乎都化成了旋律，柔软无骨又柔韧异常。

我看得目瞪口呆，也听得目瞪口呆。于我来说，这真是一次音乐的启蒙，如此近距离的醍醐灌顶般的音乐启蒙。

后来，只要古筝啊扬琴啊竖笛啊等的乐声一响起，我的眼前便会马上出现杨羚箐的形象：笑语盈盈，风华绝代。

再后来，杨羚箐的故事就越来越多了。不声不响的她似乎总在储蓄，不声不响的，你突然地一看到她的"巨额存款"，眼前便是一亮，然后不能不从心底佩服她：

她考进年级前八十名了！

她通过竞选当上了第二届班长了！

她获得了重庆市作文竞赛的二等奖，在择校生班，二等奖也很少啊！

她的习作在国家级的报纸《语文报》上刊登出来了！

她的数学竞赛得了一等奖，而且是满分，年级第一名啊！

她能够篇篇练笔写到千字以上了，而且篇篇精彩三年不断！

……

最近的一次作文训练，张慰慈在对联中是这样描绘杨羚箐的：

一曲高山流水动人魄

一项奥数桂冠折人心

横批：文武双全

所有的人看了都会心一笑。

我抬起头去看杨羚箐,这女孩子还是淡淡的表情,浅浅的笑容。依旧只有在回答问题的时候,我才能见到她那微微有些倔强的迫切的表情。她的穿着依旧很朴素大方,行为依旧很拙朴纯粹,还像初一才进校时候的那个安安静静的杨羚箐。

她现在外语不太好,但我一点儿也不担心。我信她:一个像音乐一般飞扬灵动的女孩儿,外语是不能征服她的。

想到她,我就告诫自己:如果你看到在墙脚坐着一个安安静静的孩子,你千万别小看了她。

安静的孩子往往有故事。

世界上只有一个儿童，他的名字就是所有孩子。

——科尔·桑德

## 女儿篇之小刺头何语婷

那个小刺头何语婷，好久都没有来扎我了。这丫头，初一初二的时候像只小蜜蜂，一整天地都在我的耳边嗡嗡嗡。只要一有风吹草动，马上就狠狠地毫不留情地蜇我一下。偏偏我又是个最不谨严，嘴巴里最不利落的班主任，跟娃儿们天一句地一句开玩笑开惯了的，说出去的话多有"污点"，全被这只"蜜蜂"恶狠狠地看在眼里记在心上，第二天肯定会有一篇洋洋洒洒的练笔蜇得我赶忙认认真真写检讨隆隆重重去道歉。虽然我也曾强挺起胸膛写了《让暴风雨来得更猛烈些吧！》之类的手记鼓励这只蜜蜂继续发扬她的"蜇人精神"，但其实心中也紧张得很，怕小辫子被抓得太频繁成了秃头，于是语言中便多了些收敛。以后忍不住又放肆的时候，也偷偷觑一觑这丫头的神色，恐又被她抓住把柄，让之后的日子不得安生。

这只蜜蜂虽然处处拿我开刀,但其实自己也不是个安稳的角色。班上,就数她牢骚最多,莫名的诅咒也最多。记得初一半期考试前有一个晚上我就没有敢睡觉,趴在电脑上敲字,赶出来一篇《写在半期考试之前》的长文,在第二天的班会上声情并茂地念着。一边念一边拿眼睛扫射小丫头,希望这番语重心长情深意切的唠叨能让她"悬崖勒马",不再诅咒应试教育等等,不再嚷嚷着要转学退学上吊等等。

总之后来她果真没有转学退学上吊,只是不知道有没有我这些文字的功劳。

在这只"小蜜蜂"威胁下战战兢兢地过了两年,我正感叹着自己在这般的严厉监督下日渐成熟稳重的时候,何语婷却突然地变了——几乎是一夜之间,变成了温柔调皮的"小花猫"了。

比如今天一走进教室,这家伙就在那儿嚷嚷:"王老师王老师,我们好害怕哟,下午数学公开课,要来好多人好多人,我们'黑'(吓的意思)得发抖抖,快点儿排练嘛,真发言的举右手,假发言的举左手。"

"就是就是,我们'黑'得全身冰冷哟!"全班附和,一个教室里笑声震天。

"我说呀,假发言的举脚脚最好!"

哗——更有一堆娃儿笑得钻到桌子底下去了。

你看,这就是初三的何语婷了,不再黑着一张脸瞪着一对大眼睛找我和同学们的毛病了,而是变成了我们的"开心果"了,只要她在,准可以和我一唱一和,联手制造出许多莫名的快乐出来。

数学老师是新老师,很憨厚,不晓得自己又被这帮娃儿耍了。一听这些娃儿说紧张,顿时自己先紧张起来,于是在班上扎扎实实地作动员工作,几乎是一把鼻涕一把泪了。最可恨的是以何语婷为首的这帮小混蛋还在下边规规矩矩地坐着,作浑身瑟缩状,眨巴着眼睛看着数学老师,似乎从老师的鼓励中汲取了几多力量一样。

可怜的数学老师啊,你知不知道,咱们IB班,可是上公开课的一等一的班级,人来疯,和他们班主任一模一样。你咋个就那么天真呢!

何语婷却不仅仅是天真了,以前那个剑拔弩张的小丫头不仅会制造快乐,居然还学会了温柔。有几次,她偷偷地走过来悄悄对我说:"王老师,你的衣服穿歪了。"天，我连忙把裙子上衣等整了一整。要是以前，没准儿她就会严厉地长篇大论地批判我连这么小的事情也做不好还会上纲上线地联系到师德师风什么的。还有一次，她又默默地绕到我的身后，和我耳语道："王老师，这几天班上的清洁不太好，你恐怕得操点儿心了哟。"我连忙点头感谢，她嫣然一笑，转身就走。

真是嫣然一笑！我在原地愣了好一会儿，以前，我可从来没有看到过她有这等妩媚的表情啊！

小丫头也不急躁了。初一的时候，班上就她一个人好摔本子笔的，作业一多，要求一严格她就烦乱，嘴巴里嘟嘟囔囔地诅咒着，一边像我们家四岁的小儿子画画一样画她的作业。那些时候，她的字我经常认不了，不知道画些个啥。

初三了，天天拼命一般，卷子作业真个是"黄河之水天上来"了，但我却很少看见何语婷烦乱了。在那些个嫩男生唧唧喳喳抗议的时候，我还是喜欢用眼光去瞟何语婷。但她总是微笑地做着事情，嘴角有调皮的笑容，一副天塌下来我也能顶得起的样子。

但她的好作文却多了起来，听说能做的数学题也多了。

人说女大十八变，我们这个何语婷，哪里还只十八变，根本就是七十二变了嘛！

神奇！

# 第二辑 激情岁月

## 第二辑 城市贫民

我们应当经常关心的是：当儿童跨进校门以后，不要把他的思维套进黑板和识字课本的框框里，不要让教室的四堵墙把他跟气象万千的世界隔绝开来，因为在世界的奥秘中包含着思维和创造的取之不竭的源泉。

——苏霍姆林斯基

## "叛徒班"的幸福生活

娃儿们经常取笑说我们这个班是一个"叛徒班"。

单从这点上看，娃儿们的语文还算学得不错，因为这"叛徒"一词表现出他们的抽象概括能力还是比较强的。

要形容咱们这个班，还有什么词语能比"叛徒"一词更为精辟呢？

不说小的细节，只说大的事件。

初一时候的运动会入场式的团体操比赛，别的班都是清一色的现代劲歌、流行劲舞，一个个打扮得时尚青春，跳得学校好像提前进入了22世纪。我们班一出场，顿时全校哗然。因为我们把全校重新带回了19世纪——我们的团体操居然是黄土高原上的腰鼓阵。因为没有班费去租演出服装，我们穿的是牛晓的爸爸从部队给我们借出来的军装。没有配民族音乐，用的是《水浒传》的主题曲——

刘欢的那首《该出手时就出手》。音乐响起，我猛然觉得学校广播站的孩子声音太软配不上我们这个至刚至阳的节目。我当机立断冲上主席台，从广播员手中抢过话筒，自己开始声情并茂地朗诵：

   中国男儿　中国男儿
   要将只手撑天空
   长江大河　亚洲之东　峨峨昆仑
   古今多少奇丈夫
   碎首黄尘　燕然勒功
   至今热血犹殷红

  我的朗诵并不一流，但我的激情绝对一流。今天不是朗诵比赛，是幕天席地之下的腰鼓大阵。我惊天动地地朗诵完了，刘欢又惊天动地地唱开了：

  "大河向东流，天上的星星参北斗……"

  孩子们把腰鼓打起来了，红绸飞舞，声震天地。真如《安塞腰鼓》中描绘的一般：骤雨一样，是急促的鼓点；旋风一样，是飞扬的流苏；乱蛙一样，是蹦跳的脚步；火花一样，是闪射的瞳仁；斗虎一样，是强健的风姿。外语学校，爆发出一场多么壮阔、多么豪放、多么火热的舞蹈啊——IB腰鼓！

  最后的结果是，19世纪战胜了22世纪，我们获得了全校第一名。

  接下来的一周，不断有孩子向我诉苦：王老师啊，我们走路都不敢抬头啊！因为他们无论走在哪个地方，总有其他年级的同学在指指点点地说：看嘛，那就是IB班的，那天打腰鼓的！

  我大笑，笑得差点儿背过气去。

  初二的时候继续当"叛徒"，不能不提的还是那个永远的《石壕吏》。

  那一年的外语节是和元旦文艺汇演合二为一的。别的班或者是欢欢喜喜热热闹闹地迎接新年的歌舞，或者就是洋为中用的经典外语剧比如《白雪公主》、《灰姑娘》等，总之也都有一个喜气欢乐的结尾。

只有我们班，很不合时宜地来了个唐代悲剧《石壕吏》。

那是很滑稽的场面。新年晚会要到高潮了，主持人正在搞什么互动游戏。总之若干个巨大的鲜红的气球还在表演大厅的天空飞舞，上千学生的情绪正在爆炸的时候，偏偏我们的《石壕吏》必须要出场了。

那个时刻，我简直都要绝望了。班上孩子精卫填海一般地大喊：安静！安静！

谁会安静呢？

陈熙之开始话外音了，场子里还吵得一团糟。

娃儿们几乎要哭出来了，我恨不得冲上台去抢过话筒整顿会场纪律。但是我不能，表演已经开始了，这是新年晚会，我一个普通班主任不能造次。

但是会场却突然地安静下来了。

是潘俊臣的功劳。潘俊臣开始配乐了，他拉的是二胡曲《江河水》。

学校的音响效果非常好，潘俊臣二胡早已考过十级了，是见过世面的孩子。他的手一碰到琴弦，那如泣如诉的琴声便像刀子一样毫不留情地给了这喜庆的场子一刀。这琴声又像一根绞索，顷刻间就绞断了刚才的喧闹和沸腾。

全场肃然。

我们的演员在哭诉，在摔倒，在挣扎，在前仆后继，在生离死别……

后来，这个节目就成了学校的一个保留节目了。听说那个晚上，连根本不懂中文的外教也被我的孩子们演哭了。

但是于我，却一直有些歉意。天啊，那是新年晚会啊，我们怎么可以让这么多的老师同学在新年之夜泪飞顿作倾盆雨呢？

接下来的一周，又不断有孩子向我诉苦：王老师，我们走路都不敢抬头啊！因为他们无论走在哪个地方，总有其他年级的同学在指指点点地说：看嘛，那就是IB班的，新年晚会上演那哭戏的！

我还是大笑，笑得差点儿背过气去。

初三了，我们继续做"叛徒"。

没有报告学校，我带着孩子们从学校后门溜出去了。那是一个风雨大作的下午，我们徒步十多公里，从石桥铺步行到人民大礼堂。一肩风雨一肩泪水，暴风雨中十二公里的路程，孩子们居然只花了不到一个半小时的时间。把我这个自封的"IB长跑王"和他们的"师爸"远远地甩在了身后。

这个事情后来还是纸包不住火地被学校发现了。直到现在，领导一看见我就扫射过来愤怒的眼光，要求我利用共产党员"保先"的活动认真反省检讨自己这种无组织无纪律不把孩子们的生命安全放在第一位的行为。

管他呢，反正叛徒做都做了，写份检讨算什么？

我又一通哈哈大笑，笑得领导也搞不清东南西北了。

做叛徒确实是很让人过瘾的一件事情。我和我的一帮娃儿，简直就没有办法老老实实地做"顺民"了。

别人班上的班训都是"刻苦拼搏，纪律至上"什么的，只有我们班上是那软绵绵的"面朝大海，春暖花开"。后来因为娃儿们太闹，就换成了"宁静以致远"，我还觉得不够惊叹，在正中墙壁上挂了个巨大的"静"字。但似乎没有起作用，一上课，他们闹得更厉害。但他们不闹，我马上怀疑他们是不是生病了什么的。科任老师上完了课，也保准会不满意地问我："怎么啦？这么清风雅静的？"总之，别的班上追求的是安静，我们这班上追求的是热闹。

从初一开始，别的班就营造了浓厚的学习气氛，其中一个重要表现就是把所有的自习课安排给了主科老师。我们班没有，我们把自习课安排成了体育活动课和课外阅读课。那段日子，我和班上娃儿周周华山论剑比赛乒乓球，我又无比自豪地发现除了长跑和仰卧起坐，乒乓球上我怎么也要坐一把"东邪西毒南帝北丐中神通"的位置吧。因为体育上的优势，我在班上顿时人气飙升，站在讲台上，只有1.58米的我似乎变成了1.85米了，教训起这帮娃儿来也更加头头是道了。天啊，谁像我们这个班，半期考试前一天还在搞班级运动会；谁像我们这个班，每个周月黑风高夜把几十个娃儿撵到跑道上去搞长跑，而别的班练得最多的是全班乘以三百，因为这是运动会的团体比赛项目。

别人班上都高呼五讲四美三热爱，强调的是尊重师长爱护同学，只有我们这个班最没大没小。本班主任老王被他们叫成了"圆规王",因为我那该死的不是瓜子脸的圆脸。数学老师大王被叫成了"番薯王",因为又矮又胖的缘故。外语小王老师娃儿们不高兴的时候叫他"猩猩王",因为嘴巴有点儿地包天特像大猩猩,高兴的时候叫他"王放映员",因为他给娃儿们放的电影最多。命运最惨的是正值妙龄的物理小邹老师,天天和娃儿们斗嘴,最后还是被强行封予了"熊猫"、"巨无霸"之类的外号。不过这只"熊猫"在班上最受宠:要面包有面包,要饮料有饮料,最让我不平的是只要熊猫一叫冷,下边的男娃子们就呼啦啦地脱外套,慢了不行,熊猫老师只穿最快送上来的那件。

你说我嫉妒不嫉妒。

至于班上娃儿,名字都要忘记得差不多了。我东一口"长臂猿",西一口"小白兔",南一口"傻眼镜",北一口"小肥肥",这样叫效率比较高,因为"长臂猿"们对此反应得最快。

不过,大家伙儿叛徒做得最痛快的还是我的语文课。

都初三了,我们的课就没有初三的样子。课前的重头戏还是即兴演讲和"新闻联播",外加语文小知识讲座。这都是很费时间的活路,但娃儿们偏偏在这三件事情上表现出了巨大的热情——因为这完全是他们唱独角戏的时间。这个教学时段,我经常就有石破天惊之感:我自以为即兴演讲不错,每日里我总欣欣然地坐在我的位置上(我的办公桌一直在教室最后一排)等着纠孩子们的错,以表现我出色的听力和概括能力。但从近期的情况来看,要纠这帮娃儿们的错是越来越不容易了。"新闻联播"是不敢停的。每日里我还没有走到教室,播音员刘宏达就总会半路拦截过来把报纸从我的书包里抢走(虽然许多时候我想蒙混过关)。语文小知识的讲座更是让我哭笑不得,不晓得他们怎么就自我感觉这么好,三分钟的讲座时间,他们往往就要"讲座"完十几种修辞方法,介绍完二十几本书、所有的复句类型和所有的标点符号用法甚至还有唐诗宋词元曲的基本知识。我经常担心小老师的讲座会撑死大家。但大家就不发表反对意见,听得津津有味,还主动配合,把这三五分钟折腾得热闹得让我眼红。有时嫉妒得不行,很想停了这个项目,但是娃儿们不干,因为他们说班上不少朗诵天才表演天才都是在这个教学时段崭露头角的,怎么能停?

到了初三了，语文课上对我的挑战也更大了。因为班上语文课经常采用的是"读书报告"的形式，开课前，我是不能开腔的，得让他们先做"报告"，他们"报告够了"，我才有资格发言。有资格是一回事，能发言发到什么程度得看我的本事。我如若找不出娃儿们报告中的问题和纰漏，我的发言，掀不起另一轮自读的高潮，他们多半就懒得听了。到初三了，我们的规矩反而没了。前几天，我立志要上一堂中规中矩的诗歌美读课，自己作了比较充分的准备，连关键时刻要说什么话也准备好了。娃儿们勉强给面子配合着朗诵，但是一看到我一本正经的样子，就在后边朝我做鬼脸逗我笑，还斜着眼睛觑我。总之，这样有作秀嫌疑的课，我是不敢再上了。

初二的时候，全年级就我们班上没有买《题王》、《题圣》、《夺冠》之类的参考书，初三了，不买不行了。不买备课组长是会有意见的。买了，我也懒得理。IB才女杨雅云陈熙之替我包揽了这项工作，她们检查她们评讲还外加批评表彰。我那个急啊，这样搞下去，我们班的应试能力会不会严重下降？但娃儿们毫无同情心，昨天评讲前一次的月考试卷，我并没有给他们答案，四五个娃儿又跳又嚷地三下五除二就评讲完了。讲得头头是道。我很遗憾自己没有发言机会，在最后关头逮住刘宏达的卷子评讲了他的一道抒情过火的阅读题作为反面教材。结果今天刘宏达的日记就沉痛地控诉我毁了他一世英名。

我不理他，还一世英名呢！一做阅读题他就抒情，听说连答政治试卷也抒情，歪风邪气不杀怎么行？

现在我心底比较没有底子的是作文。我天天嚷嚷着"我手写我心"，写了三年了，恐怕全校就只有我们一个班还在坚持写日记吧。让他们写日记我是有私心的，因为我看上瘾了，哪天不看他们的日记就茶饭不香。这些日记啊，从来没有一句假话，真得让我触目惊心又酣畅淋漓。我们是每隔两周就有一堂日记诵读课的，每个娃儿上台来读自己认为最好的日记，评委现场亮分，偶尔还有PK赛制。这简直就是一场非常动人的作文盛会，每次开完，总有孩子嘎嘎嘎地感叹：天啊，我们班上怎么就有这么多的写作天才！我怎么混啊！

这话并不夸张，不信你来听听，哪一篇文章不打动你？哪一篇不涌动着个性的光彩呢?

　　但是这些作文能不能在考场得高分,我没有把握。

　　但我不说,不忍心说。我宁愿掩耳盗铃地做一个糊涂老师。我怕我一说了,从此便读不到让我捧腹让我流泪的好文章了。

　　……

　　好了,娃儿们,我要去开会了,没有时间再继续罗列我们"叛徒班的幸福生活"了。那个省略号,就让你们来续写,看看谁写得最棒,好不好?

精神的鸟儿只有在辽阔的蓝天才能无拘无束地展翅飞翔。语文教育要给学生以心灵的自由：容忍学生的"异端"，让他们的思想冲破牢笼；尊重学生独立思考的权力，让他们勇于质疑、追问和探索；提倡学生"心口如一"，让他们能够在讲演中在作文中酣畅淋漓地倾泻思想感情的潮水；鼓励学生创造，让他们能够在沐浴世界上所有精神文明之光的同时，又能拥有超越前人的激情、胆略与能力！

——李镇西

## 孩子，谁能借你一双慧眼

我带全班孩子到盲校去。孩子们，甚至包括我，都有些异样的兴奋。车上的气氛很热闹，一点儿也不压抑。我们都似乎暗暗地在期待着什么。阳光很好，似乎是 2005 年最好的一个艳阳天。每个孩子的脸上都洋溢着欢笑——我知道，这样的活动，对于他们，起码现在在他们的心中，相当于一次春游吧。

泪是在那一瞬间流下来的。我们在盲校的会议室里等他们下课，等的时间有些久了，便都有些懈怠和疲惫。正无聊的时候，他们进来了。我们看到了从未目睹过的一幕：他们是一串一串地进来的，后一个孩子的手搭在前一个孩子的肩上，一个接一个，像我们儿时玩开火车的游戏。他们的火车开得很好,大部分孩子的脸上也都是很兴奋的表情,没有不快乐。

我的泪却一下子就流了下来。我忍住。远远地,我发现,坐在我对面的女同学也有好几个在揩泪水。一串又一串的"火车"开进来了,我终于忍住了自己的泪。我突然为自己的想法感到好笑:我不敢流泪,我怕那些孩子看了伤心。但其实,他们根本就不可能看到我流泪啊!这个想法却又让我鼻子一酸。

联欢会开始了。我的心渐渐放松起来,因为这些孩子都很放松。一个八岁的胖胖的小男孩儿出来弹钢琴,弹琴前脆生生的几句话很动听。他的老师把他牵到钢琴前,他稚气地坐下抬手便弹,不算十分熟练,曲子却是很悠扬而动感。三个盲孩子出来演奏竖笛。这三个孩子都长得很丑:或者眼睛朝上,或者眼神呆木,或者翻着白眼,总之脸部的协调被损坏了。孩子们穿得又简陋,衣服料子似乎老差一截,给人捉襟见肘的感觉。他们手上的竖笛像玩具一般,没有人会相信能吹出好音乐出来。但是这几个丑孩子居然就吹出了很好听的《波尔卡》。还有三个盲孩子和我们一起玩抢凳子的游戏。我们为了表示尊重,也把我们的选手的眼睛蒙上了。还叮嘱选手要让着盲孩子,但是游戏的时候,我分明感受到了我们的笨拙和他们的机智勇敢。最后的胜利者当然是其中一个狡黠的男孩儿。得到了我们最多掌声的是一个高年级男生,他唱了两首流行歌曲,很地道,很潇洒。我们班上的孩子也跟着他唱,小小的会议室被搅得热气腾腾的。他坦然的微笑和镇定的态度很难让人相信他会是一个盲人。

我们带去的礼物很微薄,三块多钱的一份小礼物,全是小零食。来的时候我还担心拿不出手,一发下去才发现孩子们都极珍视极高兴。后来去寝室的时候,亲眼见到一个孩子很认真把这小小的包锁在自己的柜子里,心中便又是一酸。

后来我们去了盲孩子们的寝室。他们的床还是上下铺,六岁的孩子也需要爬上爬下。我看到一个小女孩儿在厕所里洗衣服,有小件的,也有大件的。他们一层楼才一个盥洗间。知道我来,孩子们都很兴奋,有些羞涩地和我说东说西。一个块头极大表情却极幼稚的女孩子还要了我的电话号码,说是要和我通电话。我认真地要写给她,她说不用,她记在心里了。

我不信，她背给我听，果然记下了。有一个带着红色的香妃帽的胖胖的女孩子一直跟着我，送我到门口。上车的时候我突然意识到我多次赞美她的帽子好看是多么残酷啊，也许她永远想像不出她的帽子是什么样子吧！

离开的时候，心情有些压抑又有些别样的感慨。盲孩子们还在楼道里很熟练很自由地穿行着，一脸天真地朝我们笑。我想起一个老师告诉我们的：他们呀，最大的希望就是能有人带他们出去走一走。

回到家，站在镜子前，我认真地看着我的眼睛。我长得不太好看，但因为眼睛稍大一些，也经常得到一些赞美和喜爱。而此刻，我却分明地感到，镜中的我，美目焕然，神采飞扬。

我认认真真地，把我的眼睛的每一个细节看了一遍又一遍。

我的耳边响起了那个盲孩子的笑声：老师，我会给你打电话的。

哦，孩子啊，谁能借你一双慧眼？

镜中的我，已经是泪湿青衫。

**【附：学生优秀感悟作文】**

## 忽悠？好笑？

姚未来

一片狭小的空地里，一群盲孩子在不声不响地跑动，庭院冷冷清清，站在那里只能听见旁边的建筑工地在叫嚣，教学楼却仿佛空荡荡的。我觉得这也许就是盲校与一般学校不同之处了：很少有欢声笑语，更多的是沉寂，偶尔只是铃声划破长空。一种寂寞、孤独甚至一种来自外界的冷淡弥漫在我们周围。他们似乎长期与世隔绝，人人都很沉静……全校人都很静……我有一种隐隐的感觉，他们缺少的不仅是光明，还有爱……

我忽然想起了赵本山的小品"忽悠系列"。

"忽悠系列"早已经风靡全国了。你们对他意下如何？搞笑、经典、还是幽默至极？台下掌声迭起，笑声一片，大多数人就是以这样的一种方式追捧着他的小品。但是在此我很抱歉，容我斗胆骂他赵本山一句："伧俗至极！"什么脑筋急转弯、什么卖拐、什么忽悠？无非就是拿那些有智障、身体残缺的人取笑而已。平时人们口口声声、信誓旦旦地说："献给残疾朋友们关爱！"可是春节晚会这种高雅的、体现艺术极致之美的晚会上，被大多数人誉为最棒的小品节目居然是取笑残疾人的，而且这种状况持续了好几年！

　　残疾朋友多么渴求关爱啊！盲校庭院幽幽，门可罗雀，孩子的天地异常窄小，一幢低矮的教学楼，旁边挤着宿舍，操场可以忽略不计，仅此而已！他们自娱自乐，我们带去慰问和表演，看到他们无比高兴的样子，只能让我们感到怜悯和自责。他们有的在台下黯然落泪，他们把不足三元钱的礼物紧紧锁在柜里，视为珍宝；他们有的还处于幼儿期，但已开始洗衣洗袜，一双小手在浊浑的盆里用力搅着，体现着一种可怜和坚强。我们去时，他们在教室里焦急地等着；我们走时，他们抓在铁门上眼巴巴地望着。他们说再见的声音是那么清纯，那么依依不舍。显然正是因为他们拥有的关爱太少太少了，我们的寸草之心才变成了三春之晖啊！

　　残疾朋友需要关爱，可是人们的行动只是雷声大，雨点小。甚至在最正式、最精彩的晚会上，公开表演这种在我现在看来不登大雅之堂的节目，更令我愤怒的是这不仅没有引起人们的反思，却引来了一阵阵捧腹大笑。面对此场面，残疾朋友会怎么想啊？

　　想起盲校的同学们，我很酸楚，想起春节晚会上人们喜笑颜开的场面，我的心一片黯然……

## 靠在肩上的信任

张慰慈

　　来到盲校，一个下午的时间就让我深深地记住了他们，不是因为他们的特殊，而恰恰是那份普通学校的感觉：开朗乐观，蓬勃向上。要是非要说有什么特殊的让我难以忘却的，我想是那份靠在肩上的信任：

　　因为看不见，所以他们不能像我们一样地独立行走，他们需要排成一列，将手放在前方伙伴的肩上，就这样，他们被紧紧地连在了一起。领头的，我想应该是一个还有依稀视力的孩子吧。有了老师的指引，他就快步地移动，没有了指引，他就将眼一动不动地盯着脚下，小心地迈着步子，后面的也跟着慢了下来，虽然看不见他们的眼神，可从那一张张安静的脸上，我感觉到没有人是焦急的，而他们每个人都是默契的。那些稍微凌乱了的步伐，也因为这种默契而迅速整齐起来。

我想，当他们的手与肩连在一起时，他们就成了一个互相信任的团体，每个人都信任自己的伙伴，就是这种信任给了伙伴一定走下去的勇气。这个集体因此变得密不可分，变得默契而没有焦急和埋怨，变成黑暗中的一个方向，再不会迷失。这是一群双目失明不幸的人，他们没有将信任藏在眼前那片深深的黑暗中，而是将那份信任毫无保留地交给别人。正是有了这份特殊的信任，他们团结在一起，得到了黑暗中的点点亮光，得到了一双靠在自己肩上和能靠在别人肩上的手。

而我们，有着一双明亮眼睛的我们呢？我们不是对这个明亮而熟悉的世界经常地不信任吗？我们每走一步都要小心翼翼，惟恐掉进陷阱，每听见一句话都要思考是不是有什么秘密，甚至每看到一件事，都要怀疑是不是假象，而"单纯"在我们的词典里再也找不着，难道上帝给了我们眼睛就是为了收回我们的天真吗？

试着将自己的手放在别人肩上吧！像个盲人那样，这样，你才会得到更多放在你肩上的双手，世界才会因此而美丽。

没有活动便没有集体。一个班集体如果除了上课便是考试是不会让学生产生感情的。一次又一次花样翻新、妙趣横生的活动，使班级内始终充满生机并对学生保持着一种魅力。学生会油然而生自豪："我们班真有趣！真有意思！我们的班有别班所没有的东西！"而且更重要的是，从教育艺术的角度看，在集体活动中培养集体观念，是通过淡化教育痕迹的方法来获得并非淡化的教育效果。这是教育的辩证之所在，也是教育者的明智之所在。

——李镇西

## 风雨兼程大礼堂（一）

这是一次"鬼鬼祟祟"的行动，不敢让学校知道了。如果学校知道，这活动多半搞不了。现在的学校是高危工作场所，现在的老师是高危工作人群。把学生放出校门尚且都是战战兢兢，更何况让学生在大太阳底下步行三个小时以上。

我犹豫了很久，弄不好这事情我就是要犯错误的。要是学生出了什么问题的话，我坐监牢的可能性都有。但是思量再三，我最后还是决定：干！

我想起了在农村中学的时候每天一大早起来领着学生跑公路的情景，想起了和一大帮孩子背着锅灶长途跋涉爬三座山搞野炊的情景，想起了在綦江中学天天带着学生练1500米的情景，想起了带领着班级自行车队轧过了綦江每一个角落的壮行……

五年前的学生也比现在的学生幸运啊！

而我们当学生时的幸运，现在的孩子更是想都不敢想了。

12岁的时候，我们那时的班主任胆子特大，总是放我们自己出去搞活动。我们小组的八个人在狂风暴雨的高山白云观迷路了整整一天，最后终于在狂风暴雨中冲出了大山。那一次活动之后，我写下了有生以来的第一篇长作文——整整三千多字，并不是老师的布置，只是自己内心的冲动，不能不写，不得不写。

17岁的时候，高三毕业那年，预考结束，我们"九兄妹"——九个好朋友也有了一次难忘的冒险活动。我们结伴而行，从綦江县城开始行走，途经桥河、分水、扶欢、郭扶等五个区镇，一直走到綦江最偏僻的山镇高青乡和高庙乡。在高庙的丛林中，我留下了青年时代最迷人的照片。在高青的农家院子里，我们亲历了最有原始风味的农家婚礼。在高庙的简陋的旅馆里，我们九个十七八岁的孩子有了一次最倾心的心灵交流。不在那样的特殊氛围之中，我们永远不可能想像会有如此真诚而彻底的内心袒露……綦江的六月已经是流火天气，但是高青高庙乡上却是寒风彻骨，晚上还必须要盖厚厚的棉被。那一次长途跋涉，成了我青春时代的最深刻的一次身体和心灵体验。

2001年的元月一日，和几个朋友一起，我们又有了一次很自豪的自行车之旅。我们骑着租来的自行车，长途跋涉八个小时，从重庆骑车回了老家綦江。成渝老路坡多弯陡，相当多的地方只能推车前行。我们为此付出了屁股疼痛好多天的代价。但也是这次自行车之旅，让我感到自己的生命依旧年轻得可以干很多很多事情……

在课外生活这点上，我们确实还算非常幸运的一代人，因为我们居然有那么多那么多可以值得回忆的课外之旅。可是现在的学生他们有什么呢？是在所谓教学设施齐全的名校学习的经历吗？是在韩寒郭敬明的伤感或者叛逆的小说中远远地淡淡地想像着生活的模样吗？是坐在有空调的房间里打游戏吗？是驾驶着家里的小汽车到处旅游吗……

天啊，还有谁比老师更知道他们这一代人的贫困。除了物质上丰富的享受之外，他们还得到了什么？无法躲避的学业竞争，残酷的就业竞争，人与人之间的深度隔膜，三点一线引发的信仰恐慌……

我不断地在问自己：作为班主任，除了学习的体验，你还能给孩子们留下点什么？当孩子们走出校门，忘记了你所教的知识之后，他们还能记住点儿什么？

所以，宁愿冒着犯天下之大不韪的风险，我决定，怎么的也要带着孩子们走一回！

在三十多度高温下，在期末考试临近前的一周，让我和我的孩子们进行一次身体和心灵的旅行：我们将从石桥铺走到上清寺的人民大礼堂。

这是一次青春之旅，告别刚刚才过去的最后一个"六一儿童节"，孩子们从少年走向青年。

这是一次生命之旅，让孩子们从封闭的书屋走向现代的百草园。

这是一次生活之旅，让孩子们从养尊处优的象牙塔走向凡人俗世。

我希望通过这次跋涉，更多的孩子能在心灵上断奶，懂得自己的人生需要自己的双脚一步步去丈量，懂得耐性和韧劲是一个人成功的重要品质。当然我也希望通过这次跋涉让孩子们学会理解学会合作学会宽容……

对IB班的孩子，我充满了信心。

我们已经坚持了两年的长跑锻炼了，班上相当一部分的同学的长跑成绩已经取得了100分，我们这个小小班级的运动会成绩也遥遥领先于年级的很多班级。这个集体天天都充满了生机和活力，我们的成绩不是最优秀的，但我们的精神状态身体状况和意志品行在同龄人中一定具有优势。这样的一群孩子，我相信他们完全能承受三个到四个小时的步行锻炼，相信他们的心灵和体力都将在几个小时的艰苦磨炼中得到一次涅槃。

所以，孩子们，让我们走吧！

我们走在路上，

走出我们年轻生命对青春的盼望和挑战，

走出我们融入生活，家事国事天下事事事关心的豪迈，

走出健康生命和健全心灵对自己命运的设计和把握，

走出友谊，走出自信，走出自省，走出自强，

让我们走进期末考试，走进初三，走进青春，走进生活……

我们，尊敬的教育者们，时刻都不要忘记：有一样东西是任何教学大纲和教科书、任何教学方法和教学方式都没有做出规定的，这就是儿童的幸福和充实的精神生活。

——苏霍姆林斯基

## 风雨兼程大礼堂（二）

本来最初的想法是，这次徒步万米跋涉之后，我将会写出很厚重的文字。但是现实嘲笑了我。一是还没有走出石桥铺，我和老公就被孩子们远远地甩在了后面。按照我的安排，体育老师曾庆霞在前边打先锋，一直和第一名的小组一起行进。我和老公断后，鼓励跑不动的同学，以防出现意外事故。结果我实在是过低估计了同学们。最开始我还想，按照平时每个周的长跑成绩看，班上的女同学除了郭丽阳和李想外都不是我的对手，在男同学中我的体力也在中间吧。我和老公的计划是至多走到大坪，我们就能赶上大部队。但实际上我们一路飞走，大部队都无影无踪。等我和老公赶到大礼堂的时候，孩子们不仅已经全部到达，而且已经到达半个小时了。最让我们震惊的是，就连曾老师拼尽了全力也只跟到了两路口，最后还是被跑在前面的两个组远远地甩在了后面。

一路上我还出了两个差错。

一是我的鞋子牺牲了。还未到石油路，我凉鞋的带子就被水泡坏了。这严重影响了我和老公的行进速度，让我完全没有实力再赶上大部队亲睹孩子们雨中飞奔的壮丽景象了。

二是我这个"总指挥"居然犯了一个天大的失误：也许是离家的时候太激动了吧，我居然把自己的手机遗忘在了家里。这个失误让我特别沮丧。因为在整个行进过程中，我就无法和孩子们联系了。我的"运筹帷幄""指挥镇定"的美妙设想全部落空。因为这个失误，在很长一段路上，我都心惊胆战害怕前边的孩子会出什么问题或者会遇到不能解决的什么困难。只要有众人围观的场景，我立马就会冲上去，直到看见不是我班上的孩子，一颗心才算放下来。后来回到家，手机上有二十几个未接电话，让我哑然失笑。孩子们倒没有让我操心，倒是我让孩子们操心了。

所以，关于这次活动中孩子们的整个心路历程，我都是在后来通过他们的讲述和写作知道的。我被深深地感动了：我发觉自己平日里对很多同学的评价都非常的不公正。因为危难之处显身手，只有在这样的真正的"生活"中，只有在如此狂风暴雨的洗礼中，每个孩子内心最深处的东西才会很真诚地流露出来。他们比我想象的勇敢坚强，比我想象的团结向上，比我想象的更有韧性和耐力。

通过这次徒步万米跋涉，我对IB班的孩子充满了敬佩。

同时，我也对现行的教育充满了怀疑：为什么我们的教育如此软弱如此谨小慎微。书斋里培养不出真正的公民，为什么我们就不敢把这一代人放到生活的大熔炉中去历练呢？

独生子女的心理不健全人格不健康，到底谁之过？

下边的语段都摘自孩子和家长们的活动感想，读完之后，我相信每一个人都会感动和思考。

星期五的那场大雨既给孩子们的徒步越野增添了很大的麻烦，却又没到严酷的地步。看来老天是赞成王老师这一"冒险"计划的：

听着亢奋地描述，看着透水的照片，想像着孩子们在暴雨中互相提醒着、鼓励着、搀扶着、在暴雨中成长着……那情那景，的确美好！

只要有了希望，人们就有了不顾一切拼搏的动力；

只要有了目标，人们就有了蔑视一切困难的无畏……哪怕他们还是孩子。

——陈熙之家长的留言

照片上是28张被雨淋湿却笑容灿烂的脸，这是我们IB班全体成员——刚用一个半小时走完从石桥铺到上清寺10公里路程的小英雄，这比估计速度整整快了一倍。这快了一倍的速度证明了一句话——尽力，就有可能！

这10公里的路程对于生活在都市的我们不是个小数目，老师也是下了很大的决心才让我们出发的。雨越下越大，路上满是泥泞，再加上路线的陌生，似乎为我们提出了一个天大的疑问：我们真的能走到吗？证明这个疑问只用了一个半小时。答案是让人振奋的：我们走到了，不仅是"走到了"，而且是"跑到了"。在出发前无法想像的，竟成为了现实，大家的惊讶和喜悦当然是无法比拟的。

其他的事情又何尝不是如此呢？

……

所以，打掉你心中太多的关于不可能的念头吧，释放你心中那些想要完成的愿望吧。不要给自己罩上梦想的牢笼，不要把自己锁在畏惧的踌躇里。行动吧，尽力行动，在行动中尽力，一切皆有可能！

——张慰慈

我们这一路到头，为了和另外一组竞争，男生总是拉着我们这些体力很弱的女生跑，他们完全显示出了平时没有的认真和男子汉风度。当我和杨羚箐走到一半实在不行的时候，陈熙之把我和杨羚箐一边挽一个，还大开玩笑说："你们看我好幸福啊！"

——周芋潇

确实，我得承认，何语婷在某些方面像个男人，10公里的路，身为组长的她，一直冲锋在前，和谷雨一起运筹帷幄指挥全组，导引方向。

杨之默真的不像别人所说的那么娇气，在全程中她和焦雅一样绝对服从指挥，一丁点儿也没有拉小组的后腿。

——柯晨号

看着照片上那一张张灿烂的笑脸，虽然雨水湿透了全身，湿漉漉的头发搭在眉间，看起来是那样的狼狈，但是我们的笑容比任何时候都灿烂。这是一次多么让人难以忘怀的跋涉啊，风雨越大，我们的志气越大。在艰苦行进的过程中，我们体会到了什么叫做生命的酣畅淋漓。这次跋涉是我们初中生涯中最重要的一次成长，这次的"第二名"也是我心中最引以为自豪的"成功"。

——高 洁

痛并快乐着！

——刘宏达

长途跋涉——强者的游戏

——李 想

我们走到大坪车站的时候，于西南把自己的伞送给了一位在风雨中前进的老婆婆。

当我们重新踏上征途，望着前方于西南那娇小的背影消失在风雨中，涌动在我心底的只有佩服。虽然这场竞赛我们只得了第四名，但在爱心的竞赛中我们取得了第一啊！

——代东航

雨哗哗哗地下着，越下越大，每个人都被淋得狼狈不堪，但是每个人脸上的笑容也是最自豪的。这次活动的目的，我想我们应该已经达到了。在这一路上我们都有着不同的心路历程，有过欢笑，也有过心酸，摔了扶一把，落伍了拉一把，被淋坏了递上一张餐巾纸，跑不动了送上一句鼓励的话……

在风雨中，不知有多少次感动，不知有多少次震撼啊！

——牛　晓

一大早起床，连起身都酸疼，这都拜那次活动所赐。那种雨水加汗水泡满全身的感觉，我怎么能忘？那种衣服裤子与身体紧紧相连的感觉，我怎么能忘？那一路上的飞奔，就算拿不了第一也要跑出最好成绩的干劲儿，我更是不能忘。那种累得恨不得一屁股坐在满是雨水的泥地里的感觉，我更不能忘……

这一次，我们逃离课堂，逃离校园，逃离高楼大厦，逃离娇生惯养，逃离了内心的懦弱和胆怯……

——于西南

星期五的比赛对我们来说，本来毫无悬念。我们平均实力最强，意志力也最出色，但最后我们却没有如愿以偿地得到第一名。原因是我们缺乏向导。虽然在上清寺一带我们已经遥遥领先将近100米，但因为走了过多的冤枉路，最后错失夺冠良机。

由此我想到：人生需要向导。

——姚未来

乱世成就霸业。对今天的活动而言，狂风暴雨是乱世，激烈竞争是乱世，劳累缠身是乱世。在乱世中，知难而上的人能显现出自己的勇气，能挖掘自身的潜力。今天我的同学们，便在狂风暴雨中成就了一次少年辉煌，超越了一次青春梦想。

——蒲　涛

到了终点才发现自己不是为了奖励而跑这么快，更多的是为了我们这个小小的集体。自己不能是全组吊车尾的，自己这一组也不能是全班吊车尾的。就这样，大家互相帮助共同完成一个梦想。

我们这组最后取得了第一名，这不仅仅是体力和耐力的第一名，还是合作精神的第一名。

——杨之墨

在后半段，杨羚箐实在不行了，本身自己都已经在苦苦挣扎的我，狠下心取下了她的书包扛起来。我们五个人两前三后，似乎有一根无形的绳子在牵动着大家。"同志们，不要心灰啊！"组长陈熙之的鼓励叫大家有了一点精神。她"一肩挑两人"，在风雨中顽强行进着。原来在学校都无法说上话的同学，在这里相互鼓励着帮助着加油着。两位男子冲锋在前，三位女子努力在后，在雨中，我们的队形迎风招展。

虽然最后我们没有显著的名次，但这过程却十分珍贵。

我真想再来一次啊，再重新感受一次前者呼、后者应，"伛偻提携"奔走在大路上的豪情啊！

——伍勇俊

已经控制不住冷静。我张口大吼："周芊潇，你快点儿！"或许是我的表情表达了我的愤怒，周芊潇狠狠地跑了几步，那样子已经是在拼命了。她的脸色难看得不行，我听到她说："对不起！"，那是充满了愧疚和自责的对不起，满是歉意和无奈的对不起。我的心肠软了。

于是，我让周芊潇挽着我的左臂，右手又紧握着杨羚箐的左手，三个人并排走在打滑的路上。这时候，有一种兴奋的感觉充满了我的心胸，我的头脑中有一种眩晕幸福。我从没有和杨羚箐有过很深的交谈，仅仅是最普通的同学而已。可现在她抓住我的手，我也紧握住她的手，我突然之间就觉得我们之间有了心灵的交流。从手心从指尖传达过来的，是信任是感激是进取的心意。

"我们拖后腿了！"他们两个又在向我道歉了。我朗声笑道："什么呀！我现在是左拥右抱哟，一手牵着大才女，一手挽着大美女，还不羡慕死他们哟！"

风雨中，我们加快了速度！

——陈熙之


　　双脚经过长时间的徒步，早已经失去了知觉，只会惯性地向前移动了。大风在我的耳畔变成了一列火车呼啸而去，吹得我几度摔倒。冰冷的雨点打击着我身体的各个角落，随着衣服四处扩散开来，清冷的雨水让我发烫的全身冷了又热热了又冷。但是风雨穿透全身的快感只有在雨中奔跑过的人才能体会得到。这种感觉也让我明白了为什么有些感觉只有强者才能体会得到。

　　是的，虽然没有得到第一的确令我很沮丧，自己努力付出却因为别人拉了后腿而被否定的感觉真的不爽。但这次活动却令我明白了更加珍贵的东西：强者会成功是因为他在不停地奔跑。同时，我也明白了一个不算道理的道理：十分努力也不一定有回报。

——熊　星


　　我拉着杨雅云的手，因为我觉得只有拉着杨雅云的手我才会更有力量。过了两路口，我们终于度过了疲劳期，速度明显加快了。而熙熙他们小组早就被我们甩得不见踪影了。

　　来到广场，雨仍在下。杨雅云一个人站在广场上，任瓢泼大雨浇湿着自己的身体。这场面突然让我感动起来，刚刚被踏在脚下的路全部地涌上眼前，我百感交集。

　　其实困难并不可怕啊，只要你在最困难的时候挺住了，坚持过去，你就将是最后的赢家。

　　我会记住这次特殊的考试。永远会记住！

——谢　劲


　　"来，咱们牵住手，一起走！"一句鼓励，然后是一只手。风雨中，希望在牵起的手中传递着。牵住手，牵住帮助牵住信任牵住鼓励牵住希望。牵手让合作化为动力，让呵护凝聚为力量。

——杨羚菁

我很荣幸地亲眼看到了小白兔转变为骏马的过程。到达终点的时候，焦雅还是哭了。我不想用过多的语言安慰她，我只是静静地抱着她。我不知道她的眼泪是因为疼痛而流，还是因为胜利而流。我也不知道她的泪水中有多少委屈和难过。但有一点，我敢肯定：她的泪水是成长的泪水，这次泪水，一定会成为她一生的财富。

——何语婷

　　雨中的疯狂，疯狂地奔跑，疯狂地冲击，疯狂地欢笑，疯狂地绽放自己，疯狂地超越自己。疯狂的我们敢问路在何方？

——郭丽阳

　　体力加上智慧成就了我们小组——一个实力并不强的小组的成功。我为自己多次在紧要关头的"英明决定"而自豪。

——谷雨

　　如果石桥铺到上清寺有11公里的话，我们徒步只花了1小时20分钟的时间，这样算来，我们一分钟就走了137.5米。按照这个速度，我们走到北京只需花十天，4.15年就可以绕赤道一圈。如果我们这个小组五个人分别按照这个速度把一生所走的路加起来，一共是42 000 000 000米，这已经可以到月球几个来回了。

　　速度，决定生命的质量啊！

——张　钪

　　在雨中，我们告别了童年；在雨中，我们举行了半成人仪式；在雨中，我们经历了一次生活真正的洗礼；在雨中，我们走向了灿烂的青春。

——周礼莉

　　走过这段路，别是一番滋味在心头。
　　我想，我会从此记住这条路，这条风雨交加的路。

——王维妙

风雨在空中肆虐，我们在风雨中奔跑。

最终，我们取得了第二，全程只用了八十分钟，与第一名只差几秒。我自豪地笑了，谁说我们需要走两个小时，谁说我们跑不动了。我要朝着风雨狂吼一声：我们能行！

——蒋云淞

伴着雨声，我听见了一阵呜咽。我回过头，见谢勐一只手捂着嘴，眼里噙满了泪水。我惊异地拨下她的手问："怎么啦？"，她只是低头，牙齿咬住了自己的嘴唇，她别过头去哭着说："你还不如叫我爸爸来给我加油，我好久都没有看见爸爸了。"

说完，她的泪水已经涌了出来，混在了雨里。我的心底一下子涌出了感动，我更加有力地拉住她的手说："你爸爸在大礼堂等你呢！"她嗯了一声，说："不晓得爸爸带伞了没有，他可不要被淋坏了呀！我们快跑吧！"说完，她拉起我就跑，脸上还兀自挂着泪水，却又一脸的向往。这时，我倒反被她拖着跑了。她这一拖，把全组人员的热情都拖了出来，在"冲啊冲啊！"的吼叫声中，谢勐竟然冲到了最前头，成了先锋……

这是今天我们照的最后一张集体照。在快门按下的那一瞬间，不知怎么的，我突然忍不住了，一下子就哭了出来。周围的老师和同学都在雨中肆意地欢笑，我却想到了马上就要来临的毕业，想到了离别。突然间我开始害怕，怕自己学习了这么久的坚强会在毕业的那一刻彻底崩溃。我觉得自己好舍不得这个尽管只相处了三年的班级，她给了我太多的惊喜和感动，教会了我太多太多。我把自己热泪盈眶的形象定格在了这张集体照上。

——杨雅云

请你努力做到，使学生的知识不要成为最终目的，而要成为手段；不要让知识变成不动的、死的"行装"，而要使它们在学生的脑力劳动中、在集体的精神生活中、在学生的相互关系中、在精神财富交流的生动的、不断的过程中活起来，没有这种交流，就不可能设想有完满的智力的、道德的、情绪的、审美的发展。

——苏霍姆林斯基

## 滚滚红尘

——校外主题实践活动"走进平民生活　感受平民情感"记录

【活动设计缘由】

我校为重庆市直属重点中学，学生大部分来自富裕家庭。我班为一择校生班，学生家庭经济条件更普遍较好，家庭社会地位也普遍较高，有相当部分家长还是社会成功人士。因此，学生的成长线路是从家庭的象牙塔直接走进学校的象牙塔。这些原因让我班学生不了解普通老百姓的生活状态。面对社会的弱势群体的遭遇，他们经常表现出嘲讽讥笑的态度。我曾经在一篇班主任手记中沉痛地描绘孩子们在观看一部表现穷苦少年的电影时的让人痛心的表现。

……但是，在整个观看过程中，当我第二次沉浸在感动之中时，孩子们却发出了一次又一次的狂笑。尖利的笑声刺痛了我的耳膜，也刺痛了我的心。有好几次，我差点儿就拍案而起，关掉电脑了。但在极度的失望和痛心之中，我压抑住了心中的愤怒。理智告诉我：这样做不能解决任何问题。训斥和发泄难道就能让孩子们从心灵深处感受到故事之美吗？

晚上回家后，我想了很多很多。

我知道孩子们笑什么，他们笑的是贫困。

我其实应该理解孩子们的笑：贫穷和苦难对他们来说实在是遥不可及的事情。平时里给他们讲贫困山区失学儿童的故事他们尚且觉得遥远，他们怎么会为印度山村里一名九岁的少年没有鞋子上学而动情呢？他们对贫困没有切肤之痛，所以，他们的眼中就只会看到因为贫困而带来的狼狈。进入他们的视线的，是阿里费尽心思寻找妹妹鞋子时的狼狈，是妹妹的小脚却必须穿上巨大的鞋子时的狼狈，是妹妹一放学就飞奔去给哥哥换鞋累得上气不接下气的狼狈，是妹妹的鞋子不小心落到水沟里泪流满面的狼狈，是阿里因为等妹妹换鞋而天天迟到被校长训斥时的狼狈，是阿里拼尽了全力却得了第一没有得到第三时的狼狈……是啊，在这个故事中，就孩子们而言，是一副多么不可思议的生活场景啊：主角和配角们为一双鞋子痛苦挣扎努力奋争。是的，是很好笑。就在我的班上，即使是普通家庭的孩子，谁没有五双以上的鞋子呢？而且，还多半是名牌。

人生还需要为一双鞋子去劳神费心吗？是的，孩子们觉得太可笑太不可思议了。

无知，浅薄，冷漠，我从来反对有人用这样的词语去形容这一代孩子。而今天晚上，在尖利疯狂的笑声中，我突然发现：再没有更好的词语可以去形容我的这帮孩子了（当然，绝不是全部）。

……

也正是这次看电影事件，促使我意识到：只有让学生走进社会平民阶层的生活，才能提升他们的道德情感，激发他们的学习热情。

【活动主题】

让学生走进社会，走进平民，走进弱势群体，激发他们珍爱幸福生活，努力学习的情感，培养他们的同情心和社会责任感。

【活动地点】

重庆市渝州交易城

渝州交易城中没有一家高档商场，是一个巨大的典型的平民聚集的交易场所，是孩子们集中观察世态人情的极佳场所，所以，我把活动地点定在了这里。

【活动步骤】

1. 给学生朗读我的班主任手记《孩子，但愿阿里原谅你们》

2. 通过文字材料和音像资料，向孩子们介绍我国贫困人口的分布情况及他们的生存状态。

3. 布置采访任务，师生讨论共同形成采访的基本方式和基本内容。

4. 通过和科任老师协商调出周三下午的课，把这半天作为专时采访时间。全班按照学生自愿分为若干采访小组，由老师带领奔赴采访现场——渝州交易市场，鼓励学生通过各种方式接近采访城市平民，了解平民生活，体会平民情感。

5. 学生写成调查报告。

6. 在班上组织主题班会《走进老百姓的生活》，畅谈感受，交流思想，评选优秀调查报告和优秀演讲者。

7. 布置后续任务：让学生选择一普通家庭作为长期采访对象，力争和他们的家庭成员结成好朋友，用实际行动表达对他们的关注和关心。

【活动反思】

1. 此次活动，推翻了校园的围墙，把思想教育的阵营放在了社会这个大舞台上，因此极大地调动了学生的兴趣和积极性，使他们自始至终满怀激情地参加到实践活动中来。

2. 此次活动，不仅开放了活动形式和活动地点，而且开放了学生的心智。这是一次不可以完全设置的活动，教师的引导很有限，学生实际上被推到了一个自由地展示综合能力的舞台上。采访对象的选取，采访内容的深入，都是教师无法现场调控的。因此，这是一次全方位对学生综合能力的验收和测试。在交易市场这个大背景下，学生必定会从各个方面感受自身能力的优劣并形成自我完善的合力。

3. 这是一次走进心灵的活动。学生跳出原有的生活圈子,把视线投入一片陌生的世俗天地,他们将通过自己的采访以全新的角度解读生活。这是视野的融合,这是灵魂的碰撞,这是价值的反刍,这是情感的磨炼。

**【附部分学生调查报告片断】**

  我们看着他的摊位,这是一个最多长三米,宽一米半,用一块简陋的木板支撑起来的摊位。但就是这样一个破旧的摊位也要一个月870元租金。守摊的阿姨告诉我,这个月她们的总收入只有1200多元,我算了算,除去摊位租金,他们能留下的只有330元了。他们来自荣昌农村,住的房屋是要钱的,孩子的学费是要钱的,家乡老人的生活费也是要钱的,还有他们自己一家的生活。我算来算去,他们将怎么安排这一个月的经济啊?离开这个摊位的时候,我的心中悲凉极了。如果我有1200元,一双耐克鞋就是800多。比起那位阿姨的孩子,我是多么幸运啊!

——周芋潇

  经过这次采访,我对生活在城市最边缘的人们了解更多了。虽然他们的工作都很不容易,但他们的工作都很努力。他们为每一次交易成功而高兴,也平静地迎接着每一次生意的挫折。他们生活得平淡贫困而实在,他们的从容和平静让我感动。原来,没有太多的钱,依旧是可以活得很有尊严的。

——蒲 涛

  我们的采访对象是一位卖麻糖的老爷爷。我们问他一个月能挣多少钱,老爷爷笑眯眯地告诉我们他一般能挣200多。我很吃惊,200多,这么少的钱能干啥啊?但是老爷爷还很高兴地告诉我们他一个月的生活费150块钱就够了,他还能存一些钱下来。他说他已经在这个地方卖麻糖卖了三年多了。老爷爷脸上的洋溢着的笑容很打动我,这让我想起了街头边上那些仅靠卖一些小东西却依旧能够脸带笑容的人，真的是很崇拜他们啊！

——周礼莉

　　我采访的是一个五金店的老板。说他是老板，还不如说他是一个全职杂工。整个店子似乎只有他一个人，他忙上忙下，独自搬运那些沉重的蛇皮口袋。他说小店的生意还可以，基本可以维持一家人的生活。但是除此之外，家里就没有什么闲钱了。他最怕的就是孩子和老人生病。说到他的家庭时，他脸上的表情凝重起来，他说他的小女儿需要昂贵的学费才能读中学，他爸爸的糖尿病至今没有治，因为一直筹不到钱。他向我倾诉着，好像我是一个多年的好朋友。我体会到：这位叔叔，他的心里有多累啊！

——代东航

　　从她的打扮和谈吐来看，她显然是个没有什么文化的农村妇女。她丈夫的文化水平也不高，是一个卖杂货的小商贩。特别让我吃惊的是后来我们问起她上中学的儿子一周要用多少钱，她说是八十元。我们又问她儿子的零用钱的问题，她说从来都是儿子要多少就给多少，尽量满足儿子要求。我很感慨，条件再差的家庭，每一个父母都在尽量满足自己的孩子，哪怕是历尽沧桑的小商小贩也不例外啊！

——牛　晓

　　我给了一个在街边要钱的小男孩儿五块钱。这个男孩儿面上看起来很恐怖，他的脸上被烫伤了百分之八十，几乎可以说是完全被毁容了。我问他的年龄，他其实已经14岁了，和我一般大，但看起来却最多不过十岁。他说他老家在广元农村，妈妈已经去世了，他是和爸爸一起到重庆来的，他爸爸在交易城里当棒棒，他在这里乞讨已经一年多了。他还说他很想读书，但是家里的钱一直不够。我告别了这个可怜的人，觉得自己平日里不想上学，害怕吃苦真是很混账。

——熊　星

责任是尊重的延伸。

——里克纳

## 他们为什么会流泪

这几日，我和孩子们都很兴奋，因为，在中国著名作家代表团访问重庆的汇报演出中，我们的《石壕吏》取得了巨大成功。接连几天，报纸上都有对重庆教育和外国语学校的报道，而我们的《石壕吏》，在新闻中总是占了很大的篇幅。

《重庆时报》的标题是《石壕吏差点让作家掉泪》。

新闻中这样说：学生们自编自演的英语短剧《石壕吏》以新颖的表演和流利的语言使作家们赞不绝口。作家观看后告诉作者："看了学生们演的《石壕吏》，我有想掉泪的感觉。他们把《石壕吏》改编成英语短剧，很好地反映了民生疾苦，蕴含了深刻的人文精神。"

商报的标题是《孩子们的表演，我看着想流泪》。

新闻中这样说：两官吏将老妇人拖走。媳妇在追老妇人时摔倒在地，眼看追不上了，便在地上爬着追。孙子抱着母亲嚎啕大哭。哭声渐小，二胡《江河水》响起……台下的掌声热烈响起，观看重庆外国语学校学生表演的名作家们纷纷侧耳交换意见：这些孩子太投入了，让我感动。中国当代文学研究会副会长晓雪感动地说：文学是一个城市的灵魂，孩子们把表现民众疾苦、人民心声的作品表演得如此好，我看着都想掉眼泪……"

"我恨不得把正上中学的女儿送过来"，《中篇小说选刊》副主编北北女士对重庆的教育感到震撼，她说，孩子们的表演既有古典的乐器，又有现代的艺术体操、英文歌舞剧，还有《石壕吏》，重庆的孩子具有多元化的素质……

亲爱的孩子们，当我们沉浸在成功的快乐中的时候，不要忘记了咀嚼这快乐，你们可曾想过：我们的表演，为什么会让作家们流泪？

还记得第一次我提出要演出《石壕吏》的时候吗？你们夸张的不屑的表情，多少孩子在下边呱呱呱地大叫，用手拍打着桌子表示自己的抗议。你们不愿意，你们想表演新潮的东西。那段时间，在你们心头最有影响力的应该是周星驰之类的搞笑玩意儿。就是偶尔在班上给你们机会表演课本短剧，大部分剧组拿出来的东西也还是"搞笑版"……

我庆幸于当时我的坚持。

我更庆幸于你们的聪慧，虽然在排练的时候调皮的你们还是让令人捧腹的《石壕吏》搞笑版诞生了，但在正式排练的时候，你们还是一步步地走入了剧情。没有帅哥靓女，只有沧桑和衰老的生命；没有华彩丽服，只有褴褛的衣衫和花白的头发；没有风流倜傥绝色姿容，只有一次次的摔倒和痛哭……你们终于以你们十四岁的单纯明亮的生命，成功地创造性地重现了中国历史上惨绝人寰的一幕。你们精彩的表演配得上观众的任何至高的评价。

亲爱的孩子们，作家们流泪了，因为他们本就是一个民族的良心。他们最懂得《石壕吏》的背景和内涵，所以他们最能读懂我们选择这样一个题材的苦心，也最能在我们的表演中找到共鸣。他们从我们的这个节目中，看到了被誉为"垮掉的一代"的年轻人的民族意识和文化趋向，他们的泪是感动的泪，更是欣慰的泪。

所以，孩子啊，你们要记住：我们是中国人，中国文化永远是我们心灵的根。也许有一天你会染黄你的黑发，也许有一天你会漂洋过海成为外籍公民。这些都并不非常重要，重要的是在你的心中要为我们的文化留一席珍贵的位置——因为，只有这些东西，才能够让你的心灵找到"回家"的路，让你的浑身弥漫起真正的尊严和正义。

王老师特别喜欢著名诗人鲍吉尔·原野的一句诗：

> 我的泪水是一批高贵的客人，他们手持素洁的鲜花，早早就等候在这里，等着与音乐、诗歌和世道人心等美好之物见面。

而最美好的事物是什么？孩子们，那就是真正属于我们民族的东西，所以上一届奥运会结束的时候中国表演的配乐是《茉莉花》，而2008年北京奥运会图标上是打着太极拳的中国人，我们的总书记在最盛大的场面要穿唐装，最有魅力城市是北京，因为那里有整个中华民族积淀了千年的梦……

《石壕吏》的成功，是我们表演的成功，也是杜甫的成功，是唐诗的成功，是祖国古文明的成功！

孩子啊，记得这次成功，记得未来的日子里，如果你们需要灵感，那么不要忘记了去访问——

黄皮肤黑眼睛黄土地吧！

因为那才是中国人的灵感永远不竭的源泉。

> 我喜欢和学生一起到大自然的怀抱里嬉戏玩耍。无论是小桥流水的幽雅情趣还是大江东去的磅礴气势，无论是朝阳初升时小草上的一颗露珠还是暮色降临时原野的一缕炊烟，都能使我和我的学生深切地感受到："我们都是自然的婴儿，卧在宇宙的摇篮里。"（冰心：《繁星》）
>
> ——李镇西

# 南山作证

从一开始，我就相信南山可以作证。

证明我们这次的"危险"之行必将是安全之旅。

证明我们的冲动更是激情的沉淀。

证明在校园四角的天空外我们更能领悟到青春的真谛。

……

这次南山之行，从策划到实施比"风雨兼程大礼堂"还要艰难一些。一是因为临近升学考试，二是因为"两会"刚刚闭幕，整个重庆教育正承受着社会的监督压力，学校老师们都正在战战兢兢之中。

但是春天不会等我们了，南山刚刚绽开的鲜花不会等我们了，去年我就给孩子们的诺言也开始恣肆地在每一个小小的心灵中烂漫起来。春天和我们都等不及了！

我们决定出发。先用一个善意的谎言换取通行证。哦，请原谅我们，这一次美丽的欺骗，是为了要给15岁留下一点温柔而精彩的回忆。还有三个月，这个集体便会含着笑说再见，我们真的不希望，当我们回顾起初三的岁月，除了习题和考试，我们一无所有。

我们只有半天的时间，但我们的行程安排要有超越半天的张力。我们选择了远方——离石桥铺甚为遥远的南岸区。本有很好的公路可供我们轻松地上山，但如果那样，我们的远行便失去了色彩。哦，我们要走最古老的路，我们要爬最崎岖的山。我们决定第一站落脚南岸上新街，然后沿黄桷古道爬上黄桷垭古镇，穿二外纵横汪山腹地，然后登临南山最高点大金鹰。

和"风雨兼程大礼堂"一样，对于整个活动的中心过程，我几乎都失去了发言权。因为我最后总是无可选择地被孩子们丢在了最后——很光荣地被丢在了最后。我不沮丧，选择最后是责任，我必须断后，为队伍最末的一个孩子加油鼓劲。选择最后也是甜蜜的无奈，只要把孩子们一放出校门，他们便会让我看到什么是青春的激情和速度。在平日的体育锻炼中，他们经常被我嘲笑，我自诩三十岁的心脏所向无敌。可是，当我们都处在和本真的生活更为相似的远足或者登山过程中的时候，我才会幸福地感受到青春对我笑逐颜开的反讽。在这些奇妙的时刻，当您惊诧地看到最软弱最羞涩的孩子都飞奔起来腾越起来豪放起来的时候，你才会感叹校园是多么逼仄狭隘的天地，才会为现在的诸多的限制学生走出校园的"政策"而扼腕。

所以，关于黄桷古道的故事，关于汪山的故事，关于大金鹰的故事，更多的是我从脚力最差的几个孩子的挣扎中看到的，是从迎面而来的路人的描述中得来的，是从回荡在森林上空的欢呼号叫声中想像出来的，是从先头部队刻在岩壁上的路标猜测出来的，是从一张张定格了汗水和泪水的照片中读到的……

这两天，我正在读他们自己撰写的故事，每一篇都让我又一次听到了南山的呼吸，每一声都如此动情：

熙熙在回顾她的"个人英雄主义"……

杨雅云在点评"南山英雄榜"……

刘宏达在为他的"英雄泪"感慨万分……

牛晓们的友谊绑在了书包带上……

伍勇俊、蒲涛在独行侠的攀登中领略了自然的奥妙……

每一个故事都是春天的故事,每一个故事也都是青春的故事。

让故事的主人公慢慢地来讲述吧。在南山的最高点大金鹰,我们俯瞰着雄伟的重庆城,每一个年轻的梦,都以自己的方式飞翔了一次。

南山作证,在2006年的3月,在应试最黑暗的日子里,我们的青春依旧灼灼。

教育与幸福生活

致力于鼓舞人心的课堂

——梅里尔·哈明

# 毛毛虫怎样过大河

从办公室出来的时候，我有些沮丧，我想：我该如何去把这个"噩耗"告诉孩子们。

他们正在教室里做着美梦呢：正在盘算着这个学月我答应给他们的经典电影《肖申克的救赎》，正在计划着什么时候爬南山的黄桷古道登上大金鹰，说不定还有些孩子已经在蠢蠢欲动了，因为我还说要带全班去海一顿重庆最棒的火锅——

但是，这些计划变成现实的前提是：这次月考必须要有一半的人名次进步了。

但是所有美丽的计划在这个月里都不可能变成现实了。因为，就刚才，我看了学月成绩的年级排名，大部分同学的名次居然退步了——在我们以为还会在上次月考基础上继续进步的背景下。

我也不太相信这种结果。我们的语文考得非常好，物理也特棒，数学也算大获全胜,其他的科我还没有来得及和科任老师交换意见,但因为这三科的成功,我们都飘飘然了,坚定地以为我们一定会再上一个台阶了。

居然是这种结果!

其实在择校生班中比较起来,我们还是有很大的优势的。但这次考试,前面几个正取班,却似乎喝了红牛饮料,突然地强大起来。正取生们一旦发威是很可怕的事情,他们果然赶上来了,把我们很多原本也还优秀的择校生班的孩子踩在了脚下。

真不忍心跟他们说这个结果,真希望从办公室到教室是永远都走不完的一段距离。但是,在我还未想出周全的法子的时候,我已经站在了教室门口了。

我在门口停了停,调整了一下脸上的表情,让笑容自然些真诚些,挺挺胸,头抬起,然后推开门。

小小的教室里白昼一般的明亮。见我进来,立马有孩子扑过来,要抢我手上的成绩单子。我躲不过,被他们抢去了。但是他们看不懂,上面的符号,只认识我一个人。

我笑着穿行在教室里,身后粘了一背的哇啦哇啦。

我在讲台上站定,示意孩子们静下来。

果然就静下来了。急切有时候反而往往是镇静剂。

我温柔地把我的教室的每一个角落都凝视了一圈,我让我的眼光尽量地和每一个孩子的目光都对接一次。缓缓地看完了,我轻松地笑着说:

"让我们微笑着默哀。"

立刻就有孩子全身瘫在了桌子上,还有孩子热烈的眼睛立即往上翻,露出一片惨白。狂放一点的敲着桌子作愤怒状,含蓄一点的把头埋在自己的肩膀里,久久地不出来了……

这其实是我早已经熟悉的场面。我不言语,笑着看他们以自己独特的方式来发泄。我还想去寻找他们的目光,但是找不到了。所有的目光都游移,都躲着我,都饱经沧桑地塞满了幽怨。

我摇头叹息。这就是中国的校园,这就是中国校园的初三——永远不会褪色的一幅图画,不是我们班,就必然是别的班。

就让他们幽怨一下愤怒一下躲避一下吧。就连我自己,不也在刺眼的日光灯的灼烧下有些眩晕了吗？

我闭了闭眼睛，开始在心头搜索。

搜索到了一条小小的毛毛虫：

一次相聚，有朋友出了道脑筋急转弯题给大家：对岸鲜花盛开，四季如春，恍如天国，毛毛虫要去对岸生活，可是一条大河阻住了去路，桥又在很远的地方，那么毛毛虫要怎样才能过大河呢？

当时很纳闷，毛毛虫要怎样过大河呢，无非是长途跋涉，从桥上爬过去。可是朋友们的答案却是千奇百怪。

一位刚出校门的女孩说：游过去喽！（天，是毛毛虫呀，不是人。）

做编辑的朋友说：搭船过去！

一位从商的朋友说：躲在别人身上过去！（哈，天才毛毛虫！）

而那位律师朋友想了好久肯定地说：从地图上爬过去！

答案还有好多，比如说落在树叶上飘过去；花钱让人带过去；等河干后爬过去……

是的，只是一道脑筋急转弯题而已，所以所有的方法都可以，只要能到达彼岸就行。

可是我最喜欢的答案是：变成蝴蝶飞过去。

哦，就是它了，就是这个关于毛毛虫的故事。这次出人意料的月考排名结果，我必须得明确地告诉孩子们：我们不过是毛毛虫，而那些正取班的同学，因为小学阶段的努力超过我们，所以他们早已经是鸟了——他们有着强有力的翅膀。虽然他们偶尔也会歇一歇，但是他们一旦决定要飞了，就会飞得很快很快，比我们毛毛虫爬得快多了。

但我们也是可以长出翅膀的。

但那是一个非常艰辛的过程。

从一个小小的卵开始，毛毛虫经历多次的蜕变，长大，然后成蛹，在某个风和日丽花香弥漫的日子，毛毛虫变成了美丽的蝴蝶，在众人的敬慕里，带着尊严与喜悦翩翩飞过大河，到达鲜花盛开的彼岸。

天哪，这是一件多么美妙的事！

比鸟的飞翔还要美妙。

所以，孩子，敬佩别人的成功吧，让我们认认真真地去作一条可爱的毛毛虫。不异想天开，不投机取巧，不依附别人，聪明又勤奋，无惧秋雨冬雪、寒风酷热，在四季交替中克服一个个困难，带着自信安然成长并不断自我完善，直到变成美丽的蝴蝶，然后翩翩飞过大河，到达幸福的彼岸。

那时候，你们更会看得懂《肖申克的救赎》的深刻含义，更能欣赏黄桷古道上那把岁月的年轮长成了金质奖章的参天古树，更有自信把自己的灵魂袒露在巨大的金佛面前，而那家乡的最棒的火锅，也会因为你们扎扎实实的进步而沸腾起最纯正的香味……

我睁开眼，迎着明晃晃的日光灯。在黑板上画下了一条毛毛虫和一只蝴蝶。一笔一画中，我让蝴蝶的翅膀灿烂地展开着，似乎正要飞向教室里那一轮轮明晃晃的小太阳。

画完了，我微笑着，转过头，开始讲话……

教师不需要训练学生怎样去谈情说爱，而需要培养他们在集体里（包括在家庭中）建立崇高的精神心理关系。

——苏霍姆林斯基

## 一封迟到的信

孩子：

信本来是不该有题目的，但是我还是忍不住写下了这个题目。只希望你看到这封信的时候，能够感受到王老师心中的愧疚与心疼。

这是一封早就该写的信了。只是因为种种原因，一直未能动笔。这两年来，王老师为我们的 IB 班，为 IB 班的每一个孩子，当然也包括你，写下了好几十万字的班主任手记了。但不知因为什么原因，这一封早就应该写的信，却迟迟动不了笔。许多时候，在深夜里伏案工作的间隙，我也想到过我还曾欠你这么一封信，但是，却总不能够下笔。以前，我老原谅自己，觉得要和一个十四岁的孩子探讨如此复杂的问题，实在有些艰难，所以，我宁愿以自以为更为高明的方式来自以为高明地解决你的心理难题。直到你离开了，到离开前也没有告诉我一声，而我只是从同学们的口中得知你已经决定回原籍去读书的时候，我的心中才突然地紧了起来。我才意识到一直以为的还有许多时间来写这封信的想法，其实是多么的天真和可笑。

我曾经在心底里笑过你的自以为成熟，但现在想来，我自己，比你大了将近二十岁的我，其实也高明不了多少。

到现在，在我终于提起笔来的现在，我把自己的这次失误没有归结为懒惰，而是定义为漠视——孩子，在你 12 岁的时候，我曾经那么残酷地漠视过你的情感，这使我到今天，也背上了一世不能卸下的包袱。

请你原谅我，原谅你的王老师。

记得那是你们才进初中没有多久，在一个晚上，你在我的教室里的办公桌上放了一个信封。我并没有多么在意。那段时间，经常都有孩子用这样的方式给我留条子，倾诉这样那样的心事。我轻描淡写地收好了你的信，带回了家。

很晚的时候我才有时间拆开你的信。我有些惊异，你谈的是你的早恋问题。信很短，只是在信的结尾，你用很大的字很有力地写下了这么一句话：王老师，你一定没有经历过这样的事情吧！我读懂了，你的意思是，像你这般强烈的感情，就是王老师也未必经历过啊！也未必能够理解你啊！

孩子，请允许我大胆地告诉你我当初的感受。虽然你用了如此触目惊心的惊叹号和很严重的语调，但对于当初在班主任工作上还不甚成熟的我来说，并没有引起你期望的惊叹效果。那个时候，王老师刚刚三十岁，在情感上就算没有经历千山万水，但是也勉强可以算曾经沧海了。你的这么一句话除了让我觉得有些好笑之外，其余的，便实在还谈不上。加之十年的班主任生涯，学生早恋的问题见惯不惊，就是你的事情，也早已经有同学陆陆续续告诉我了。就在那么一个晚上，我把你的信折好，重新放回我的抽屉。那个晚上，我睡得很安心，我的情绪没有受到丝毫的影响。

因为我从来觉得，这样的事情，实在是太平常了。

直到今天，我才猛然醒悟过来：那个晚上，我睡得沉沉睡得香香的那个晚上，而你，一个只有十二岁的小姑娘，一定是难以入眠的啊！

第二天，我就用我自以为的"四两拨千斤"快刀斩乱麻一般解决了这个问题。我甚至连办公室都没有去，只在我教室的桌子前，在喧闹万分的课间十分钟，招手让你过来，然后和你耳语了几句话。在我当时看来，这样的方式很随和也很自然，可能不会让你有多么尴尬。说的什么我记不住了，但记不住了就只能说明那些语言的贫乏和无力。你只是点头。在我批评和提醒面前，你总是点头的，你没有反驳老师的习惯。你的脸上是很认真的表情，现在想来，也许你真的是在很认真地听，但是你听到的，却是让你很失望的内容。那个时候，小小的你，一定该对王老师淡淡地就抹去了你的忧虑而痛苦吧？

因为，我现在才明白，你应该是鼓足了多大的勇气才向我敞开了胸怀，而我，你信任的老师，却丝毫没有放在心上。

我亲爱的孩子。这件事，在我的印象中，就是你在IB班的最大的一件事情了。在我那次谈话后，显然并没有解决问题。关于你的传言涌入我的耳朵中的也多起来。许多次在适当的时候，我也就很侧面地告诉了你的母亲，而且也知道你的母亲找你谈了话。初二后，这件事情平息了些，你的情绪似乎也有好转，但在我的心中，其实对你是否真的解决这件心事并没有把握。我没有问，自以为高明地没有问。早被学生频繁的早恋事件搞得很烦恼的我们，对这样的事情其实真的有些麻木了。

而现在，我知道我忽略了一点：对我们当老师的习以为常的事情，对每个孩子都是第一次，或者是生命中的唯一一次。

为此，我永不原谅自己的冷漠。

我亲爱的孩子，这几天我和同学们在学习苏霍姆林斯基的《给女儿的信》了，这是一篇父亲和十四岁的女儿探讨爱情的文章。我们学得很生动。在讨论的时候，我突然就想到了你，我的孩子，多么想能够听到你能朗诵其中的一些句子啊！我相信你一定是能够朗诵得最好的一个。文章中说：成为一个幸福的人，只能是在你成为有智慧的人的时候。文中还说：万物生存、繁殖、传宗接代，但是只有人才能够爱。同样，从人本身来说，只有能以人的方式去爱的人，才成为真正的人。如果不善待爱情，便不能提高到人类美的这一高度，就是说它还仅仅是能够成为人，但尚未成为真正的人的一种生物罢了。

我亲爱的孩子，就在此时，你把这些话在心里默默地念一遍，好吗？

我亲爱的孩子，在IB班的孩子中，你是过得很不容易的一个。你还小，还没有长出少女的婀娜多姿。你是胖的，跑步你在最后边，学习你在最后边，考试的名次你在最后边。你是最容易受到同学们伤害的一个孩子。确实，在相当长的一段时间，你是孤独的。我至今都还记得在那次"请让我说声对不起，请让我说声谢谢你"的班会上，你说要把几颗星星送给高洁。那个时候，高洁是你唯一的朋友。现在，老师也分外地感谢陈熙之和杨雅云以及牛晓，是她们几个发现了你的好，在初二的很长一段时间，你们几个成了很固定的联盟。你不知道，老师对于这一点是多么欣慰和高兴啊！

我亲爱的孩子，我至今记得你在家长会上声情并茂的朗诵。你知道吗，语文考试成绩常常不如意的你，在朗诵上却是有天赋的。我还记得你在我这里补课的时候，有好多回我惊讶地发现你背诵的能力超强，而以前我一直以为你是一个接受能力比较弱的孩子。我还记得你写的那首关于雨的小诗，孩子，你真的具有诗人的天分啊！我还记得在运动会上，你拼尽全力跑完300米，虽然你还是班上跑得最慢的同学，但是没有一个同学责备你。因为你尽了全力。我更记得在"风雨兼程大礼堂"的活动中，你一路哭着跑完了十公里的全程……

我亲爱的孩子，你认真地看看同学们写给你的信吧，这厚厚的几十封信，每一封，每一句也都是王老师的心声。你走了，当同学们回忆起你的时候，却都是那么多那么多美丽的细节。还有什么能比这更能证明你在IB班是多么重要的一员呢？

我亲爱的孩子，也许生活现在对你有些小小的严酷。你要学会坚强和坚韧。王老师小的时候也是一个苦孩子，但是正是少年时代的苦让王老师在今日的生活中多了不少的从容和恬淡。我们学过塞翁失马的故事，焉知祸福的道理想来你也是应该懂的。所以不要害怕暂时的不利的因素，生活对人总是很公平的。你失掉了什么，总会在另一个方面得到一些什么。

另外，你要多宽慰妈妈。你要和妈妈团结起来，共同度过家庭的难关。

王老师期望听到你的好消息，一切的好消息。

不用给我们回信，但要想着我们，想着我们都在祝福你。

惦念你的　王老师<br>9月21日深夜

教育与幸福生活

　　教育的艺术就在于对学生的内心世界要了解得尽可能地深一些，这是教育至关重要的事情。有了了解之后，教师就要肯定年轻学生心灵中的一切美好、高尚的品质。这时候，教师不是靠什么禁令，而是首先相信学生的善良意志、内心力量，以及成为善良人的愿望。

——苏霍姆林斯基

## 少年人的爱情也可以如此美丽

　　是的，这是我的话。

　　我是一个班主任。

　　我是一个重点中学初三毕业班的班主任。

　　我还是一个老班主任了，我的"主任"年龄也超过十年了吧。

　　我说：少年人的爱情也可以如此美丽。

　　是这样的。当我在今天的语文课上，坐在教室的最后一排听着这个男孩子读他的作文的时候，在我的心中冒出来就是这么一句话。

　　这是一堂很常规的语文课。这堂课的内容是每个同学依次向全班展示和点评自己这段时间的最好的作文。

　　此时在台上的是我们班上人气很高的一个男孩子。怎么说呢？是我们的开心果，是公认的最聪明的魅力男孩儿，是思维最敏捷，表达最利落，表演最精彩，综合能力最强的一个男孩儿。

当然，长得也高大，英俊的模样还没有出落出来，但是已经有几分帅气了。

是个很会打扮自己的男孩子。比如现在吧，他颈上那围得非常艺术色彩也很和谐的红色围巾就告诉着我们他的审美品味。

这是个阳光大男孩儿，他一在，我们的教室里就笑话百出。

初一的时候他闯了很多荒唐的属于小男孩儿性质的祸，但他从不和老师对着干。祸可以闯，但眼神是干净的。

他很有独立思想，从不人云亦云，也一点儿不尖酸刻薄。上课的时候他常常把老师问得哑口无言，但他从来不会因此自鸣得意。

以前他有些肥胖，跑步没有我快。但到了初三以后，长跑成绩突飞猛进。现在我根本不是他的对手了。他的身材也苗条多了，和小学时的照片判若两人。

他当然是贪玩的，经常被我揪住不交作业看闲书等等。但初三之后，他努力多了。最好的时候，他的成绩考上了年级前五十名。当然还有反复，但我对他特别有信心。

我常常想，如果没有他，IB班的精彩肯定会少三分之一。

我还常常想，现在班上的几十个孩子，他应该是未来最有出息的几个之一。

就是这么一个孩子，正在讲台上读他的作文。在写作上，他属于会说不会写的那种。他的思维太超前了，写的东西我经常看不懂。我常常叮嘱教导他如何对付考场上的作文，他认真听了，但一考试还是管不好自己的笔，常常下笔千言却没有高分。

我以为他今天拿出来的还是那种让我摸不着头脑的长篇大论的文字。

但我错了。他今天居然讲的是他的早恋故事。准确说是他的单相思的故事。

IB班是很自由融洽的一个集体了。但是像这样大大方方地讲自己的"隐私"的，好像还没有。

但从读第一句开始，他就很严肃甚至沉痛，一反他往常的作风。平时，他总是搞笑的。他一开口，我们就笑。

我们今天最开始的时候还是忍不住笑了。这毕竟是一个太敏感的问题，他又那么一本正经。连我，也忍不住地跟着孩子们笑。

可是，他不笑，非常认真地感情饱满地读他的故事。

我们也渐渐笑不出来了。如果一个人坚持庄重，没有人会不被这种庄重打动。

读到最后，他开始哽咽，开始一次又一次地把头埋进高高的围巾中不肯抬起来。

读最后几句的时候，他几乎就是哭着读出来的。

教室里还是有极少数同学在偷偷地笑，但是，很快地就被其他同学制止了。

读完后，他在台上默默地站了好一会儿，才红着眼睛下来了。

我的心里突然升起了一种崇高感。

我当时想对所有人说的就是那句话：

早恋也可以如此美丽！

少年人的爱情也可以如此美丽！

你不信吗？你亲自读一读他的故事吧。我录在下边了。我只想提醒自己，在未来的班主任生涯中：

生命如此美丽。

少年人的爱情也可以如此美丽。

补充一句的是，他写的那次作文，话题叫"这是一首歌"，是 2005 年重庆市的中考作文题。

## 独 角 戏

这首歌，关于爱情，关于我，但几乎与她无关……

——题记

我喜欢歌，我也喜欢她。

我有一个 MP3，总是陪伴在我身旁。虽然不会时时都戴上耳机扮酷，但我总会保养好它，让它随时可以运转。喜欢听歌唱歌很多年了，哪怕唱得不算太好。

为了听歌，违过纪、罚过站，也被收缴过 MP3。不过我却依旧乐此不疲地和班主任玩着猫捉老鼠的游戏。甚至我一度偏执地认为听歌就是生活的全部,你不要我听是么?我偏要听!

或许有点幼稚可笑,那时的我多多少少有些偏执,有些天真。这正如同有些歌没听过便不能明白个中奥妙;有些事没经历过便不会成熟一样。

于是,这样一首歌便开始播放了……

它是如此美妙,也如同其它美妙的歌曲一样。它的前奏来得那么悄无声息,那么波澜不惊,但也来得那么突然。以至于当我想细细梳理这段回忆时才发现,我只是在那个秋天不知不觉地注意到她,不知不觉地常常跑去她爱去的阅览室,不知不觉地发呆望着她傻笑以及不知不觉地喜欢上了她。

在记忆里那段悠扬、简单的旋律中,我悄然地暗恋……

过渡,是的,过渡。

印象中的过渡,神秘而紧张,我也是怀着同样神秘紧张的心情从同学那里窃取到她的QQ号。那个晚上我忐忑不安地和她第一次有了交谈,然后兴奋得久久不能入眠。

没有过多的平和,也没有过多的铺垫。就这样,这首歌就播放到了高潮。不过这也正和年轻人的情感一样,来得快,也来得猛烈,我,也不例外。

也许强烈的情感所唱出的歌声是如此让人陶醉。那一段时间里,我天天沉浸在自我构造的甜蜜中,我肆无忌惮地、毫无保留地表达着我的情感,时而高歌、时而乱舞。当然了,这些她并不知道。

每一首美妙的歌曲总是有它最让人为之倾慕的神来之音,独一无二,让人流连忘返百听不厌。每当夜晚来临时,我总是不安、兴奋又有几分欢喜。因为只有这时,我才可以和她发几条短信,或是聊几分钟天。虽然时间不长,内容也与爱情无关,但这却也并不妨碍我为此回味一天,兴奋一天,而又期待一天。

一首美妙歌曲的高潮是如此让人感到美好,但美妙的事物却总是那么短暂……

不知道怎么的,我和她渐渐失了联系。我还会不时打电话给她,却总是打不通。她托朋友告诉我她的电话出了毛病,没办法接听来电。我很感动，因为她仅此一次的细心。但在那之后，我却不再打电话给她了。并不是因为我不再喜欢她，我依然喜欢她，也许还会喜欢很久很久……

只要是歌，就一定有尾声，一定会结束……

那一天，在食堂。

我静静地听歌，静静地喝着一碗甜甜的玉米粥。本来如此平静的一幅画面却忽然涤荡起层层涟漪。因为，不经意间我又看到了她。理所当然的，她没有发现我。

我喝完了玉米粥，赶忙拿出纸巾擦嘴。擦得很仔细，生怕有什么秽物沾在脸上，让她看到了可不好。不过她会注意到我吗？我起身，整了整衣襟，拉了拉衣领，最后一次假装不经意地从她身边走过。一如既往，悄悄地向她行注目礼。

是啊！她在笑，依旧那么可爱，那么美丽……

只可惜不是冲着我。

我咬了咬牙，扭过头，走进绵绵细雨中。

时至今日又过了许久，我已不再把 MP3 时刻带在身上。我还是会听歌，但已不像以前那么偏执狂热，心中多半是平静的。这也像是我依然喜欢她，但却不再出现在她的生活中。只是远远地欣赏，远远地。

音乐是生活中所不可或缺的，但它毕竟不是生活的全部。没有爱情的中学生活是不完整的。但我选择了暗恋，选择独自辛酸、独自难过、独自甜蜜、独自回忆……

我会依旧喜欢你，哼唱着这首青涩的歌曲；

我会依旧喜欢你，哪怕我们即将各奔东西；

我会依旧喜欢你，未来的你会嫁作他人妇，未来的我也会有我的妻；

我也会把你忘记，但在那之前，我会先忘记我自己……

# 第三辑 呵护心灵

第三部分　固体的结构

随笔的写作，其实是一种"道德长跑"。长期坚持，随笔就成了一种生活态度和生活方式——一种发现的、创造的、反省的、真诚的、审美的、形而上的生活方式，一种积极的精神生活。

——魏书生

# 班主任日记，呼唤审美的人生态度

## 一、班主任日记：定格平凡人生中的细节美

11月15日 周五 晴

IB班半期考试大胜。比我预想的还精彩——我们各科成绩都可以和正取班一拼高下。

今晚，我坐在这里，给孩子们写下我的喜欢。

我喜欢当我坐在教室后排一边听课一边干我自己的事时，一遇到精彩处，全体齐刷刷地回头寻找我的笑脸，他们习惯了我爽朗的笑声点缀不是语文课的课堂。我喜欢和李阔廷交换会心的目光，这个像个大人一样的男孩开学没几天就打了三次架，英语听写只得了2分。我喜欢他粘在我的旁边儿，羞怯怯地把他写的诗歌给我看。我喜欢数学只能考20分，扬言外语再不及格就要

跳楼的周芋潇不再说傻话，而是在考试之前把我拉到门口，对我说："王老师，抱抱我。"我喜欢自卑得从不敢和老师接触的谢勐为了等我一同回家，居然傻傻地在乒乓台前默默地等了我半个小时。我喜欢为了不让我生气，蒲涛飞身上床急得连运动鞋都没有脱，喜欢废话多得要命的张钪用纸条蒙住自己的嘴只为了我从北京回来后给我一个"一次都没有违纪"的惊喜。我喜欢中秋晚会上我怎么劝也劝不住的哭泣声，喜欢换英语老师时杨之墨的满脸泪痕。喜欢班级长跑竞赛时和一大群孩子你追我赶听他们大叫"誓死紧跟王老师"，喜欢当我和刘宏达决战紫禁城之巅时我的拥护者们的狂呼乱吼。我喜欢我当母鸡玩老鹰捉小鸡的时候对我一点儿都不客气的男孩儿们，喜欢何语婷把我记在违纪本上要惩罚我因为升旗仪式我迟到了。我更喜欢当我念我的下水作文时潘俊臣脸上的感动，喜欢杨雅云响应我的号召早早就背完了《将进酒》。喜欢语文课上蒋云淞永远专注深刻的表情，喜欢温婉内向的郭丽阳在我的多次鼓励下终于举起了手。喜欢牛晓悄悄地把寝室的拖把扛回家去修好了，喜欢高洁悄悄地在练笔中抒发对牛晓的敬佩。喜欢在考试的前十分钟全班情不自禁齐声高唱《一起去看流星雨》，喜欢课间十分钟教室里热潮滚滚师生齐诵《蜀道难》，喜欢……

我的IB班，我的孩子们，你们可曾知道：这些喜欢，是我交给你们的半期答卷，老师也希望啊，你们能给我评——100分。

【告诉孩子】是的，每天十二节课，起早贪黑，三点一线，忙忙碌碌，步履匆匆，学习难免辛劳而乏味儿。但是，要知道，沙漠中有清泉，岩层内有珍珠。平凡人生，虽然一地鸡毛，烦俗人世，难免满目庸常。但是，驻足凝视，侧耳倾听，阳光动情闪耀，清风温柔拂身。酷暑里有淋漓暴雨，寒冬中有玉雪冰清。寻觅生命中点点滴滴的美，拣拾生活中滴滴点点的纯。定格细节，平凡就玲珑了，立体了，深远了，雅致了。

## 二、班主任日记，透视平凡人生中的内涵美

### 11月11日　周二　晴

外语晚自习。老师在讲台上很孤独地评讲卷子。教室里很安静。

我在后排批改作业。

突然窗外一阵很热烈的喧闹,接着火光便映红了小半边天。几乎想都没想,我和学生哗啦啦地就拥到窗前。原来是附近的学校在放焰火,是那种很小规模的焰火,一直都只有一种形状,甚至只有一种色彩。但已经足够了,这一片天空是属于学校的,平时反而很寂寞,一点小小的美丽就足以灿烂它。

我们趴在窗台上,很用劲儿地发表我们的惊叹。焰火每升起一次,我们便拍手、欢呼、大叫。无数张激动的脸映着并不耀眼的礼花,让呆板的冬夜顿时生动起来。

可惜的是,焰火只持续了很小一会儿就结束了。我们很失望很落寞地回到座位。教室里跌落了一片叹息声。

我也有点儿失落。抬起头来,接到了英语老师的目光。我这才发现,英语老师一直都没动。

我歉意地朝他笑笑,他也宽容地朝我笑笑。我读懂了他的目光:这种小玩意儿你也感兴趣啊?还和学生大呼小叫的!

我有点儿不好意思地做了一个鬼脸,我没有回答他。他哪里懂,焰火的精彩与否根本不重要,我们宣泄的是童心,是青春,是激情,是心心相印啊!

【告诉孩子】一年有四季,阳光有七色。简单是最本质的美,朴素是最绚丽的真。体悟简单,诠释朴素,人生就会充盈而丰满。抬头看天,阴晴雨雪都是四季书签,低头望地,春花秋草均是生命关怀。调一种姿势,换一种心情,你会触到星河的律动,你会听到花开的灿烂。欣赏是最美好的生活姿态,感悟是最深刻的人生情怀。不必仰视崇高,无需叩拜尊严,掬一捧心泉,含一瓣心香,透视平凡,珍藏内涵。

## 三、班主任日记,升华平凡人生中的哲理美

### 12月9日 周二 阴

718被扣分了。上个月他们一分都没有扣。

一听说被扣分了,我顿时有点儿气急败坏。我把五个男孩儿抓出

来在走廊上一字儿排开，乱七八糟地就训开了。五个娃儿垂头丧气地低着头，见我真怒了，早吓得一句都不敢分辩。教训人并不是我的特长，说不了几句我就没词了，可又不能表现出来。我突然觉得喋喋不休的自己很有点儿可恶。

我干嘛发那么大的脾气，不就是被扣分了吗？不就是几连冠的记录被打破了吗？他们保持了整整一个月没有被扣分其实已是不易。可以设想：让五个十二三岁的活蹦乱跳的孩子一关灯就必须闭紧嘴巴乖乖睡觉，还有无数繁琐的纪律和要求如紧箍咒一样缠身是多么无聊的事情。可是他们居然保持了整整一个月一分未扣。这真的已经是奇迹了！可是他们的本性稍一释放，晚上多说了几句话，生活老师就大笔一挥毫不留情，班主任的尖言利语更是铺天盖地。换了大人，有几个受得了。

我第一次怀疑起自己的理直气壮来了。寝室打纪律分本是为了督促学生良好品德和习惯的形成，可是当竞争成为了红旗成为了荣誉，这些红旗和荣誉便成为了衡量老师水平的一把尺子。在这把冷冰冰的尺子下，老师的眼中哪里还可能有对学生真正的关怀？

我是在帮助学生吗？不！我分明是在泄愤，愤怒学生们破坏了自己的荣誉和面子啊！

我多么虚伪多么残忍！

【告诉孩子】唱和潮流，是平庸的字正腔圆；随波逐流，是可鄙的成熟腐烂。生活的绚丽在于思想的飞瀑永远如"黄河之水天上来"，人生的精彩永远需要"望断天涯路"后"蓦然回首"的沉思与涅槃。面对生活，坚决不唱对酒当歌人生几何；直视人生，永远剑拔弩张而又若谷虚怀。擦亮双眼，看个真真切切明明白白；舒张心灵，收获时时刻刻的灵动和辽远。高山垒于寸土，江河聚于细流。豆蔻年华最要迎风而立，花季雨季更需思维翩跹。积累思想，存储哲理，升华平凡人生，打磨青春真爱。

班主任日记之美，就在于怀着艺术化的心灵让生活艺术化，就在于和学生一起力践审美的人生态度吧。

世界上任何一个国家都为教育树立了两个伟大的目标：使受教育者聪慧，使受教育者高尚。

——里克纳

## 仅仅有尊重是不够的

一个女孩儿，九班的，在练笔上写了这样一段话：

王老师，我不太同意你的观点。你喜欢中国文化，你喜欢唐诗宋词，这我们能理解。但是，你要让我们都像你那样喜欢，似乎就不太人性了，也不太可能了。我觉得你的意图更应该是这样的吧：让我们尊重中国文化，尊重唐诗宋词。

这段话，深深地刺痛了我的心。

事情的起因是我给孩子放《唐之韵》——一部画面和解说词都异常精美的介绍唐诗的纪录片。我想了很多办法才搞来了全套光碟，自己贪婪地先看了一遍，被感动震撼之后，便兴致勃勃地来给孩子们放。可是，我失望极了：没有几个孩子喜欢。大部分孩子都在那里气息奄奄地煎熬着。甚至有几个我平日里很欣赏的、文笔在班上还算好的女孩子，也围在一起玩手机，发短信，耍游戏。那天晚上，我勃然大怒。我教训孩子：中华民族如果连唐诗宋词都嫌了都不爱了，这个民族也就差不多要灭亡了。

于是，就有了这个孩子的这篇练笔。

写这篇练笔的，是一个乖孩子，平日里绝不调皮也绝不偏激。

我欣赏她敢说真话。但这番真话，却更加深深地刺痛了我。

我想说的是：孩子，对中国文化，仅仅有尊重是不够的！

"尊重"这个词语表面上看来充满了温馨，但其实它的背后，是多么冷冰冰寒森森啊！这个词语其实是冠冕堂皇的，我一直觉得它同真正的"爱"无关。你一定不会对你最爱的妈妈说"尊重"，如果说了，那么你们之间一定有了问题。尊重是这样的一种态度：它不来自爱，它来自理性来自道义。可是，生活是多么细腻而又敏感啊，真正的爱，往往超越理性和道义！

所以，孩子，只有尊重是不够的！

我们是祖国母亲娇生惯养的孩子，我们习惯了母亲疼我们容忍我们。母子之间的这份爱，血浓于水。作为孩子，有嫌自己母亲丑的吗？母亲的皱纹在我们的眼里是五线谱，母亲的白发在我们的眼里是银色的旗，母亲步履蹒跚了我们觉得更加慈祥稳重，母亲老态龙钟了我们觉得更显慈眉善目。

对母亲，除了爱，深入骨髓的爱，我们怎么舍得用"尊重"这样冷冰冰拒人以千里之外的词语。

孩子们哪，你知道，唐诗是母亲的什么？宋词又是母亲的什么？

举个形象的例子，如果世界上又要举行母亲选美大赛的话，我们的母亲，她要带去增加自己的竞选分量的，肯定少不了唐诗和宋词。唐诗是母亲最昂贵的化妆品，宋词是母亲无与伦比的华衣。这套装束，母亲酝酿千年又裁制千年，出世便惊世骇俗。它们是母亲盛装的标志。

因为有了唐诗宋词，母亲于是仪态万方，千年不老；因为有了唐诗宋词，母亲于是姿容卓绝，倾国倾城。

如此华美的母亲，如此超凡脱俗的母亲，孩子们哪，你难道舍得用"尊重"这样一个寒气森森的词语吗？

王老师不能啊！我早就被母亲的美震撼了，我扑倒在母亲的裙前，泪流了一脸一身。

可是孩子们，你们居然可以无动于衷，居然可以就像看着自己并不喜欢的漂亮的电影明星一样，只丢下一句客套的"尊重"。

王老师在写这篇文章的时候，圣诞的热烈气息还没有消散，圣诞晚会上解放碑拥挤的人流还未散尽。王老师写这篇文章的时候，联合国也许已经批准韩国申请"端午节"为他们的传统节日的报告了吧？王老师在写这篇文章的时候，新华书店的书架上又该多了很多本《哈里·波特》和日本的漫画了吧……

孩子，仅仅有"尊重"是不够的啊！没有对中华文化，没有对唐诗宋词狂热的爱，炽痛的爱，中华民族也将永远找不回孕育了唐诗宋词那样的伟大的时代！

孩子们哪，因为我们是继承者，因为我们是主人。所以，请把"尊重"这个词语收藏好。让我们对自己民族的文化顶礼膜拜，一生一世爱个够吧！

教育与幸福生活

将名字编入学生的心灵词典,将事业载入祖国的教育史册。

——李镇西

## 今天,穿着长裙上讲台

今天,在去教室之前,在我的衣橱前,我静默好一会儿。我不是个时髦的女子,但是我是个还算年轻的教师和班主任。我也有不少的衣裙,和大多数女子一样,每天穿什么去上班,往往是需要稍微斟酌一下的。

我拿出了挤在衣橱很里边,已经很久很久没有穿过的一条长裙——这两年时兴色彩鲜艳的短裙了,这条裙子,花色有点晦暗,颜色有点陈旧,就是式样,也是五年前流行的式样了。

我大概已经有三年没有再穿过它。

但我今天决定穿它!因为它比我的任何一条裙子都典雅而庄重。

裙子依旧很合身,镜子中的我马上多了一分成熟和严肃。我认真地梳好我的头发,没有用口红。

去教室的路上,我走得很快,长裙毕竟是飘逸的,我的心也飘逸,飘得很远。

果然引来了孩子们的惊叹。这一年来，王老师的着装风格都是简洁而明丽的，一年来我穿过的任何一条裙子，都比今天这条时尚和动感。

我不笑。以前我总是笑逐颜开的。笑容是我的名片。

但是今天我不笑，不想笑，也笑不出来。

我开门见山：同学们，今天王老师穿长裙来上课，以示庄重。因为，今天是"九一八"国耻纪念日。

没有孩子说话，不像去年，还有孩子大头鬼一样地四处张望着乱叫：啥子"九一八"？

去年，为此事我在班上发了脾气。今年，没有孩子再问这样愚蠢的问题了。还是有些欣慰。

我示意今天正准备要讲语文小知识的同学暂停。我是今天这堂语文课的主角。

我先让一个孩子朗诵了《重庆时报》上的标题新闻《全国百城今夜"警钟长鸣"祭国耻》。

我谈了暑假中我一个人在深夜中重看《苦菜花》的感受。

我读了今天发表在"写吧"上的一篇纪念文章《九一八，历史在此沉思》。我说，孩子们，你们认真听，老师不需要你们起来谈任何感想，你们只需要记住文章中的史实。

是的，只要能够记住这些史实，今天王老师就没有白穿这条长裙。

孩子们，记住啊：为什么数百万的侵略者能制造数千万中国军民的伤亡？为什么百余人的日本宪兵能管制几万中国人的县城？为什么十六七个人的日军小分队能击溃数千人的国军师团？为什么三支"三八大盖"竟能押送近千人的中国俘虏？

孩子们，记住啊，战争袭来，中国伪军满城。战争结束，蒋介石为了打内战，竟然放弃驻军日本。

孩子们，记住啊，据青岛一位老人回忆抗战，说那时所有的中国人经过日本兵岗哨，无不低头鞠躬，奴颜婢膝。而日本投降后，解除了武装的日本兵列队走过市区，围观的老百姓吐唾沫，扔石头，杀声震天。脸上沾有唾沫和血迹的日本兵不为所动，仍整整齐齐地行进。

孩子们，记住啊，现在日本老板警告员工有一句常用的口头禅："不要像中国人那样懒！"一位美国人写道，夜晚从东京的摩天大楼望下去，所有楼层的房间都开着灯，"每一张办公桌前都坐着一个忙碌的日本人。"我们的敌人在战后短短20年就在一片废墟中实现了经济腾飞。

孩子们，记住啊，广岛亚运会结束时，六万人退场，会场上竟没有一张纸片。美国报纸惊呼："可怕的日本人！"天安门广场升国旗，观看的人群散去后，却是满地废纸，不堪入目。

孩子们，记住啊，鲁迅先生曾经说过："凡是愚弱的国民，即使体格如何健全，如何茁壮，也只能做毫无意义的示众的材料和看客，病死多少是不必以为不幸的。所以我们的第一要著，是在改变他们的精神。"

孩子们，问问我们自己吧：下一次的中日战争，我们凭什么打败日本鬼子？！

教室里一片静穆。我痛心地说：就是昨天，连中央电视台的中秋晚会都因"九一八"而延期的时候，就在我们的学校，还有那么多的班在兴高采烈地搞中秋庆祝活动，还有那么多的同学因为观月而把垃圾扔满了操场。就在今天的升旗仪式上，我们的"国旗下的讲话"充满了对中秋的溢美之词而对"九一八"的反思如此浅淡……

我们的老师和同学，我们中国人怎么就如此淡漠和麻木？

今天，我们班，不买月饼，不搞活动，只希望，我们每一个人在今天都能以一种更为庄重的心情投入学习，为这国耻，为这未来。

然后，我不再说话。教室里一片静默，在这静默中，我要让每一颗心灵都回去——回到74年前的那个夜晚，回到历史的深处……

我亲爱的孩子，若干年后，你们是否还记得今天——王老师的一袭暗色长裙？

> 教育首先意味着让人成为一个现在就感到快乐的人。这个"快乐"显然主要不是指吃得好穿得好,甚至也不仅仅是指成才以后将来谋得一份好职业以便过上好日子,而是孩子在受教育的过程中,不仅充分体验到求知的快乐,思考的快乐,创造的快乐,成功的快乐,而且还充分体验到纯真友谊的快乐,来自温暖集体的快乐,来自野外嬉戏的快乐,来自少年天性被纵情释放、青春的激情被随意挥洒的快乐……
>
> ——李镇西

## 写在半期考试成绩揭晓之前

我知道,这个周末不会有太多的孩子玩得开心。因为,半期考试的未知成绩像一个大炸药筒,时时都会爆炸。每一个孩子的心,都悬着,七上八下。等着一种命运,等着一种裁定。

王老师也很不安,我当然不是为了考试成绩,我担心的是我的孩子们——在一轮又一轮的考试冲击下,能否保持平和与上进的心。

所以,我写下我的心情,我决定在明天晚上的班会上,把这些文字作为主题。

孩子们,你们还记得走进校园的第一天收到的王老师给你们的那封信吗?那张薄薄的纸上,有我对整个中学阶段你们必将要碰到的困难的估计。我依旧记得那个夏末的美丽黄昏，你们拿着我的"预测"，每一张脸上都洋溢着自信的灿烂笑容。你们的闹闹嚷嚷告诉我：你们读懂了老师的担忧，但你们要老师不必担忧：因为你们有足够的勇气和自信去战胜那张纸条上的那些张牙舞爪的困难。当时，你们的心灵被将要开始的初中新生活的喜悦装得满满的。没有一个同学会去注意老师的表情，注意躲藏在老师眉间的深深的忧郁。

而今天，当新生活已经成为"旧生活"时，当激情几乎褪尽，当竞争如不可遏制的钱塘潮冲天涌来时，你又会以怎样的心境，面对当初王老师的那一张薄薄的纸呢？

孩子，现在还不知道成绩，希望你们记住老师的话：

孩子，其实你时时刻刻都在迎接考试。每天准时起床是考试，坚持锻炼是考试，不迟到不旷课是考试，保持座位四周的清洁是考试，和同学友好相处是考试，在班级长跑比赛时要求自己回回争先是考试，完成班级的小公务是考试，认真作业是考试，好好吃完每一顿饭是考试……这些考试和半期考试并没有本质的区别。因为，你们是孩子，因为也就是这些，组成了你们的成长故事和青春生活。所以，不要因为半期考试必须要在固定的时候固定的地点很庄严地进行，而太看重它，认为它比平时的"考试"更神圣，更重要。真的，孩子，你要告诉自己：我要以平等的心态对待每一次考试。在你心灵的成绩册上，它们都只能占一个小小的空格。

所以，如果你在半期考试当中没有拿到一个很满意的分数，不需要太沮丧。你看一看你时时刻刻要面对的那些考试吧：你一定多次获得过"优"，是吧？如果是，不要忘记了为自己鼓掌。

如果你在半期考试当中有幸拿到了一个很满意的分数，那也请你在兴高采烈之余回顾一下平时的那些"考试"，如果把这些分数也算进你的总分，你又会是班上、年级的第几名呢？

也许你会质问说老师太不切实际，最后家长和社会看重的还不是这个分数？那我又告诉你，如果你有这样的爸爸妈妈，那老师一定要帮助他们改变观念。而且就老师接触的大部分家长来看，他们看重你们的身体和品行绝对超过你们的成绩。至于社会，孩子，一来你们离社会的评价真还有一段不短的距离，何必考虑那么长远的事情呢？二来真正的社会竞争不是这次或下次的大考就能决定得了的。就是最剑拔弩张的高考，也未必就能决定一个人是否真正优秀呢？社会竞争的法则是要以成绩和排名作为衡量的一个标准，但绝对不会是唯一的一个标准。

孩子，还记得老师说过的话吗？来到学校，我们要创造快乐而激情洋溢的生活。而这种生活的前提，就是我们必须关注和高度重视生活的每一个细节。细节不是由考试组成的，而是由"生活"组成的。懂吗？孩子们，生活是由"生活"组成的！我们说我们要"面朝大海，春暖花开"，生活才是我们的大海，豁达和乐观才能迎来春暖花开啊！

孩子，生活是大海，考试仅仅是海里的一朵浪花罢了！

所以，当每一次大考临身，不要紧张得、兴奋得、痛苦得、快乐得忘记了真正的生活。

范仲淹说：不以物喜，不以己悲。我们背过这句名言是吧？那我们换一个说法好吗：不以分喜、不以分悲。这不是逃避，这是面对生活的坦然态度。年级前十名只有十个，而我们的班级需要的好孩子是你们每一个；年级前八十名永远只有八十个，而社会需要的人才远不止八十个。社会需要前八十名，更需要有着积极上进心态的好公民！

当然，孩子们，在无数次的考试中，半期考试是有它自己的地位的。所以，如果看到别的同学获胜，我们应该由衷地祝贺他们。因为为了获得这次成功，他们其中的大多数（不包括瞎猫碰上死耗子的那种）是付出了艰辛的劳动的。你在玩的时候他可能就没有玩儿，你懈怠的时候他可能就强行管住了自己。所以，他应该获得你没有得到的尊重和重视甚至重奖。如果他次次成功，他更不应该收获你的忌妒。因为在这个世界上因果永远相伴，他从幼年开始的持之以恒和顿悟保证了他成为常胜将军。你要相信这个世界上没有唾手可得的成功——这是一条适用于任何人的规则。

所以，向成功者致敬吧！学会欣赏，学会赞美。当然，更重要的是学会观察成功者平日里是怎么样在"生活"，然后，以此为启示，让自己的生活也更多一些"含金量"。

孩子，老师当然也希望你能成为别人欣赏的对象，但是如果没有，你也许会发发牢骚，埋怨自己。这些我都能理解。人生总是需要发泄的。但是，我担忧的是你们因此而诅咒生活。孩子，世界上最没有罪过的就是生活,因为,能够创造自己生活的只有自己。你诅咒了生活实际上也就是诅咒了自己。这是最可鄙的人生态度。如果你甚至准备逃避准备全盘否定你平时所有的努力和已经表现出来的优秀,那王老师差不多就要瞧不起你了。人生不会一路鲜花开道,但必定应该一路有树。这树,便是看到自己的价值懂得自己生活的意义。

孩子,记住:我们是为了生活而学习,而不是为了学习而生活!

我们的课堂起立的呼语早已经变了,孩子,那不仅仅是一句呼语的变化,那是一种人生态度的展示。我们要用嘴说出它,更要用心灵和行动去实践它。让我们一起高呼好吗——在半期考试成绩揭晓之前。

积极勇敢,乐观向上!

面朝大海,春暖花开!

佛在心中，何愁十万八千路。卷成灯下，不老华夏秋冬人。

——大雁塔对联

## 没有激情是可耻的

前几年到上海，夜晚在陆家嘴一带流连，黄浦江两岸宁静的繁华强烈地震撼着我的身心。从重庆到上海，长江还是那条长江，但给人的感觉却完全不一样了。重庆的长江，也是波澜壮阔的。但遗憾的是枯水季节似乎总是很长，长江河道经常变得非常狭窄。在许多的时候，长江居然就如一条并不起眼的中型河流了。"横无际涯"其实并不是每个时刻都能看到的景色。

长江流到上海的那一段，大概是因为已近入海口的缘故，江面突然异常宽阔起来。这时的长江，不管水急还是水缓，都俨如一个雍容大度的大方之家，迈着稳重高雅的步伐，不慌不忙地向着大海走去。

站在这一段长江面前，我的心中陡然升起一种神圣感，似乎也有一条历经了千山万壑的奔腾之后的长江缓缓漫过心底，微笑着把我所有的浮躁全部淹没。

我知道，我的感动来源于长江在这个路段上表现出来的特有的从容。从重庆到上海，多少激情的冲刺之后，长江终于迎来了它的浩浩荡荡。那是饱经了大苦大难之后的沉静与安详……

重庆的长江之所以和上海的长江不一样，就在于这一点吧。

我还经常观察瀑布之下的深潭，我向来以为那也是水的至美的形态。读过朱自清的《梅雨潭》，也无数次为金庸安排小龙女与杨过在断肠崖下的千年冰潭下重逢而唏嘘不止。山崖的高度造成了水潭的深度，瀑布之水天上来和龙杨二人相隔十六年的飞身而跃所促成的爱情的完美中似乎都有生命的真意。深刻、内蕴、饱满等等华美的词语产生之前都必然有着惊天动地的抗争和决裂。

是激情成就了江的事业和潭的事业。

突然想起这些，是因为这段时间读到了太多孩子们感叹激情逝去的日记。牛晓说，初三了，我们长大了，学会了逃避、淡漠和忘却。王维妙说，要中考了，不少同学也麻木了机械了，月考再频繁，名次再残酷，也激不起初一初二时候的上进心了。何语婷说，第一次月考之后，我的曾经被激发起来的像鲜血一样殷红的斗志，不到两个星期，就从鲜红变成淡红最后只有浅浅的痕迹了……

哦，孩子们，我理解你们身心的疲惫，在车轮大战一般的考试中，在一眼望不到边际的竞争沼泽里，要时刻保持昂扬的状态确乎是一件不容易的事情。这就好像重庆的长江在枯水季节时那缭乱地暴露着的可怜的河道，就像流水奔向高岩纵身一跃前的迟疑和徘徊。这些都是生命中艰难的时刻，一如河流面临着经受太阳的曝晒而干涸，一如瀑布在飞跃前的流转和动摇。

但是，大海浩瀚，潭水千尺，光荣永远只青睐在艰难中依旧保持激情的生命。江水奔流向前，雨季就一定会来到。瀑布向天空敞开胸怀，它生命的高度从此铸就。

在艰难的时刻保持激情，这才是英雄本色。

哦，亲爱的孩子们，我们学过冰心的《谈生命》。冰心不也说生命像一江春水向东流吗？这江春水，从最高处发源，冰雪是它的前身，它聚集起许多的细流，合成一股有力的洪涛，向下奔注，它曲折地穿过悬崖峭壁，冲倒了层沙积土，挟卷着滚滚的沙石，快乐而勇敢地流走，一路上它享受它所遭遇的一切……

　　你们是否也有能力享受着你们所遭遇的一切？就是这"一切"，锤炼着你们的骨骼，磨砺着你们的心灵。这一切，足以让年轻的生命焕发出动人的光彩，也足以让你们十五岁的天空仅仅布满阴霾。而老师是那样地希望，在六月灿烂的阳光下，当你走出中考考场，回顾三年初中岁月，你有着即将迈入大海的黄浦江那般的从容和自豪。

　　没有激情是可耻的。因为激情丧失的背后，是理想的迷失是懒惰的放纵。

　　激情成就水的伟业，激情也将成就青春的绚烂。保护和释放你的激情吧，在最艰难的日子里。

教育与幸福生活

　　教育学的人道主义精神就在于，要使一个在绝大多数儿童来说能够胜任而偏偏在他来说不能胜任的儿童，不要感到自己是一个不够格的人，要使他体验到一种人类最崇高的乐趣——认识的乐趣、智力劳动的乐趣、创造的乐趣。

——苏霍姆林斯基

## 软弱一下吧，孩子

　　这是半期考试之后的第一个周末补课。

　　九班总是有几个调皮的孩子会迟到的。我几乎已经习惯了。我并不太愤怒。这么冷的早晨，这么温暖的家，这么紧张的学习，这么短暂的被剥夺的周末，这么不好的交通……每天早晨的第一节课，班上的大部分的孩子都趴在桌子上恹恹欲睡。而站在讲台上的我，也是常常同样处于半睡眠状态。

　　一般的情况是，靠毅力在讲台上慷慨激昂一节课后，我苏醒过来了。而孩子们，总有一部分眼神还是直的。

　　所以，离开教室的时候，走过教室里呼啦啦倒下的一大片孩子的时候，我总是苦笑着，步子轻一些，再轻一些。

但今天我有些不安了。一般来说，在十分钟之内，迟到的孩子都会到齐的。但是我看表看了五次了，第一节课已经过了二十分钟了，还有一个孩子没有来。

这个孩子是许菁。

但这个孩子不应该是许菁。

许菁一般是不迟到的。即使迟到了，许菁也不会迟到那么久。许菁的笑声总是教室里最响的一个，许菁的眼神总是教室里最神气的一个，许菁的嚷嚷总是教室里最辣的一个。

现在她都没有来。我感觉到她今天根本就不会来了。我突然就有了一种很慌乱很寂寞的感觉。

我的语文课上，怎么可以少了许菁？

少了许菁，谁再揪住我讲课中的漏洞穷追不舍；少了许菁，谁再去和课本中的鲁迅和朱自清吵得一塌糊涂；少了许菁，我到哪里去读《我的哥哥》那样让我流泪的文章；少了许菁，我还可以大大咧咧地数落谁说她文采好但错别字多得和我小时候一样……

许菁今天没有来。其实这两周，我就发觉许菁的不正常了。

一上课她就睡觉，可她以前一上课眼睛就闪闪发亮的。她睡了一节课又一节课，总睡不醒的样子。

她居然没有交练笔。许菁的练笔从来都是写得最好的一个，她是中学生中少有的那种对文字很着魔的学生。按规矩，我罚她站了。一站两节课。她站在后边，似乎还是睁不开眼睛。

下课后她朝我嚷嚷：我被罚站了四节课了！我愕然。她哭丧着脸说："因为我的外语作业也没有交。"

我看着这个可怜的孩子。天啊，许菁怎么了？她的外语和语文从来都是班上的第一名啊？

……

写这篇日记的时候，许菁已经来上学了。许菁已经又是那个可爱的许菁了。她补交来几乎整整一个作文本的练笔。我读了，很心酸，很沉重。我知道了这段时间发生在许菁身上的所有的谜——她差点被理科压垮了，在数理化面前，她找不到自信了。

我没有找她谈话。我也知道,此刻我寥寥的几段文字,写不尽一个十五岁女孩子这一次心灵的挣扎。

我除了心痛,还是心痛。

我想说的只有一句:孩子,老师理解你的软弱。你就痛痛快快软弱一回吧!

原文摘录许菁的文字,只想给自己留一点警醒:孩子的心中有多苦,我们这些当老师的,当父母的,厚道一些吧!

### 我要死了
#### 许 菁

我要死了。但是这个世界好大,我什么都还没见识过,我不想这么快就死了。你能带我去看看这个世界吗?

我每一天都过得很辛苦。我要吃很多颜色不同的药片,然后我看书,喝水,上厕所,不可以多干点什么,我要很小心,不可以犯病。因为我犯起病来,会很痛,全身都痛,那样会让我很绝望,会让我没有信心活下去。我还有很多事情要干,我要开演唱会,要写一本书,要去旅行,要结婚,还要带孩子……真的好多事情。不过我怕是不行了,或者还可以多活三天,或者是两天,甚至一天。没关系,你带我去吧,我想看看这个世界。

我得去香港。我从未去过迪士尼,只在杂志上看过照片。那里很漂亮,很快乐,我可以在那吃到铸成米奇样子的布丁,还可以买一个公主的模型。但我别在那儿呆久了,我还要去巴黎,怕赶不上飞机。因为那里太浪漫,我绝对不允许自己在没有踏过梧桐大街之前就死了。我会戴上很温暖的毛绒帽子,披上令人踏实的棕色大衣,摸一摸埃菲尔,望一望凯旋门。那样我就当作领略浪漫了,就知足了。临走前我要在巴黎看一部法国电影。

我听说在欧洲的哪个国家里有一个长寿镇。具体地方我记不清楚了,总之是那个镇上的人没有活不上百岁的。他们的生活很安逸,他们就像一家人一样。他们不为死而悲伤,反而会很开心,升天了嘛。这样很好,乐观一点才会存在这么一个小镇。本来我是想去看看的,还是算了，我不配去那里。

其实哪儿不去也可以。我以前最大的愿望就是有一间自己的音像店，我要排满自己喜欢的电影和 CD。这家店要小而精致，要门庭若市。最棒的是可以前庭像纽约一样热闹非凡，每天都张灯结彩，不分夜晚和白天。而后院呢却跟丽江的清晨一般，干干净净的，我还得种多点树去装点。等到圣诞节呢，我就撒点棉花在树上。可不能真下雪，我怕冷。如果太冷，我就会犯病，那会耽误我开心的一分一秒。并且我也要有精力去准备水果和零食，因为我的朋友常常来看我，我们会闲扯各种杂七杂八的事情，上至国家大事，下至某某擦的指甲油。其实做个平凡的小市民，有什么不好呢？不过现在说什么也没有用了。我只是跟你随便聊聊，那些都是我的幻想罢了。不会有那么些个悠闲的日子，差不多明天的这个时候你就该为我哭泣了。尽管我真的不想死，能撑一秒是一秒，但是我的心脏疼得厉害。前段时间打支安稳剂就会舒服多了，现在麻烦你给我一支安眠药。我疼得不行，还是睡过去的好。什么事情等我醒过来再说吧。

还有，等会儿我睡去了也不要关灯，我怕黑。

人永远是不定型的，人的每一个自我创造的行为都创造出了再创造的自由。尼采的人性观以肯定人的生命本能为前提，以主张人的超越性为归宿。人是一个试验，而试验的目标就是：更坚强的生命本能，更广阔的超越资源。

——《教育人学》

## 孩子，这份权力，请你珍惜

孩子，今天，老师送给了你们一份惊喜——我让你们自己挑选同桌。

宣布这项决定的时候，我尽量轻描淡写，不去作刻意的强调。其实，为了这项决定，我经过了相当激烈的思想斗争。老师的头脑中有太多太多的顾忌：中学时代的老师从来没有妄想过有这样的待遇啊，就是你们，也何曾敢产生这样的想像！因为，直到现在，关于座位的问题，我收到的最大胆的建议，也不过是何语婷提出来的。她说，可以用抽签的形式决定，把教室的位置全部编号，抽到哪个就是哪个。理由是这样可以解决小班之间产生的隔阂和矛盾。当时，对这个小姑娘，我充满了敬意。

但是，经过深思熟虑之后，我决定，把选择座位的权力，完全交还给你们。

孩子，首先，这是因为尊重。昨天我们不是还在朗诵那句诗吗？娉娉袅袅十三余，豆蔻梢头二月初。老师深情地描述说，孩子，你们长大了，你们是初春二月豆蔻梢头那最新鲜最有好奇心的生命。在春天的第一缕风中，虽然你们还柔嫩，也还不太高大，但你们毕竟是一株年轻的生命了。你们应该有独立地去拥抱阳光拥抱生活的权力了。所以，老师给你们一份美丽的自由——你快乐地去寻找身边的那棵树吧，也许，那就是春天中的另一个你，就是你对你自己的另一份诠释。

然后，孩子，那是因为信任。桃花在春天开放，夜来香吐露芬芳是在夏天的傍晚，秋季的天最高远，而冬日的阳光最温暖。孩子，还有谁，能比你自己更了解自己？还有谁，能比你更知道自己的需要和渴望。我相信你，孩子，你不仅会真诚地聆听自己内心最深处的呼唤，也会侧耳感受周围的风吟雨唱。我相信你，孩子，在为自己选择成长的土壤这件事情上，没有人会比你自己做得更好。

最后，孩子，那是因为渴望。渴望选择把你们磨练，渴望孤独把你们捶打。你们会知道，没有了老师的命令和帮助，独立面对并不如你们想像的那样美好。自由的选择检验你的智慧和心性：你喜欢的百灵鸟不一定会向你歌唱，你躲避的毛毛虫也会执著地把你缠绕。友谊的错位，情感的颠倒，你不可能完全躲开烦恼甚至难免身陷纠纷。这些时候，孩子你要有足够的坚强。前后左右仅仅是你的朋友和同学，他们仅仅是为你的生命锦上添花。如果友谊的天平失衡，你要告诫自己真诚也需要时间的历练。不要奢望绝对的地久天长，更不要妄想完美的心心相印。船有码头车有站，如果你的友谊走到尽头，你要学会给自己打气：人生更多时候需要孤胆闯天涯，更何况，天涯何处无芳草？

孩子，请庄重地接过老师的这份馈赠吧：她轻盈却也沉重，她耀眼却也灼人。接过这份权力，也扛起这份责任。在你推开青春的大门时，孩子，老师以这份礼物——再送你一程！

教育与幸福生活

要知道，道德准则，只有当它们被学生自己去追求、获得和亲身体验过的时候，只有当它们变成学生独立的个人信念的时候，才能真正成为学生的精神财富。

——苏霍姆林斯基

## 孩子，你做的，总有人看得到

孩子们意气风发地去当"小黄帽"（本周我班为值周班），结果个个儿都有些沮丧。平日里指点江山愤世嫉俗好像大侠再世，真轮到自己上的时候才知手上的这份权力不好使。就说食堂的纪律吧，高年级的凶狠，低年级的赖皮，执法难啊，说是难于上青天并不为过。

于是孩子们都有些垂头丧气。

但我今天改九班的练笔时读到了他们班长王鹏飞的一篇作文。

他的题目是《IB小黄帽》，他写了他在食堂观察到的我们班一位女同学执勤时候的认真和坚持正义。在朴实平淡的文字中，他表达了对这位同学的敬仰。

我看得有些感动，便把文章拿到班上去读了。孩子们很惊讶：他们以为自己只是在孤军奋战，没有想到还会有同学看到了他们的努力。

在孩子们异常惊喜的笑容中，我强调：孩子们，不要灰心，你做的，总有人看得到。

是的，你做的，总有人看得到。说咱们这个社会"道德沦丧"，其实并不过分。食堂不过是社会的一个小得不能再小的缩影罢了。小小食堂的插队，悲哀地折射出了中国学生甚至是中国人素质的低下。常有人比较日本广岛亚运会后六万人的会场一片垃圾都没有，而天安门广场的升旗仪式后却是纸屑满地。谁看了这些报道都会难受，可是，真当自己设身处地的时候，又会有多少人会记得这样做是不正确的呢？所以，我们需要有人站出来。人心的良知和正直是需要人唤醒的。你要相信，你做的，一定会有人看到。哪怕是他没有如王鹏飞一般写出来，但在他的心底，一定会有多多少少的触动。如果咱们一个国家能有几亿人天天都产生这样的触动，那么改变中华民族道德素质的问题总还是要容易些吧！

孩子，你要相信，你做的，一定会有人看到。你进门的时候，轻轻把门关上，也许没有人直接对你说谢谢。但是，坐在门旁边的同学一定会感到温暖。这份温暖，便有可能成为关上另一扇门的动力。你悄悄地捡起了地上的一张纸屑，没有人看见。但你相信吗？因为长期生活在干净的环境中，我相信，如果同学们有一天也去天安门广场看升旗，他一定不忍心把废纸丢在广场上。面对同学老师的误解，你没有疾言厉色暴跳如雷，而是面带微笑轻言解释。是的，没有人特别注意到你，但是你要相信，空气也都是有感情的呀！你的温文尔雅让空气也被浸得甜甜的了。呼吸到了这片空气的甜润，你敢说不会有更多的人也会变得文质彬彬了吗？

哦，真的，孩子，你要相信，你做的，一定会有人看得到。病菌都可以传染，善良更能够传播。美德是"香远益清"的荷花香，更是绕梁三日的名曲，她来无踪却去有影。你要相信，山是有眼睛的，水是有眼睛的，花儿是有眼睛的，树是有眼睛的，高楼是有眼睛的，大路也是有眼睛的。人的良知是有眼睛的，人对美和善的向往更是有眼睛的。

所以，不要怕，不要担心你的力量太微弱，不要怀疑自己付出了会白付出。有一种微笑，开放在人心灵的最深处，那是对美的最高奖赏。

孩子，做吧，尽我们的能力改变这个世界一点点——引用你们的一句名言：上帝会看到！

要知道，道德准则，只有当它们被学生自己去追求、获得和亲身体验过的时候，只有当它们变成学生独立的个人信念的时候，才能真正成为学生的精神财富。

——苏霍姆林斯基

## 救救孩子
——一次作弊事件之后写给孩子们的日记

今天于王老师，是犹为惨痛的一天。

虽然在自己的再三克制下，我的表情也已经是相当难看了。但讲台下的你们依旧一个个若无其事。你们一个个上来，站到我前面，背诵不下去了，然后又一个个地下去。到最后，已经没有一个人敢上讲台来了。在这个过程中，震惊、愤怒、痛苦甚至绝望的情绪一波波地涌上来，使我艰于呼吸视听。

但是，底下的你们除了一两个埋着头表情略有些沉重外，其余的大部分依旧若无其事，轻松自在。更刺我的眼睛的是，还有几个平时表现颇乖巧的女孩儿乐呵呵地站在位置上，笑得艳若桃花。

我的桌前，摆着刚刚才批改完的默写卷子——几乎人人都写得很优秀的默写卷子！然而，在我一个个进行了复查后，只有五个同学过关。也就是说，第一节课的默写，班上百分之九十以上的同学逃过了我的眼睛，成功采用作弊的方式妄想蒙混过关。

百分之九十啊，这是怎样一个巨大到让我恐怖的数据。

目送着你们上来又一个个垂头丧气地下去，在希望和侥幸一点一点地被打击和蹂躏的过程中，我突然有了迷失的感觉：我不晓得自己该如何对待百分之九十这个数据，我突然觉得自己的心脏似乎承受不起这个狰狞的数据了。我该怎么办？是拍案而起，声色俱厉地训斥你们吗？不，我发觉自己没有激情了。当一颗心灵被极度失望的痛苦压制得连喘息都觉得困难的时候，我哪里有力量朝你们发脾气？

我嘲笑着自己的愚蠢：

我愚蠢到竟然如此不了解自己教了两年的你们。我总是不惮以最好的心情和最好的语言来赞美你们的，我一直以为这是教师最基本的人道主义情感，也是教师作为教师的人格底线。什么是爱？信任就是最深刻的爱！在我自己的班上，就是平时考试时监考我都觉得是很可耻的事情——因为监考的实质就意味着不信任。我不算最优秀的老师，但有一点我对自己极有信心：那就是我善于发现和欣赏你们的优点，并以享受这些优点作为老师最纯粹的幸福。所以，我的眼里没有差生，教书这么多年了，所有表现不好的孩子和我的感情都极好。成绩暂时落后点并不是什么了不起的大事，只要我们付出真心诚心，师生之间依旧有太多的美好可以成为中学阶段的主旋律。但是，今天，我却发觉自己深深地受到了伤害，平日里我欣赏着喜欢着的你们联合起来欺骗我！默写之前，你们的嚷嚷那么无邪幼稚，默写的时候你们的眼神又那么智慧沉着，甚至在等成绩的时候你们急切的表情也那样的真诚可爱……可是谁想到，这些不过都是一个骗局！你们合伙用你们14岁的年轻的面容来欺骗如此信任你们的语文老师——这位语文老师一直以为虽然你们有很多缺点，但你们的心灵深处一定是像水晶一样澄澈的啊！

我嘲笑自己的天真。站了十几年的讲台了，我何尝不知道学生中的作弊手段层出不穷。班上哪几个孩子是作弊高手，我也是心知肚明的。默写时，我也努力地盯着你们，在巡视教室的时候，我还很认真地仔细查看了你们卷子和桌子下的东西。但是我真的就笨到什么都没有发觉——你们猖狂地作弊，我居然一个也没有发觉！我知道，得手的你们当中不晓得有多少人在暗地里讽刺着嘲笑着王老师：你这样的身手这样的眼力还来当"警察"？我无地自容，我恨不得在地上找个洞钻下去。我曾经以为自己多多少少还有些了解你们，现在我知道我错了：你们心思活络，身手矫健，你们都是武林高手，是考场赌徒。你们千金一掷掷出自己的诚信毫不可惜，你们铤而走险求一时之利哪怕付出心灵变质的代价也在所不惜！老师的信任算什么，老师的鼓励算什么，那不过是过时的打折商品，你们早就不屑一顾了！

这就是我们教育出来的孩子吗？这就是我们天天挂在嘴里想在心上幻想着他们成长成才的孩子们吗？

我不信，我不敢相信！

到底是什么让你们变成了这个样子，是什么让你们可以为了一次毫不重要的诗词默写付出整个班级道德沦丧的代价？

晚自习后我把你们送回寝室，在黑暗的夜空中我一圈一圈地徘徊在操场。我的心灵像这无边的黑夜一样的阴霾和沉重。我步履飘扬，思维停滞，我的情感在空虚和焦躁两个漩涡中挣扎。我知道，今晚，当一个普通的教师为了教育的失败为了孩子们心灵的扭曲而痛苦的时候，那些不谙世事的你们，那些根本就不知道这种现象意味着什么的你们依旧会睡得很香甜，在你们的梦里，也许还会嘲笑你们的老师杞人忧天一般的担忧和莫名其妙的痛苦吧！

但是，我依旧会痛苦，我痛苦于我所崇拜的陶行之先生近一百年前就提出的真言在中国校园中的迷失，痛苦于作为一名有责任感的教师的迷茫与无助。

陶行之先生说：千教万教教人求真，千学万学学作真人！

可是，我们的社会怎么会如此扭曲？我们的教育怎么会如此疲软，我们的孩子怎么会如此冷漠？

谁来救救你们？

尊重意味着认真对待某人或者某事的价值。它有三种主要形式：尊重自己，尊重他人，尊重所有形式的生命以及滋养他们的环境。

——里可纳

## 好班级创造好老师

新来的化学老师很年轻。我在班上说这话的时候，底下的男孩子们纷纷龇牙咧嘴，发出了大家都听得懂的怪声。我没有恼，这帮小子，已经被时尚文化熏陶得个个都熟得要出锅了，我知道在这群小小伙子的心中，已经在盼望一位身材窈窕、着装时髦、花容月貌的化学老师了。可是我见过那姑娘，偏偏是一个非常朴实的眉眼都很内敛的女孩子。

恐怕这帮家伙得失望了。我暗暗地想。

果真孩子们有些失望。形象上不说了，新老师确实还是新老师，一说话就脸红，紧张的时候舌头就打结，总之看出来很努力的样子。其实从我的眼光来看，新手上路，能有这样的表现，已经是很不错了。但是孩子们的口味高啊，是啊，曾经到 IB 班来的是些什么档次的老师啊，孔静、岳玲、张红、申萍，还有我，数出来的一长串都是国家级市级以上的获奖者。IB班的娃儿口味不高才怪？

我想了想，在最令我担心的一个孩子的练笔本上写下了这样一句话：

好班级创造好老师！

平日里我们喜欢说的是"师高弟子强"、"名师出高徒"，总之人们都认可有了好老师才有好学生。其实人们往往会忽略了另外一个方面：教学相长，好的学生也会创造出好老师。好的班级就更能够诞生好老师了。

不是吗？好的班级秩序井然，学生学习干劲儿大。受学生的影响，老师也会精神勃勃兴趣盎然。学生学习的成功会成为教师热爱职业的兴趣，会源源不断地产生正面的鼓舞力量。学生的良好学习习惯是教师工作的最重要的推动剂，学生在课堂上灿烂的笑脸专注的眼神是教师得到的最好的奖励。良性循环一旦形成，教师和学生的成长都是迅速的。

好的班级拥有宽容上进的班级舆论。这样的集体有着开阔的胸襟和长远的目光。她们知道人的成长是应该以一生作为目标的，所以，教师和学生对彼此的期待都应该有信心。老师也会有上失败的课，老师也会犯错误，但在优秀的班级中，这种错误会被视为当然。在彼此的善良的呵护提醒和内省中，教师和学生都会以最快的速度飞跃错误。信任是不苦口的良药，鼓励更是人生的灵丹仙草。学生需要，老师也需要。

好的班级是一个充满潜力的班级。她不断地在教师面前展现自身的潜力，她给教师展现了教学的美丽远景。她鼓舞着老师：如果你是一个创造者，你的热情有多高，学生的热情就有多高，教与学的面前，就会展开多么让人神往的浮想联翩的未来。好班级让一个教师站稳讲台，还能让一个教师超越琐碎的日常教学事务，而走上教学科研的道路。

孩子们，我们是一个好班级吗？检验的机会来了！让我们共同创造一个好的化学老师来证明我们的优秀，好吗？

审美教育的成效如何，取决于向学生揭示美的本质和深度。只有进入了人的生活而成为了精神世界的一部分的那种美，才会唤起美感。

——苏霍姆林斯基

## 最后一个要求

孩子们离校前，我在班上提的最后一个要求是：下学期再见到大家的时候，我希望每个同学背的都是书包，而不是休闲包。

班上"轰"的一声，然后不少孩子闹嚷嚷地在下边问："哪种书包？哪种书包？标准是什么？"

双肩的！我清清楚楚地回答。单肩的休闲包不要背到学校里来。

"是这种不能背吗？"一个可爱的女孩子把她的单肩的包举起来给我看。

是的！我清清楚楚地回答。

心头有那么一点点不忍。但是我没有表现出来。我仰起头，我的眼光很清澈，我的声音很清亮。我大声地回答：

是的！

我的不忍是因为我知道并不是所有背单肩包的孩子都有问题，就如我

教育与幸福生活

知道并不是所有讲究打扮的孩子都不喜欢学习一样。虽然我知道这个道理，但是我还是下定决心：纯洁班风从小事情开始，净化心灵从小细节开始。

其实我们小时候背的书包都是单肩的挎包，那个时候还没有双肩的书包。双肩的书包才开始出现的时候，是很昂贵也很时尚的东西。记得在我的学生时代，经济很拮据的家庭就是一直没有能够抽出闲钱来给我买一个双肩的书包的。

而双肩的书包的优点是不用媒体的宣传大家都看得很清楚的：因为用力的平衡，有利于儿童骨骼和肌肉的发展，可以矫正儿童不正常的坐姿和走姿。容量大。可以凸现学生形象的朝气蓬勃纯洁向上。

因为这些优点，近十年来，随着经济的发展，双肩书包已经完全取代单肩书包而成为了学生书包的主流产品。走进小学校园和中学校园，你看到的大部分学生选择的书包肯定是双肩书包。双肩书包也已经成为了学生的代名词。

而单肩书包的重新出现，则成为了一种潮流的暗示。

准确地说，部分孩子背的单肩书包，都不是书包，而是休闲包或者是某一种样式的旅行包。

休闲包显然不是为学生专门定制的。休闲包一般包型都比较小，色彩都比较艳丽，样式都比较时髦。质量往往走两极：或者是真皮价格不菲，或者就是纯粹以花式来迷人，质地多半不好。旅游包倒是有包型很大的，但经常又大得出奇，形象很怪诞。背在身上不像是在校园，倒好像是要赶赴某个旅游区。

背单肩包的孩子，相当部分在校园中是比较扎眼的。形象经常是这样的：

男孩儿的表情多半是有些颓废的，头发很怪诞地一根一根地竖立或者像无根的浮萍一样在空中挣扎——据说这是一种很流行的发型。我在电视上倒也见过，在灯光闪烁的舞台上并不显得很出格。但是这样的发型在中学校园中却委实让人觉得憋闷。这样的男孩儿除了有颓废的表情，还多半有冷漠或者不羁的眼神，这些男孩儿哪怕是个子很高，但也绝不会是昂头挺胸，多半是肩膀无力地耷拉着，曲着身子，自以为很高傲地在人群中穿行。这些男孩子肯定不会背双肩包,而是斜挎着单肩休闲包。包的带子一般很长,包在屁股上一甩一甩,像足了社会上"嬉皮士"。

背休闲包的女孩子的情况要复杂一些。但是有一类女孩子是必背单肩休闲包的,就是那种打扮得特别花枝招展的女孩子。这类女学生的头发看得出来也是经过相当心思的修饰的。虽然校规规定了中学生的形象,但是这些孩子多半要钻学校的空子钻老师的空子,把头发拉直了,修得挺艺术,只要和时尚接轨就行,至于符合不符合自己的形象特点就管不了那么多了。这些女孩子的包一看也是费了很多心思挑选的,也许还是逛了很久的商场和女人街之类的地方才选中的吧。背着这类包的女孩子,严重一点的还会穿着低腰的裤子和很艳丽很时尚的T恤,脸上也常常有着很慵懒的表情。包的带子也很长,包也在屁股后边一晃一荡的。在中学生群体中,这样的女孩子往往是一眼就能让人区分开来的。

有点经验的老师会从这些包的质地样式和这些孩子的表情上,准确地判断出这些孩子心灵深处的东西。

我一直都很向往也很怀疑在日本或者西方的某些国家的电视连续剧中看到的景象:他们的学生总是穿着很整齐漂亮的校服,背着一模一样的双肩书包行走在校园中。那些孩子的表情是那样纯洁,身姿是那样的挺拔。我很怀疑这些画面的真实性。因为在我们这个并不富裕的国家,穿着统一的校服是很不容易达到的目标。在学生来源好一点的中学,学生们讲究名牌看重穿着注重装备的现象已经非常普遍。为该不该穿校服的事情,还曾在报纸上引过大规模的争论。有一派的意见就是:穿校服限制了学生个性,不利于学生的身心健康发展。

真是匪夷所思!写这些文章的人们如果走进中学校园实地考察一下在并不发达的经济背后学生的攀比风享受风时尚风,他的观点也许就会不一样了。

幸运的是,我是班主任,我拥有一个自己能够观察思考的试验田,也有一份可以自己做主的权力。所以,我说:IB班的孩子们,下学期让我们都背双肩书包,让我们以最学生的形象走进初三,走进人生至关重要的一轮竞争。包包事小,形象事大。包包事小,心态事大。简单生活才有丰富心灵,坚守自己的位置脚下的路才能更有自信地延伸。

这是初二学期末的最后一个要求,也是进入初三的第一个要求。

教育与幸福生活

培养全面发展的个性的技巧和艺术就在于：教师确实善于在每一个学生面前，甚至是最平庸的、在智力发展上最有困难的学生面前，为他打开精神发展的领域，使他能在这个领域里达到顶点，显示自己，宣告大写的"我"的存在，从人的自尊感的泉源中吸取力量，感到自己并不低人一等，而是一个精神丰富的人。

——苏霍姆林斯基

## 家，只是起点
——面对一封学生来信

打开信箱，有一封学生的信。没有贴邮票，封了口，规规矩矩地写着"王老师收"。我很纳闷，怎么会有学生写信给我呢？而且是直接投在我的邮箱中？我预感到有孩子出事了。我把手上的其他几封信放在一边儿，先拆开了这封。

很整齐的字。才看了开头，我就知道是谁的了，甚至我猜出了后文会写些什么。我的心收紧了起来，有些微微的疼。

信是这样写的：

### 好成绩比什么都重要

半期的成绩出来了，我并没有像我上学期对爸妈说的那样考得那么好，数学又不及格了，语文也失败了，至于地理，好像注定我只适合与60分儿相配。总之，考试又退步了。

前几天，王老师您说我没良心，一次考试考差了，就把一切都否定了，也包括含辛茹苦把我养大的父母，您说我没孝心，分数只能占我生命中很小的一部分。可是王老师，我想告诉您，您错了。并不是每一个家长都能像您想的那样，并不是每一个家长都能懂得您说的"分数只能占我生命中很小的一部分"。并不是每个家长都能像郭丽阳的妈妈，牛晓的妈妈，张钪的妈妈那样。他们看重的只有成绩——一份好成绩。他们认为只有好成绩才能说明你聪明，只有拥有好成绩，以后才不用烦恼。如果某一次没考好，他们会对着你破口大骂，会说你如何如何不争气，会说你是白痴，是傻子，甚至会打你。说你这样的成绩还不如不去上学，会否定你的一切努力。然后，又要求那些人怎样怎样，又会拿你的成绩和班上成绩最好的同学比，说你这一科与他差了多少分，那一科又怎样的不如他。又要让你努力学，静下心学。这话说得有道理，可是面对那种一回家吃完饭就走进卧室，躺在床上看电视的父亲，面对做了一点家务事，有一点点烦恼就喋喋不休地一天到晚唠叨，不是这儿生气就是那儿生气的母亲，我又怎么可能静下心来，努力学习呢？

"聪明"不是一张漂亮的糖纸，它是衡量一个人聪明与否，好与坏的标准，它是不可代替的，因为只有好成绩才能代表一切，好成绩是比什么都重要的东西，它不仅仅只是一个荣誉！

所以，王老师，您错了。

我想起暑假的时候，我要求孩子们给我写信。后来实实在在地收到了一大堆，我却不曾认真地回过一封。这个女孩儿是那些信中写得最认真最动情的一封，当时我也曾动过回信的冲动。可是后来一忙，就忘却了。

而今，读着手上这封更加沉甸甸的信，我心中真是惭愧极了，难受极了。我有什么理由认为我找了孩子谈话，就完成了我的所有工作呢？昨晚我还在自以为我的"骂"很成功，很有创意。其实，我并没有弄懂孩子的心。今天，孩子就以这封信抗议了我的简单和浅薄。

小姑娘，你的质问振聋发聩。王老师总以为你们很小，所以总不自觉地一厢情愿地向你们表达着生活更单纯和更美好的一面。而其实，小小的你们已经以非物质的手段感受和深入了更复杂的生活。你们的困惑你们的疑问很真诚，真诚地超越了你们的年龄。我懂，孩子，你一点儿都没有夸张你遇到的困难。我也曾经生活在那样的一个家庭，我也曾深深地羡慕过当时的"廖阳"们，他们有着名牌大学毕业的爸爸妈妈，他们从小所受到的良好教育和家庭关爱是我们这些成长于市井的野孩子们想都不敢想的。所以，我理解你的绝望，理解你所说的并非所有的爸爸妈妈都像牛晓的妈妈张钪的妈妈时的绝望和痛苦。

但是，孩子，我更要告诉你：我们没有办法也没有权力选择父母和家庭，但是我们却有权力和义务提升家庭的文化层次和情感层次。不要因为父母的粗暴就否定他们对我们的爱，更不要因为他们的唠叨和功利就怀疑他们的爱。人与人表达情感的方式有很大的不同，如果你善于体会懂得尊重，你就不会错过来自于不太细腻不太温柔的父母们的爱的传递。

你们还小，你们就已经体会到了生活的艰辛。那么父母们呢？如果没有较高的经济地位与政治地位，那么谋生对每一个成年人来说，都绝不是一件容易的事情——而这一点是你们最不容易体会的。孩子，当生活的重担压身，而子女的学习成绩又不总是那么令人满意时，如果你是父母，你能一如既往地做到心平气和吗？

孩子，不是我为爸爸妈妈们辩解。你说得对，我们还有很多的父母思想意识很落后。不过，我们不要用别人的错误来惩罚自己好吗？我们是自由的一个个体，我们终会离开这个家庭。在未来的天空中，我们会是飞得那样高那样自由的鸟儿。如果我们的心灵澄澈一点儿，我们的视野开阔一点儿，那么我们狭小沉闷的家也会为我们的飞扬而舒展起来。

孩子，我们更不能把父母的急躁和粗暴当作我们的懒惰和放纵的理由。如果我们的努力真的还很不够，那就允许爸爸妈妈们发一回脾气吧，让他们的愤怒成为我们前进的动力。

当然，孩子，作为老师和家长都是应该不断地反省和完善的。可是就如我们班上有不少同学特别懂事，也有部分同学特别幼稚一样，成人的成长同样需要一个过程。我向你承诺：让我去和你的父母先沟通好吗？我要让他们知道，他们有一个多么善解人意渴望上进的好孩子，我一定要让他们为你而骄傲。

　　孩子，不要悲观不要失望，今天我们看完了《阿甘正传》，里面有一些话说得多么好啊：

　　生活就像一颗巧克力，你永远不会知道它真实的滋味儿。

　　蠢人就是蠢人的作为。

　　把上天赐予你的发挥到极致吧！

　　奇迹每天都会发生。

　　孩子，勇敢一点儿，笑一笑好吗？生活永远青睐笑容满面的人！

　　孩子，你一定要相信：在品尝生活的酸甜苦辣中，在和生活的不断斗争中，你们，还有你们的爸爸妈妈，当然也包括我们——你们的老师，都会不断成熟和智慧起来的。

　　家庭，只是我们生活的一个起点罢了。让我们满怀信心地期待生活，好吗？

教育与幸福生活

> 我坚定地相信，诱使儿童自觉地、刻苦地从事脑力劳动的一种最强有力的刺激物，就是赋予他的脑力劳动以人情味儿，使他感到愿意给自己的亲人（妈妈、爸爸）带来喜悦是一种高尚的情操。
>
> ——苏霍姆林斯基

## 让你的老妈浪漫一回

要到"三八"节了，我让孩子们给自己的妈妈写封信作为节日礼物，还要让孩子们通过邮局把这封信寄给妈妈。

写信孩子们倒是没有说什么，一听说要经过邮局，"哗"的一下子就反对开了。

一个孩子嚷嚷，我还不如自己带回家去呢，恐怕还快点儿。一个家属子女叫得更凶，他说我干脆直接丢到我家的信箱里去算了，哪来那么多麻烦事情？几个孩子嘟着嘴一言不发一脸不屑，我读懂了他们脸上的表情：都什么时代了，还邮寄，老土！一个男孩儿夸张地惊呼："不把我老妈吓着才怪！"……

我也一言不发，等他们把情抒完后，我也嚷嚷了一句：哎呀，叫什么叫，你难道就不能让你的老妈浪漫一回吗？

孩子们哈哈哈大笑起来。这次该我嘟着嘴，一脸不屑地回到我的座位上去了。这些傻小子，这些傻丫头，他们哪里听得懂我的话！

孩子们，你们不知道，人到中年，是多么渴望有机会再浪漫一次啊！

在座的孩子们一说起父母多半是要摇头并伴以一肚子苦水一肚子牢骚。可不是，有几个孩子认为自己的父母高明啊？妈妈太啰嗦，爸爸太严肃；妈妈太不时髦，爸爸太不英俊；妈妈钞票不多，爸爸支票不够……总之，"代沟"这个东西是能激起每个孩子滔滔不绝的表达欲的。在这个年龄的孩子眼里，父母全身都是缺点。这实在正常不过。

但是，孩子们你们知道吗，你们的父母也曾经和你们一样年轻过潇洒过英俊过秀美过。你们中又有谁能仔细想想：你现在的这个不太高明的父母是怎么变成的呢？

你多半不会说是因为自己！

但是，你还记得我给你们读过的比尔·盖茨《给青少年的11条建议》中的一条吧？他说，不要烦你的父母，他们变成这样，就是因为要年复一年地为你付账单和忍受你的自以为是造成的。比尔·盖茨说得多好啊，我相信每一位父母看了心中都会湿润润的。

父母的不容易现在我不想多阐述，现在我想告诉孩子们的是：孩子，让你们的父母浪漫一回吧！

你们的父母也曾浪漫过呢！他们也曾有和你一样的豆蔻年华花季雨季。他们的皮肤也曾和你们一样的娇嫩，他们的身材也曾和你们一样的挺拔，他们也会兴高采烈地邀上朋友到解放碑看电影——或许是看露天电影，他们也会急着要去放风筝而上不好课，因为要参加运动会而激动得彻夜难眠。他们也有风风火火梦一般的青春。他们也谈过恋爱呢，那个时候他们的生活是多么的动人而充满激情啊！

但他们现在确实不如以前浪漫了。因为家庭，因为你，他们把浪漫收藏了起来，在工厂里工作，在公司里忙碌，在商场上闯荡。生活毕竟是不浪漫的，为了你能浪漫地成长，他们的浪漫丢失了。是什么时候丢失的呢，他们自己也不知道。

于是他们不可避免地变得有些啰嗦有些偏执有些粗暴了。生活就是这样，它可以悄悄地让一个人粗糙起来，因为岁月在浪漫和青春面前总是无敌。

但是如果你的妈妈收到了你的信,她会拥有怎样的一番惊喜啊!

也许她们很久很久都没有收到过信了,或者除了公事上的业务往来,他们很久没有收到过来自自己所爱的人的信了。你们的母亲们当年多半是疯狂地写过信的,因为上个世纪的爱情友情都是必须要用信来传达的。信件,对他们那一代人是一件精神的美丽丝缕,牵扯起了整个青春的等待和盼望。

孩子,如果你的这封信能博妈妈一笑,能让妈妈想起过去的浪漫岁月而兴奋那么一小会儿,这也比一件必须要用金钱来买的礼物更加珍贵啊!因为,你为妈妈打开了一扇窗子,你鼓励你的妈妈重新潇潇洒洒地来了一回"朝花夕拾"。如果,你的这封信写得还很动情很真诚,能重重地拨动妈妈的心弦的话,那我相信,这一个"三八"节在你的妈妈的心中,一定会成为一段妙不可言的美好回忆。

所以,傻孩子们,不要吝啬了,提起笔来,让你的妈妈浪漫一回吧!

第三辑　呵护心灵

子曰：君子食无求饱，居无求安，敏于事而慎于言，就有道而正焉，可谓好学也已。

——《论语》

## IB班要买车了

看到这个题目，你一定大牙都笑掉了，你说我吹牛说我瞎扯。你说你就没有看到过哪里有中国的班级买得起车的事情。除非买个自行车或者玩具车。

那我告诉你，我们不仅买得起车，而且还能够买得起不止一辆的漂亮的车。

我为什么要吹牛？你不要急，我保证不吹牛。

事情的起因是周五放假的时候，往日的收瓶子的老婆婆又到班上来收瓶子了。班上的娃娃们一直在收集饮料瓶子来卖，我向来比较支持。上学期是牛晓她们几个，还用挣来的钱为寝室和班级购买清洁用具呢！这个学期主要是谷雨和刘宏达们在搞这个事情了。

我看着老婆婆很高兴地到班上来把瓶子往一个大塑料袋里倒。这是我第一次看收瓶子的人到班上来（以前都总是错过了）。看着看着，我突然觉得有些不对劲。

嘿，娃儿们，慢点慢点儿，先数一数这个周我们到底喝了多少瓶水。

娃儿们也觉得这个建议很有趣，于是便一二三四地数开了。

不数不知道，一数吓一跳。

一共是180个瓶子！

我们一个班仅仅28个人，在九月的最后一周——天气已经明显下凉的一个周，在班上已经有饮水机的情况下，居然喝了180瓶饮料。

一周收集180多个瓶子，这说明我们一周一个小小的班在有饮水机的情况下就浪费了180瓶饮料，就算平均每瓶水卖3元钱，那么我们一周就花去了540元，算一个学期二十周，一学期支出10 800元，到现在为止我们已经读了五学期，所以我们花费在饮料上的钱是54 000元。如果初三结束，我们这样一个小小的班就单单花在饮料上的钱最少也应该有64 800元了。

64 800元，不小的一个数字了！一辆长安车才两万多，全部牌照办完也才三万元，就大家伙儿喝饮料的这点钱，够我们IB班买两辆长安车了。

不算不知道，一算吓一跳。就照这个数字，我们班上人均每人在初中三年要花费2340元在喝饮料上。2340元是个什么概念？是一个低保家庭（按照平均每户500元算）近五个月的总收入，是贫困的农村家庭全年的总收入……

如果我们把这64 800元用以支持希望工程，可以帮19.6个学生交完三年的学杂费（初中三年学杂费书本费约3300元），或者帮助10.8个学生读完高中（高中三年学杂费约6000元）！

如果这些得到资助的受到较好教育的孩子到社会上后每人每年多创造500元价值，就算他们只工作三十年，这笔账算下去，也了不得啊！

但是，就是这样一笔巨大的财富，被班上的孩子们喝饮料就喝光了。我们一个小班尚是如此，如果扩展到整个年级整个学校整个重庆，我们浪费了多少可以节约的财富啊！

而且，据科学报告，最有利于人体的是白开水，再可口的饮料，也多多少少含有色素和糖精。

孩子们，你看到了今天的这笔账单，会作何感想呢？

培养一个人的心智，而忽略道德，这无异于给社会树敌。

——西奥多·罗斯福

## 孩子，但愿阿里原谅你们

我给孩子们放印度的片子《小鞋子》。故事很感人，在一个贫困的家庭里，哥哥阿里不小心弄丢了妹妹的鞋子，他不敢告诉爸爸，只好两兄妹交换穿一双鞋上学。为了让妹妹有一双自己的鞋子，阿里拼尽全力参加了市里的长跑比赛，他希望获得第三名，因为第三名的奖品中有一双鞋子。可是在激烈的冲刺中，阿里无法控制自己的名次，他跑了第一名，而第一名的奖品偏偏不是鞋子。阿里因此陷入了痛苦之中。

这个故事打动了我，所以，我希望它能打动我的孩子们。

但是，在整个观看过程中，当我第二次沉浸在感动之中时，孩子们却发出了一次又一次的狂笑。尖利的笑声刺痛了我的耳膜，也刺痛了我的心。有好几次，我差点儿就拍案而起，关掉电脑了。但在极度的失望和痛心之中，我压抑住了心中的愤怒。

理智告诉我：这样做不能解决任何问题。训斥和发泄难道就能让孩子们从心灵深处感受到影片的力量吗？

晚上回家后，我想了很多很多。

我知道孩子们笑什么，他们笑的是贫困。

我其实应该理解孩子们的笑：贫穷和苦难对他们来说实在是遥不可及的事情。平日里给他们讲贫困山区失学儿童的故事他们尚且觉得遥远，他们怎么会为印度山村里一名九岁的少年没有鞋子上学而动情呢？他们对贫困没有切肤之痛，所以，他们的眼中就只会看到因为贫困而带来的狼狈。进入他们的视线的，是阿里费尽心思寻找妹妹鞋子时的狼狈，是妹妹瘦小的脚却必须穿上哥哥的大鞋子时的狼狈，是妹妹一放学就飞奔去给哥哥换鞋累得上气不接下气的狼狈，是妹妹的鞋子不小心落到水沟里去后泪流满面的狼狈，是阿里因为等妹妹换鞋而天天迟到被校长训斥时的狼狈，是阿里拼尽了全力却得了第一没有得到第三时的狼狈……是啊，在这个故事中，就孩子们而言，是一副多么不可思议的生活场景啊：主角和配角们为一双鞋子痛苦挣扎努力奋争。是的，是很好笑。就在我的班上，即使是普通家庭的孩子，谁没有五双以上的鞋子呢？而且，还多半是名牌。

人生还需要为一双鞋子去劳神费心吗？是的，孩子们觉得太可笑太不可思议了。

无知，浅薄，冷漠，我从来反对有的人用这样的词语去形容这一代孩子。而今天晚上，在尖利疯狂的笑声中，我突然发现：再没有更好的词语可以去形容我的这帮孩子了（当然，绝不是全部）。

所以，今天，我很想告诉孩子们。

其实贫困离你们很近很近。我们不说遥远，只说近前和现在。就是你们的王老师，现在还算年轻，还算衣食无忧的王老师，仅仅就是在十来年之前，因为并不算很特殊的原因，有整整两年的时间，在家里照的是煤油灯。而第一次高考失败后，因为家庭经济的拮据差点失学，后来是在亲戚的帮助下和靠自己的奖学金稿费等完成了学业。我的父母都是很勤劳很善良的人，贫困并不是他们造成的。如果你们愿意认真地采访一下你们的父母，他们也多半都有一段贫困的辛酸史。贫困，真正地告别中国城市的大部分人家，其实，也不过是近十年来的事情。为了一双鞋子而痛苦，就是王老师们这一代人，多多少少都是经历过的呀！

　　孩子，对大多数人来说，贫困并不是一件可耻的事情。造成贫困的原因，更多的是因为社会政治经济政策的不平等。有多少善良而勤劳的人们就是不懈怠地劳作一生，也还挣扎在贫困线上啊！

　　而中国大城市的孩子们，仅仅是因为父辈的努力——或许是他们的聪明、勤奋和机遇，使他们的家庭较早地进入了富足或小康，难道我们就有了权力和资格来耻笑贫困吗？

　　另外，孩子们，老师之所以为你们推荐《小鞋子》，一个重要的原因，就是因为影片中表达了非常自然而澄澈的人性之美——在贫困中绽放的人性之美。

　　我们是比阿里们富足得多，但是我们又比阿里们贫困得多：一个仅仅九岁的孩子啊，他对妹妹的爱，对父母的体贴，面对困苦时的乐观，对富裕的羡慕而不屈膝，他的责任感，他的承受能力，他的坚韧顽强，他的善良朴实，我们有吗？哪怕仅仅是有其中很小的一部分。如果阿里有机会和我们在同一个课堂上学习，你们有谁敢打包票是他的对手呢？

　　孩子们，老师看到过很多这样来自贫困家庭的孩子，因为这些美德，他们在未来的生活中往往所向披靡，成就显赫。

　　中国有一句古话：穷不过三代，富不过三代。当我们毫不留情地嘲笑别人的贫困的时候，人生幸福的帆船，也许已经在悄悄转航了。

　　孩子们，老师多么希望你们能有一颗温柔善良的心，同情贫困，理解贫困，赞美愈是在困境中愈是晶莹灿烂的人性之美。如果你们能做到这一点，那才证明了你们蓬蓬勃勃的成长。因为，同情弱者，是一个人真正强大的表现。

　　孩子，我庆幸影片中的阿里是听不见你们的笑声的。但是，你要知道，天听得见，地听得见，良知听得见，道义听得见。

　　但愿更多的阿里原谅你们！

> 在学校里，教育技巧上的最主要、最难捉摸和最细致的一件事，就是做到使学生为自己的无所事事而感到羞愧，使他对懒惰和闲散抱着蔑视和憎恶的态度。
>
> ——苏霍姆林斯基

## 你们是多么幸运的孩子

今天，我在台上给你们讲有关初三升学考试的信息。我只是平静地照本宣科——宣的是昨天班主任会议上下达的部分内容：

重庆市2006年有39万初中毕业生，其中有16万学生可以进入普通高中继续学习，有17万人可以进入职高。而市级联招学校的招生数是3万到4万人。

很快就有孩子拿出计算器在下面啪啪啪地按，然后我就听到了惊叹声：

哇，能够进入市级联招学校的学生只是全市初中毕业生的百分之十……

更多的孩子是急忙忙地问我，那七所直属重点学校的招生总人数有多少？

我答不上来，这个数据市里还没有公布。我说，就算每所学校平均招

800人吧,七所加起来也不过在6000人以内。这个数据还包含了择校生。如果不算择校生,也就有2000多人能上这几所最好的中学吧。

教室里喧闹起来。

看着下边人头攒动的样子,我突然有些感慨。我幽幽地提醒他们:

"暂时不管直属重点中学的招生人数,你们多想想要进入职高的比例和连职高也进不了学生的比例。"

哦,孩子们恍然大悟若有所思。计算器又啪啪地响起来。

"有43%的初中毕业生只能读职高。"有孩子很快得出了答案。

"这意味着什么?"我问。

"他们大多数只能当技工了。"有孩子在下边叹息着说。

"连大学都读不成,好惨啊……"有孩子叫出来。

"还有6万初中毕业生没有书读。"一个孩子像发现了新大陆一般地高呼。

"那又意味着什么呢?"我继续问。

教室里有片刻的沉默。

"他们只有初中毕业证了。"我看到一个孩子在下面摇头。

"他们这一辈子完了,说不定就是未来的下岗职工了,或者回老家修理地球去。"一个孩子在下边摇头晃脑地发着怪声。

我瞪了他一眼。然后我让视线慢慢地在教室里扫视了一圈,争取在每个孩子的脸上都停留片刻后,我压低声音说:

"比较一下,孩子们——和你们的命运。"

教室里彻底安静下来了。

我知道,今天,这些冷冰冰的数字,会对他们的心灵多少造成一些冲击。

通过这些数字,我只想用这个最现实的例子告诉你们:亲爱的孩子们,你们是多么幸运的一群。

真的,孩子们,你们是否意识到,你们是多么幸运的一群。

此刻,你们坐在市级直属重点中学的教室里,也许不会有人会感觉到这有什么幸运。临近毕业了,你们大多数关注的是自己要报考哪所重点中学。就是明知自己没有实力向重点冲击的同学,也更多的考虑的是如何择校。甚至你们当中的很多已经在考虑出国留学的问题了。我敢肯定的是，在我们这样的一个平行班上，不会有人初中毕业后失学，不会有人去读职高，甚至，也不会有人去读普通中学。

然而，这一切其实都不是理所当然。

有 43％的初中毕业生只能读职高啊！孩子们。

还有 6 万初中毕业生没有书读啊！孩子们。

那被 43％这个残酷比例所笼罩的同龄人，那不幸地被"6 万"这个冷冰冰的数字所纠缠的同龄人，难道这就是他们应该有的命运吗？

不是的，孩子们，真的，我知道其中太多的无可奈何。王老师是在社会底层的平民群中长大的孩子，我知道的，在这个阶层中的孩子的不可把握的命运。

他们的父母都在为最基本的生活而忙碌，他们没有精力去过问和管理孩子的学习。

他们的家庭都很贫穷，哪怕他们差一点点分，他们都不可能择校去读好一些的中学。

他们的生活环境很差，生存环境如此，文化环境更是如此，他们的出身限制了他们的视野，他们的视野限制着他们的追求。

他们永远缺乏选择的机会——在生命的很多关键时刻，这无法选择使他们很容易沦落为那 6 万人当中的一个。

……

而你们呢？

你们有良好的家庭背景。

你们的父母大部分都是成功人士。

早早就为你们规划好的前途和生涯。

可以帮助你们成功逾越障碍的经济基础。

……

孩子们，2006 年，在你们面临着一次重要人生选择的五月，把这些数据镌刻在心中吧，告诫自己要珍惜——珍惜这并不是理所当然的幸运。

# 第四辑 爱如潮水

学生的智力生活的一般境界和性质，在很大程度上取决于教师的精神修养和兴趣，取决于他的知识渊博和眼界广阔的程度，还取决于：教师到学生这里来的时候带了多少东西，教给学生多少东西，以及他还剩下多少东西。对一个教师来说，最大的危险就是自己在智力上的空虚，没有精神财富的储备。

——苏霍姆林斯基

## 女人三十初长成

孩子，当你们走向我的那一年，我三十岁。

和所有女人一样，对三十这个数字，我的内心充满了闪烁不定的恐惧。三十，在数字的家族中，还算不上庞大和沉重。但是，对于女人，它却毫无疑问是一面让人尴尬的镜子，是一把足可以让人如坐针毡的旧椅子。三十岁，意味着女人要彻底和青春的娇龄告别，意味着色斑、眼袋、皱纹、肥胖等对女人战无不胜的天敌的力量将会第一次在生命中空前强大，并且毫不留情地攻城略地。

我就这样惴惴不安地走向你们。那一年，你们十二岁。

我曾经是那样气恼地在心中反复算计着你们骄傲的十二岁。十二啊，乘以二再加上八之后才等于三十。我嫉妒你们，嫉妒你们还可以纵情挥霍的花季雨季，嫉妒你们光洁的额头清澈的眼神。你们的神态比春天的清晨还要无邪，而我，是三十岁的女人了，我的微笑里藏着凭你们的天真永远无法破译的故事，我的凝视里躲着无法向露珠一般晶莹的你们倾诉的忧虑。

记得见面的第一天，何语婷就跳起来说，王老师，你好活泼啊！但其实，那不是真正的我。活泼和笑容，有时候真的只是一个敬业的老师认真遵循的职业道德。你们不知道，三十岁的那年，你们的新班主任，才经历了一场刻骨铭心的生理和心理的历练。她的容颜憔悴了，她的心老了。

她带着让她惶恐不安的三十岁，带着无法向你们言说的伤痕和沧桑走向你们的十二岁。

生活就这样紧锣密鼓地因为你们而重新起航了。每一个日子都像满天的星辰一样熠熠发光，我们天天都在生命的甲板上数着星星，一颗、两颗、三颗……每一颗都晶晶亮，每一颗都有糖的甜香。那旋转的星辰是我们怎么都做不完的梦啊，一觉醒来，星光依旧灿烂，而我们的船，已经靠岸。

你们站在十五岁的码头上向我挥手道别，我们的泪光和星光一样璀璨。

我突然发觉，你们的十五岁和十二岁一样的挺拔，而我的三十三岁，却比三十岁更加优美。

突然间我恍然如梦。什么时候啊，在像舞步一般忙碌旋转的生活中，我的惶恐不安消逝了，我的忧虑沧桑沉淀了，我居然可以如此优雅从容地弹拨着我的三十三岁了。青春的仙乐从我的指尖重新缓缓流出，如清溪浅水，昼夜不停。

不是说青春只是转瞬即逝的雷阵雨吗？我惊诧于自己这无声无息的改变。孩子，在与你们同行的这段日子里，你们到底给我留下了一个什么样的月光宝盒？

我满船地去寻找，满天地去询问，我呼唤着你们渐渐远去的背影，要你们给我答案。但是你们不语。每一个孩子都回头朝我微笑，每一双俏皮的眼睛里似乎都有生命的玄机。哦，孩子，你们是要为我留下一个青春的斯蒂芬孙之迷，引诱我终身去捕捉去采撷去提炼去剖析吗？

你们知道我无法破译,在我有限的生命里。

我破译不了许菁这个小丫头。这个小矮子姑娘满脑子的奇思妙想。她要哭就哭要闹就闹,她挖苦鲁迅不满冰心,她嘲笑应试讥讽现实。她振振有辞离经叛道,她指点江山不畏不惧。因为她,我写出了一篇又一篇教材反思;因为她,我的厚厚的《青春之语文》一书才有了独立的思想和魂灵。一个十二岁的小丫头给了我批判的勇气和论辩的决心。哦,原来思想和年龄无关,崇高和身高无关。生命的活力来自于挑战一切既定的冠冕堂皇。

我破译不了杨雅云这个小丫头。短短三年的时间,她怎么会摇身一变而成为才女?当初那个黑黑的一脸娇气满嘴空话的小姑娘哪里去了?当初那个只会做着白日梦回回黑名单上有名的死丫头哪里去了?外语成绩最差的她怎么会成为外语剧《石壕吏》的主角?总写空话套话的她怎么会成为市级作文大赛一等奖的获得者?陪我跑完最后一次3000米的怎么会是最最弱不禁风的她?在最后一堂语文课上和我抱头痛哭的怎么会是这个我曾经最多成见的女孩儿……哦,时间是多么绚烂的动力,生命是多么伟大的奇迹。让我往前走,再往前走吧,前面一定会有更好的风景等着我啊!

我破译不了柯晨号。虽然我使尽浑身解数,但临近毕业依旧没有能够收服班上的这只"柯耗子"。他依旧懒散,依旧尖刻,依旧迷恋篮球,依旧不思进取,依旧斜着眼睛和我说话,依旧以无所谓的神情面对一切。哦,孩子,我很惭愧,三年的时光,我欣赏了你的聪明,享受了你的智慧,但是,我却偏偏不能为你找到一条更加适合你去纵横的跑道。你有体育天分,你有思考的才能,我是那样的痛心无法让它们都得到最充分的挖掘。原谅我的无能,孩子。对你的失败我满心内疚也充满了好奇。我注视着你远去的背影,孩子,你会在一个什么样的时刻向我证明:每一朵花儿都必然开放,每一个春天都不会错过呢?

……

是这样的吗?亲爱的孩子们。你们如此神秘地制造了一个又一个的谜,然后悄悄地放进了月光宝盒。你们把它藏在我找不到的地方,但却让它的光华明亮我的眼睛辉映我的心灵。你们设了五彩的青春连环套,让我解了一个又一个乐此不疲。你们又搭建了更加扣人心弦的青春迷宫,引我逗留其中难舍难分。你们把生活变成了游戏，把日子排列成了棋局。你们是最高明的导演指挥着我这个也不算蹩脚的演员。于是，我们不断上演着青春的大戏，一堂比一堂精彩，一堂比一堂更具有轰动效应。在我们的排练中，时光隧道成了我们生命的通途，每一个日子都如绚烂的花雨，缤纷艳丽里还有冲天的香气。

在这香气中，你们从十二岁的儿童变成了十五岁的翩翩青年；而我，从三十三岁的中年妇人变成了十八岁的青春少女。

我们一起玩啊，你们把我玩成了所向披靡的长跑高手，玩出了我的上百万字的教育手记。我们一起玩出了无数堂动人心魄的公开课，玩出了我的破格高级职称、上百篇正式发表的文章，玩出了我的第一次封面人物、第一本专著……你们和老师玩得心花怒放，玩得让她忘记了皱纹、色斑和眼袋，你们甚至玩出了老师的好身材好容颜好发型好服装……

你们让老师醍醐灌顶大彻大悟：

原来，女人三十初长成！

谢谢你们，我亲爱的孩子。

每一句话里都有一颗心。

——池田大作

## 我交给你们一个孩子
——新年之际写给我的家长们

还记得2003年那个九月的清晨，我在教室里等你们。你们来了，牵着一只只小小的手。你们把这小手郑重地交到我的手里。然后你们在教室的门外徘徊徘徊。

晚自习都要上了，但你们还不舍得离开。

我出门去，向你们微笑，鼓励你们。我说，放心吧，我知道你们还想再一次叮嘱我：

王老师，今天，我交给您一个孩子……

我懂的。我懂你们欲说还休的期待，懂你们心中被时光悄悄划过的疼痛，懂你们从此昼夜不歇的忐忑不安，懂你们从此无休无止的等待……

我知道，那将是一个含着泪水默默遥望的夜晚。在这一头，第一天住校的孩子们会咬着被子有了第一个不眠之夜；在那一头，你们将会依旧整夜整夜地徘徊，在某一盏灯下，在某一扇窗前。

从此，你们把孩子交给我了，从此，你们将甜蜜而焦灼地嫉妒我，因为，时时刻刻享受着你们孩子的纯美的少年时光的，从此不是你们，而将是我。

谢谢你们这一份慷慨的馈赠。两年多来，因着这份馈赠，我成了天下首富。

那是每一分钟都需要用生命来讲述的故事。那些故事，只有少数的成为了文字，而更多的，被我们种在了十四岁的花园里，期待它们会在未来的某一个清晨萌芽，萌芽为一段段永不黯淡的青春。

今天，是2005年的最后一天，我坐在这里，心潮澎湃。明天，就是2006年了，这是我牵着这一只只小手的最后一年。不敢做一道最简单的数学运算题，不敢遥望不敢憧憬，不敢说祝福，不敢说再见。

我还能握着这些小手的日子，已经不足200天了……

所以，有太多的话在心头涌动。我想倾诉，对我所有的家长。

今天，2005年的最后一天，我也交给你们一个孩子。

我交给你们一个孩子。他还是你们当年交给我的那个孩子。您看，他高高的身体更像魁梧的父亲了，他亮亮的眼睛更像美丽的母亲了。两年多的时光，他长成了一个活脱脱的你。他的血管里您的鲜血如热潮滚动，他的眉目里晃动着您的笑靥和气息。当他和您站在一起的时候，我常常有眩晕的感觉，因为我会突然地迷惑：是你们太年轻，还是他们太成熟。这一群当初矮矮的孩子，现在已经学会微微蹲下身和我谈话，因为这样不至于在我这个小个子老师面前显得过于"居高临下"。这一群当初哭着度过第一个住校之夜的孩子，现在已经学会抱着他们瘦瘦的老师的瘦瘦的肩膀，轻声地安慰她，在她考试失败的时候……

我交给你们一个孩子。这个孩子已经不是当初你们交给我的那个孩子了。他们小小的冰凉的手已经变成大大的温热的手了，他们已经知道孤独和寂寞是什么滋味，他们已经明白生存和竞争都是人生要面对的难题。在你们沉沉睡去的夜晚，他们悄悄地跋涉在你们早已淡忘了的爱的伊甸园里，他们小小的紧闭的心扉里，已经有了爱情的秘密和种子。离开你们的时候，他们是独生子女，但两年半后的今天，他们已经有了太多的兄弟姊妹。请你们要记住啊,他们已经不是当初你们交给我的那个孩子了:他们初涉人世会很自以为是地指手画脚,他们初尝艰辛会自高自大地点评人生,他们有了一点点心路历程会以为那就是生命的全部轨迹,他们承受了一些小小的失败会以为到了穷途末路于是呼天抢地……哦,不要震惊不要失望不要埋怨,他们不是当初的那个孩子了。请尊重他们理解他们,哪怕在你们的眼里,他们甚至比当年还要幼稚。

我交给你们一个孩子。他还是当年你们交给我的那个孩子。他还是快乐,会因为得了我的一句淡淡的表扬而兴奋一天;他还是天真,会因为我多给他们放了一场电影而欣喜若狂;他还是胆小,会因为已经坚持了几年的长跑而依旧坐卧不安;他还是倔强,不愿把他的日记本给您看虽然这于我完全不是秘密;他还是恐惧,一说要月考他就不敢早睡虽然他早就身经百战;他还是自卑,他会躲在我的身后不敢见您因为他拿不出最好的成绩单……哦,我交给你们一个孩子,交给你们和当年一模一样的一个孩子:他的小手还会长大,他的个子还会长高,他的头发还会更加浓密,他的神情还会更加深邃。所以,记住我的担忧呀记住我的叮嘱,如果您对他还不太满意,请不要忘记,他其实还不过就是一个孩子,他正在长大正在变化,和您当初交给我时一模一样。

啊,我亲爱的家长们,今天,2005年的最后一天,我交给你们一个孩子。我会看见当你们出现在教室门外的时候,我的孩子们会快快乐乐地走向你们,用他们同样温热的手牵起你们的手,轻轻地说:

让我们回家吧,妈妈爸爸。

那一刻,我会站在教室的窗前,目送着我的孩子们拥着你们离开。我幸福的泪水是我最热烈的祝愿……

> 相信爱能以零星出现的个别现象发展成为一种社会现象，这是一种以洞察人的本质为基础的合理信仰。
>
> ——弗洛姆

## 流　泪

> 我的泪水是一批高贵的客人，他们手持素洁的鲜花，早早就等候在这里，等着与音乐、诗歌和世道人心等美好之物见面。
>
> ——鲍尔吉·原野

如果你要问我 2002 年教给学生最重要的东西是什么，我会回答：流泪。

是的，是流泪。

我一直自诩是一个坚强的人，青少年时代坎坷的经历养成了我倔强的性格。我一直以自己咬得紧牙关几乎不流泪而自豪。但是，近两年的我突然变得多愁善感了——甚至，2003 年也是我以四次流泪迎来的。

第一次是在给学生讲驳论文《谎言掩盖不住血写的事实》时。当时我恰从南京回来，南京大屠杀纪念馆上空的阴霾还笼罩着我的心。我一边一张张地在实物展示平台上展示着我从南京带回来的一些图片，一边给学生讲解。当我讲到三个日本兵竟然就把四百多名中国人押解到了刑场的时候，我的声音哽咽了。我记得我当时说了很多很多话，当我说到：同学们，老师最感到害怕的就是有一天，当你们给你们的孩子们讲南京大屠杀时，他们以为这和武侠与科幻一样，仅仅只是一个故事……泪水慢慢地迷漫了我的脸，一种庄严的钝响在我心中越来越清晰。终于，我再也坚持不下去了。我冲出教室，站在门外放声尽情痛哭。后来，有一个学生在练笔中这样写道：初冬季节清亮的寒冷中，老师把我们的心流成了一条条泪河。

　　第二次流泪也是在课堂上。那是一节文学鉴赏课，我给学生推荐的是台湾张晓风女士的《寻人启事》，这不过是一篇描写母爱的文章，很短，不足千字。我先给大家范读。其实，头天晚上这短短的千字文就已让我泪流满面。但我以为课堂上我是能够以一位鉴赏者的身份来面对它的。我错了，当我读到"小男孩已成大男孩，他必须有所忍受，有所承载。我所熟知的一度握在我手里的那一双小手犹如飞鸟，在翩飞中消失了"时，我终于读不下去了。这一次我没有逃离课堂，我请科代表接着朗读。我微笑着流着泪静静地听，听到结尾"容我好好爱宠我的孩子，在今天，毕竟，在无穷的岁月里，今天，仍是他们今后一生一世里最最幼小的一天啊！"时，我又一次泪流满面。学生们都惊奇地注视着他们微笑着流泪的老师，我也注视着他们，我相信我此时的目光一定分外温柔。孩子们，你们哪里知道，我是以母亲、家长、教师的三重身份进入了《寻人启事》，我的泪水是为了人世间最深沉最纯洁最理性而又最狂乱的母爱而流啊！

　　不少老师都看到了我的第三次流泪，他们说：你这人真是不可思议！是啊！我怎么会连看个学生的文艺演出也流泪呢？然而我确实流泪了。外语学校的元旦文艺汇演是每年都有的，今年我是评委，离舞台特别的近。演出现场灯火辉煌，气氛非常热烈。就在学生的欢呼声中，我的泪水一次又一次地泛滥。最让我不能自持的是最后的一个节目——一位高三女生的独舞《挂帅》。舞台绚烂的灯光下，身后如潮的掌声中，穆桂英从千年前的硝烟中款款地走来。有一种无法言喻的东西撞击着我的心胸，历史与现实就这样交织在了泪光里……

"泪飞顿作倾盆雨"是在 2002 年最后一天的最后一节语文课上，和往年一样，这是一堂情感式语文班会，主题是"请让我说声谢谢你，请让我说声对不起"。今天的课堂是属于学生的，我悄悄地站到了教室的后排。学生们一个个或爽快或迟疑地走上了讲台，场面很动人，我为他们能实践我的"心中有爱就要表达"的语文真情宣言而激动不已。这是一个多灾多难的班级，一年来经历了太多太多的失败与失意。泪水是班长的一席话引出的，她说：原谅我，同学们，我没有把我们的集体带领得很好……她在讲台上哽咽了，然后第二个第三个第四个，每一个同学都流着泪为自己的集体忏悔。我任凭泪水在我的脸上肆虐，因为我早已被融化在了这一片温暖的抽泣声中……

如果要我评价 2002 年所有的语文课，我给这堂课打最高分。

这一次的泪水也同时让我豁然开朗。我曾一度怀疑自己：难道是我变脆弱了吗？难道是生活的优裕工作的顺利让我极易感伤了吗？不，这些泪水是我真诚地，依旧充满激情地面对生活的姿态：我不粗糙，我不麻木，坚硬的生活打磨了我的心，她没有变成石头，她变成了宝石，她更加晶莹更加剔透更加柔软更加细腻。她是我更坚强更美丽更温柔的明证，更是我越来越不愧于一名语文教师的明证。

于是，我以我的泪水为酒，我端起酒杯，说，干杯，生活！

于是，我以我的泪水为美文，我翻开它，说，孩子们，来，老师教你们生活的第一课——流泪！

第四辑　爱如潮水

　　我们不能设想，面对朝气蓬勃的学生，班主任会没有激情。所谓"有激情"，至少应该首先表现在对事业的执著，对工作的热忱。我们选择了班主任，就选择了一种比别人更艰辛也更有价值的生活方式。其次，这种激情还表现为班主任乐于与童心为伴，与青春同行，使自己永远保持一种青春的心态。

——李镇西

　　先生创造学生，学生创造先生，学生先生合作而创造出彼此崇拜之活人也。

——陶行知

## 最甜蜜的批评

　　在班上重上了戴望舒的一首诗《我用残损的手掌》，还用MP3录了音。一是要毕业了为孩子们留点儿纪念，二是为了和老师们探讨。

　　一位老师回复说这是一堂好课。在邮件中还有小小心心的一行字：

　　恩，说句你不爱听的话，你的学生朗读水平可快超过你了——他们很本色的，技巧也不差。

　　我一看这句话就笑了。这位老师涵养好得不得了，他笔下的文字总是需要你从各个侧面和角度去认真体会的。他表扬人是轻轻的，批评人是悄悄的，就像这一次。其实我听懂了这句话背面的意思：王君啊，你的朗诵可不咋样啊，你班上的学生，可比你朗诵得好啊！

我想像着这位老师在电脑上打下这两行字时候的小心翼翼。其实他真是多虑了：这话，我哪里是"不爱听"，这于我，根本就是最热烈的表扬！

不是吗？谁说马俊仁就必须比王军霞跑得更快？谁说陈忠和就必须比女排姑娘们更能折腾那个排球？游泳的教练还有不会水的呢！白发苍苍的老爷爷还可以训练出田径高手呢……

不是还有一句更时髦的话吗？教师最大的幸福，就是教出让自己崇拜的学生。

孩子们跟了我两年多了，这位老师说他们的朗诵超过我了！天啊，这简直是对我的至高无上的肯定和表扬。

为着这句话，今天我一整天都高兴。

孩子们，分享我的快乐吧！看你们一脸得意的王老师又一次毫不含糊地让自己上了一回"IB金榜"。

是的，你们的朗诵要超过我了。代东航什么时候已经长到了一米八了，他的音质什么时候已经变得那么那么的浑厚了。在我的印象中他一朗诵就发抖，连一篇短小的文章也老是读不流利。是从什么时候开始他一开口就颇有大家风范了？天啊，我已经预感到了，我们班上一定会出一位出色的演员或者主持人。还有结结巴巴的张慰慈，什么时候也能在台上侃侃而谈了；还有羞羞涩涩的蒋云淞，什么时候也能在大庭广众之下声情并茂地朗诵了；最不可思议的是潘俊臣，才进校的时候一发言也总是口吃，到了初三却突然地迸发出了诵读的热忱和潜能——其他班的老师来听课，看到你们旁若无人地放声朗诵，都说这简直是一个奇迹。因为在其他班上，这根本是想像中的一种境界。你们不仅热爱朗诵，而且朗诵的整体水平确实让人赞叹。

哦，孩子们，因为你们的聪颖和好学，你们的进步是神速的，你们是快要甚至已经超过王老师了。但王老师一丁点儿都不沮丧。因为我知道自己在你们成长过程中的价值：我无需永远什么都比你们强，但是我必须激发和教会你们敢于表达和乐于表达。还记得吗？在初一的语文课堂上，我们经常一起大声地呼喊"我是最棒的！"；为了实践"心中有爱，就要表达"的理念，我们有了多少像"请让我说声对不起，请让我说声谢谢你"的让人泪飞如雨的语文式主题班会。甚至在每一次的家长会上，要求你们用最热烈的语言告诉爸爸妈妈你们爱他们也是会上最重要的一个环节……

啊，孩子们，老师也许教不了你们更多的朗诵技巧，但是，老师能够教给你们如何去感受去观察去爱。王老师的学生，不能在晚自习的时候看到窗外礼花满天而无动于衷，不准无视地走过一棵在冬天萌发新芽的老树，不准对《小鞋子》中的阿里挖苦讽刺，不准对《钢琴师》中的一句台词漠然无思……王老师的学生，更不准为了一次考试的失败伤心欲绝，不准因为学业的繁重而失去幽默，不准忘记在严冬里用欢笑制造春天，不准吝啬用最美的语言去赞美你认为应该赞美的一切……

哦，孩子们，岂止是朗诵，还有很多地方，你们都超过王老师了。我们一起赛了两年的长跑了，最初的时候，不是还有一半的男同学不是我的对手吗？但是现在，我显然不能和你们再较什么劲了。当初被我甩在身后老远老远的小胖子谷雨也能够轻轻松松地把我扔在身后了，当初老是被我嘲笑被我咬得紧紧的刘宏达现在我是人影都见不到了，当初一直在我前边若隐若现的蒋云淞现在在跑到1200米的时候就能整整超我一圈了……不是王老师老了，王老师还青春洋溢得很呢，我的长跑成绩这两年也提高很快。是你们进步了，飞跃了！

我不沮丧，一点儿都不。每次比赛，我都是乐呵呵地跟在你们的身后，幸福地欣赏着我和你们的距离。哦，孩子们，这距离，就是王老师这两年来最大的收获。我把你们逼到了长跑的跑道上，我把自己以为人生最重要的东西——坚韧，放在了你们的每一次冲刺的终点线上。我领着你们跑，带着你们跑，催促着你们跑，当我和你们的距离越来越远，你们就会离那坚韧越来越近……

许多孩子都在超过我了。我比不上你们啊！杨羚箐能天天坚持千字练笔，我能吗？杨雅云背了一肚子的唐诗宋词元曲烂熟于心信手拈来，我能吗？陈熙之文笔璀璨哲思深厚，我能吗？姚未来出口成章妙语连珠，我能吗？谷雨机敏聪慧天天为我们制造快乐，我能吗？牛晓丹青画笔栩栩如生，我能吗？潘俊臣二胡技高感天动地，我能吗？张钪何语婷表演技巧突飞猛进，我能吗……

我不能!

我能的是让你们在这个班上体会到什么是激情洋溢,什么是一往情深,什么是快意表达,什么是沉默是金。我能的是让你们因为拥有这与众不同的三年,你们更能笑了,更敢哭了,你们懂得什么时候应该"面朝大海,春暖花开"什么时候应该"宁静以致远"以"潜其心,观天下之理"了……

我能的是让更多的我的敬爱的老师们还能够多说几次:你的学生朗读水平可快超过你了!

我把这当作最甜蜜的批评,最热烈的表彰。

哦,班上的朗诵高手们,代东航、何语婷、谷雨、李想、姚未来、潘俊臣、刘宏达们,请收下王老师这个学生,可以吗?

如果你们点头,那么这份最甜蜜的批评,还会甜蜜一百倍!

孩子晶莹的眼光不应过早地蒙上邪恶的阴影，孩子幼小的心灵不应过早地承受深重的灾难。尽可能维持孩子无瑕的精神空间，让他对这个世界尽可能地保持一份美好的期待，让他的蹒跚起步的人生多一些美丽的浪漫。

——李镇西

## 晴天不在

昨晚，去教育学院举办一个讲座。饭桌上偶然碰到一个当年綦江中学的学生，正当着记者。在确定了我1996年和1997年正在綦江中学任教后，这个二十岁出头的小姑娘瞪大眼睛，压低声音问我："王老师，你知道蒋秦天的事情吗？"

蒋秦天？我离开綦江已经接近十年了，但这三个字却依旧熟悉。我的眼前马上出现一个高高瘦瘦的，瓜子脸，脸色苍白，腼腆地朝我微笑的和善的男孩子。

小姑娘异常紧张神秘的样子让我一下子紧张起来。我弯下腰，也瞪大眼睛，小声地问："蒋秦天，当时就在我班上，怎么啦？"

"唉——"小姑娘的眼帘垂下来，惊讶却又黯然地对我说："您还不知道啊，王老师，两个星期前，蒋秦天自杀了，就在家里。"

我的头"嗡"的一下，瞬间天旋地转。

接下来的谈话我就已经处在一种思维模糊的状态中了。饭菜都已不香，我甚至不能听清楚饭桌上的老师们都在谈些什么。只迷迷糊糊地听那个小姑娘说蒋秦天死亡的时候正工作在好像是渝中区的哪个农行，各方面的条件都好，他的死似乎是为了网上的一种什么"死亡游戏"……

我的心焦灼得疼痛起来。历史总是惊人的相似。6年前，我也到教育学院有过一次讲座，也就是讲座的那几天，我惊闻了綦江中学高八九级的学生王智勇在重庆工商大学读大四的最后两个月在家里自杀。他深夜死在自家的卫生间里，割断了颈动脉，血流了一地。

王智勇中学时代和大学时代都是最优秀的学生，他为什么要自杀，到现在还是一个谜。

去年9月10号，周正在家里喝农药自杀。周正是尹东的开门弟子，也是和我们关系最亲近的学生。他死的时候，大儿子三岁，小儿子刚刚出生二十几天。周正之死现在对我们也依旧是一个谜。

周正的纪念文章我只写了一个开头就没有心力再写下去了。去年墨痕还未干，如今"晴天"却又不在。

我跌落在深深的悲哀之中……

如果不是因为工作调动，蒋秦天这个孩子会在我手里初中毕业。上个世纪的1996年和1997年他就在我的班上——初98级1班。这是我带过的最好的一个班级。初一年级就被评为了四川省省级优秀集体，初二年级被评为了重庆市十个红岩好班级之一。对这个班的孩子，虽然没有带到毕业，但是我对他们有很深的感情。或者说，在我的意识中，这个班的孩子特别优秀懂事。

在我的心目中，蒋秦天也是这样的孩子。

当时他的成绩只能算中等，但很讨人喜欢。初一进校的时候蒋秦天形象上很羸弱，比女孩子还要羸弱，有一张瘦瘦的瓜子脸，肤色很白，比一般的女孩子都要白，现在想来，就该是苍白了。神奇的是他的嘴唇"水色"特别好，一年四季都鲜红滋润，当时我和同学们便都经常打趣他说："蒋秦天，你是不是擦了口红哟？"他不说话，只是羞涩地笑。那时的他，形象上确实有点像女孩子。

蒋秦天有很温柔的性格，是个很好处的孩子。在我印象中，他似乎从来没有惹过我生气。当时我对学生相当严厉，脾气比现在差得多。

进了初二后，个子矮小的蒋秦天开始迅速地长高，"晴天霹雳"一般地长成了班上最高的几个小伙子之一。但是脸色依旧苍白，嘴唇依旧红润，性格依旧腼腆。我记得我曾经收藏过他们几个好朋友的照片，那是三个我很欣赏心疼的男孩子——陈飞、丁艳红、蒋秦天。陈飞学习成绩是一流的，丁艳红超级懂事，蒋秦天安静体贴，三个男孩子都长得非常帅气，但都略显得文弱白皙。他们紧靠在一起，个子一般高，神情一般友善，脸上是很阳光的笑容。

但其实陈飞和丁艳红一点儿都不文弱。他们两个初一年级就是班上的体育高手，特别是丁艳红，有着超凡的体育天才，长跑更是一绝。

后来离开綦江后似乎就再也没有见到过蒋秦天了。有一次98级的孩子聚会，我也去了。问起蒋秦天，他们便惊呼着告诉我说是当了兵，已经长到了一米八几了，非常非常的帅气。

这我信。因为我当时和蒋秦天的父亲很熟悉。他的父母好像都在当时綦江最好的单位建设银行，父母都是很新潮的人物。父亲高大英俊母亲时尚漂亮。1996年我带班上孩子去他家玩过一次，记得他们当时住的是綦江最好路段的最好的房子，装修在当时也算豪华。我甚至记得他们家里还布置了一个很好的舞台，有一套非常高档的音响。他父亲对班上的各种活动也非常热心。1996年我们班上代表綦江县参加重庆市的"红岩魂"主题班会竞赛，他的父亲还送了两个效果很好的话筒给我们使用。我们主题班会非常成功，获得了重庆市的一等奖。那两个话筒，至今还在我老家的抽屉里吧……

在我的印象中，蒋秦天就是这样一个孩子：有很好的家庭背景，很懂礼貌，很安静很温柔。学业上不算出色，是那种绝对让大人喜欢的孩子。

他会死去？他为什么会去玩网络上的"杀人游戏"，在他仅仅只有24岁的时候？

我离开他的时候他该是14岁吧，据今年，还差三个月，才到十年。

24岁，多么美妙的年龄啊！

突然想起那首著名的流行歌曲《十年》，淡淡的忧郁的音乐声在我的耳边响起来了，让我沉浸在无法自拔的哀痛中。十年的时光，怎么可以让一个那么温柔恬静的孩子有了自杀的勇气？一个身高一米八几的有着军旅生涯的 24 岁的青年怎么可能会选择这样一种方式离开我们……

这十年，到底发生了一些什么？

对面的教院的王老师不以为然地淡淡地说："这有什么奇怪？我在西南师范大学读大一的那一年就有十个同学莫名死去呢！"

似乎是该看淡些。这些年来，我们不是已经承受过太多这样的无法破解的生命之谜吗？初中同学朱咏梅之死和高中同学邓小斌之死，这一桩桩一件件，不都是生命留给我们的沉甸甸的困惑吗？

记得看到过一则报道，从 15 岁开始，自杀已经成为世界上对生命威胁最大的问题之一。美国 15 到 24 岁的青少年中，自杀是第二大死亡原因（意外事故是第一大原因）。美国青少年的自杀率从 1950 年以来增加了三倍；85％ 的青少年想过自杀，其中 50％的人制订过自杀计划。日本 15～24 岁的女子的自杀率更高于美国。我国 1999 年首届全国伤害预防与控制会议提供的资料显示，中国每年有 20 多万人自杀身亡，其中 15 到 34 岁是自杀的高峰年龄段。2004 年 4 月到 6 月的三个月内，北京大学就接连发生三起学生跳楼自杀事件……

这些沉沉的回忆和思考压在心底，让我艰于呼吸视听。深夜，从教育学院回到学校后，我独自在操场上徘徊了很久。操场边上樱花还没有开败，各色我叫不出名字的鲜花让夜晚的空气中都有醉人的芬芳。人间四月天，连沉沉静夜都这样的妖娆多姿。蒋秦天，我亲爱的孩子，你为什么要选择离开？

星空无语。头顶上有戴着草帽的月亮含笑地凝视着我。老人曾经说过，如果有这样的月亮，明天又将是艳阳天。

泪水从我的眼中夺眶而出，含笑的月亮也在这泪水中模模糊糊了。我迎风而立，说，月亮，请带我到天堂去问一问：

为什么，为什么，在这样美好的人间四月天，秦天已不在，晴天已不在……

只有爱那些与我们利益无关的人，爱才开始展现。

——弗洛姆

## 人间四月天

生活就是这样地"戏剧"着，"秦天"不在了，但四月的阳光依旧张红挂绿地明亮着，一点点地晒干我湿漉漉的心情。

下午，来了一个名字中也有"秦"的孩子，他叫谢秦川。初2004级的学生。离开我已经三年了。这三年，我似乎一次都没有看到过他。

但他突然来了，踩着四月活泼的阳光，带着一束巨大的鲜花和虔诚温和的笑容。他还送给我一本书，世界名著，意大利亚米契斯的那本著名的《爱的教育》。

他保送了，上海外国语大学新闻系。他来，是来感谢他的初中语文老师的。

在《爱的教育》中，规规矩矩地折叠着一封信。还是那久违了的我熟悉的整整齐齐干干净净的书写。我读着，心头暖潮荡漾。

他写道：

亲爱的王老师：

　　其实，我等着写这封信已经很久了，但真到了时候却发觉满心感激也仅能用最平庸的语言表达。对您的崇敬却在岁月的回望中未曾消退，而这崇敬又不仅是因为您的高水平的教学能力，更多的是关乎"爱心"二字。何谓"爱的教育"，且看您的践行。单说那日复一日地批改学生练笔，每周定时听写、开展作文比赛等普通的事情，背后就藏着不普通的坚持与爱心，好似春风要让青春的火种燎原。表面上看，你擅长鼓励学生，激发潜能；仔细想来，这些催人上进的文字和语言无一不是您师者之爱的衍生物。在您用爱与汗水筑就的舞台上，我们体会着青春的多彩。永远忘不了在语文课上当小老师的紧张，更忘不了扮演范进时候的癫狂入戏……是谁给我机会呢？内心的感激自然不可由任何物质化的礼物承载。我只想告诉您：您的学生正将授业于您的爱播撒到更多的心田，让生活漫溢爱的芬芳。

　　您曾经在一本奖励给我的笔记本上写道：你的成功，是我们的骄傲。现在我希望您听到最真诚的回音：

　　您的爱心，是我们的幸运。

您的学生：谢秦川<br>2006 年 4 月 5 日

　　读着这封信，我便也读懂了这孩子为什么在三年之后突然如此隆重地出现在我面前的原因：原来他在等待，等待自己有了足够厚重的成功能让当年的语文老师微笑。

　　除了感动和幸福这样的最普通的词语，我实在找不出还有什么更好的语言可以表达我的心情。

　　当然，还有惭愧。

　　其实我并没有对他做什么特别的事情。就如他自己所说，我所做的，仅仅是一个语文老师最普通的日常事务。就是让他难忘的那些个语文活动，参与的也不仅仅是他一个孩子。甚至教他的三年，我连班主任也不是，甚至因为中途生小孩子，我还有接近半年的时间没有和他们在一起。三年前，不管是教学艺术上还是管理能力上我都还很不成熟，直到现在我还经常为当年的不太高明的所作所为而遗憾着……

可是，在一个孩子的眼里，我居然会如此完美，居然值得他为了对我说"您的爱心，是我们的幸运"而勤奋努力三年。

这些孩子，是多么宽容，多么善良，多么能感受爱的孩子啊。而做老师，又是多么幸福的职业啊！

是的，是幸福。这幸福温柔地在心底流淌着，像平静的河流悄悄地冲洗着冬日里被潮水肆虐过的河滩。这些日子以来微微起了褶皱的心灵慢慢地慢慢地变得舒展了慰贴了。

我细细地回忆起当年的谢秦川，哦，从初一到初三，他是有不小的变化。他的语文成绩神速地进步着，他的作文越写越好以至于成了班上最有才气的孩子。他的表演能力也慢慢地展现了出来，那次《范进中举》的课本剧表演，他的癫狂入戏确实让全国各地来听课的校长们大开了眼界。最难忘的是带着他们班去后勤工程学院大礼堂承担国际创新学术研讨会的那堂公开课，那堂《纸船》最后有一个诗歌仿写的环节，谢秦川当场创作朗诵的那首《北大啊……》让多少老师潸然泪下……

那是一个极有灵气的才华出众的男孩子。不是他幸运地碰到我这个语文老师，而是我这个语文老师幸运地碰到了他这样优秀的孩子。

这样想着，我笑了。或者应该这样说吧，我和他，是一对有缘分的师生，我们美丽了彼此的语文生涯……

花瓶里，谢秦川送来的那束巨大的鲜花还在灿烂着，并不狭窄的屋子里也溢满了四月的花儿才特有的春天的香味儿。《爱的教育》正在我的电脑面前摆放着，封面上有两个安琪儿般的学生和一位天使般的老师。我笑了，默默地对自己说，努力地做好每一件最普通的事情吧，因为，说不定这些你自己没有察觉的普通里边，就有无数双秦川一般的清澈盼望的眼睛啊！

谢谢你，秦川，我的好孩子，谢谢你美丽了我的人间四月天。

是的，你的成功，是我们的骄傲。

为你祝福，永远。

教育与幸福生活

一个好教师意味着什么？意味着他热爱孩子，了解孩子，不会忘记自己也曾经是个孩子。

——苏霍姆林斯基

# 美丽新世界

## （一）

今天我又"美丽冻人"了。我穿了一件非常别致的黑色毛衣，很宽松。下边配了茄红色的羊毛百褶短裙。鞋子也是我最中意的一双长筒靴，藏蓝色，不惹眼但却同样别致的色彩和款式。我站在镜子前，左思量和右斟酌后，觉得还行，于是挺挺胸，背起包，笑呵呵地出门上班去。

才走进电梯，果然就有调皮的男老师打趣我："天啊，美丽冻人！"我眨巴眨巴眼睛不搭话，砸了他一个得意的眼神，再把头仰高一些，欢天喜地地朝教室小跑去。

天是很冷了，只有五度左右。但我不冷，是真不冷。大概是因为身材太娇小的缘故，无论我穿多少衣服，他们总说我穿得少。像今天，其实我的毛衣裤袜当中都藏着"秘密牌温暖武器"，只是他们看不出来罢了。

看不出来更好。在这样寒冷的冬天，我轻盈得像一只燕子。

我走进教室，没有娃儿有什么反应。我三天两头地换着各式时装，他们早就见惯不惊了。后来我换发型，几个小混蛋张牙舞爪地出来干涉，被我教训了一顿：你以为你们王老师永远是少儿节目主持人啊！小混蛋们吐着舌头开溜了。从此我扬眉吐气无所顾忌地打理着我的时装没有人再敢干涉。最开始小混蛋们还经常惊叫着评头论足一番，后来便没有兴趣了。最多是看着我哈哈哈地傻笑，然后上课时使劲儿地举手发言。

审美疲倦！我恨恨地骂他们。

倒是别班的孩子还没有疲倦。今天一帮十班十一班的女娃娃们围在走廊上，"哎呀哎呀"地看着我走过来，一起嚷嚷："王老师，好看好看！"

我便更加满面春风了。我意味深长地拉过一个孩子，双手抱着她毛茸茸的小脑袋，一字一顿地说："记住，这叫做天下美丽，匹夫有责！"

一帮孩子大笑。我踩着这一路笑声走进九班教室，心情好得不得了。

## （二）

语文就是这样一个让人丧气的家伙。月考成绩下来了，不错，这是指班上的总体成绩。但从单个人看，却不能不让我有些哭笑不得。

我最欣赏的语文素养最好、语文积累最丰富的杨雅云、陈熙之才120分左右。第一名被胡英剑取走了，他考了127分。当然胡英剑也是不错的，他的独立思考能力和表达能力让我喜欢。但是从语文基本功和平时的语文学习态度来看，他拿了第一名，便似乎有些让人觉得好笑了。

这是当然的。连他自己也觉得不可思议，拿着卷子，嘴巴张开就合不拢了，整个人成了一雕塑。全班同学便都涌上来打趣他。有热烈祝贺他荣升最后一个学月的语文科代表的，有打击他讽刺他取乐子的。我赶忙躲开，让这一帮娃儿疯了去。

我知道此刻我有更重要的事情了。几家欢乐几家愁，三十年河东三十年河西。谁说孩子们不懂生活，就在这莫名其妙的考试中，多少孩子不合季节地成熟起来，懂得了生活的不可理喻。

现在就有一个，正在那边很尴尬地坐着。无法参与到班上正在上演的闹剧中来。

是姚未来，我们的"长臂猿"。

如果要我点班上的语文状元，除了杨羚箐、杨雅云、陈熙之这三大才女，我肯定就会把票投给姚未来了。写作、朗诵、演讲、思维一项项语文基本能力数下来，他哪样不是班上数一数二的呢？

但是他已经连续两次语文月考分数不高了，没有上120分，对他来说，是无可置疑的失败。

这只长臂猿是我们的开心果。但此刻也开心不起来了，一个人在座位上生闷气，还不敢表现出来痛苦。男孩子大了，在成绩上表现出来痛苦也会被人瞧不起的，这是他们的逻辑。

"姚未来，过来！"我笑着招呼他。

他哭丧着脸过来了，垂头丧气地站在我面前。

这家伙，初一进校的时候似乎还矮得像只小猫，什么时候，已经这么高了，1.76米以上了吧。哪怕是垂头丧气地站在我面前，我也需要仰头才能和他说话了。

"把手给我——"我吩咐道。

他一脸狐疑地把手伸过来。果然是长臂猿的手，手掌宽大厚实，有少年的细腻和润泽。

我把我的小小的手掌贴在他的软软的手掌上。我微微用力，让我们的掌心紧紧相对。其实他的手掌比我的还要暖和。那种少年才有的温热。

我抬起头，以我最俏皮的表情。我说：

"注意注意，王老师发功了，我把我的内力发给你，注意了，来了来了，感觉到了吗？快乐来了，自信来了，坚韧来了，成功来了……"

我的表情渐渐凝重起来。姚未来却开始笑了。他的眼睛很小，一笑起来眼珠子就不见了，整个眼睛成了弯弯的月牙。在月牙的摇晃中，我的手掌渐渐地升温了。

真的很温暖。在那美妙的一瞬间，我竟有些惶惑，不知道是我温暖了他，还是他温暖了我。

放学的时候，我站在路边目送姚未来远去。我握紧拳头，向他挥舞：

"不要怕你老汉！"我叫道。

"就是！和他刚起！"姚未来朝我笑着，也朝我挥舞他的大拳头，小眼睛眯成了两弯小小的月牙。

我站在路边，有些百感交集。我摸出了电话。打个电话吧，在他回家之前，给他的父亲，那个对他学习严格得有点儿不近情理的父亲。

## （三）

当我发现出了大乱子的时候，孩子们已经一哄而散了。

而地上的那一大滩墨汁，正以汹涌澎湃之势在地上雄纠纠气昂昂地蔓延。整整一大号瓶子的浓墨汁啊！而我们的教室是那样的小。除了黑洪泛滥，我实在再也找不出更好的词语来形容这突如其来的灾难。

我懊恼得一塌糊涂。都是我的错！这瓶墨汁放在我的办公桌前的地面上好久了，是上次演出《石壕吏》画背景时剩下来的。我早就说拿回去放好放好，事情一多，就老是忘记。可不，今天就出了笨了。还是我的错！我把语文月考卷子这么直接地就带进了教室，孩子们哪里可能不来抢？

忙乱中，谁撞翻了这瓶墨汁呢？谁知道！

墨汁还在兴高采烈地泛滥着。我气急败坏，一时竟然不晓得该如何下手。地面顷刻间已经成了一片黑海。我慌乱地拉桌子抬凳子，抢起来几件随时可能掉在地上的班服扔在墨汁暂时还侵略不到的地方。

我的脑袋里一团乱麻。按我处理家务的经验，要解决完这么一大烂摊子，那不是说着玩儿的。而且，我们住的还是最旧的一幢教学楼——盥洗室很少，且很远。

女人在关键时刻往往会乱了手脚，当时我就是这样了。我只是啊啊啊地大叫着发泄着我的愤怒，不晓得该如何下手。

张钪是直接受害者。墨汁已经漫过了他的凳子和桌子，他挂在凳子上的衣服和书包似乎也已经毁了。他也同我一般慌乱，跳上跳下地收拾着，手忙脚乱。

潘俊臣和张慰慈却突然从天而降。

一个飞快地跑出去拿拖把，一个到处翻报纸一张张扔在地上。

长驱直下的墨汁们突然就被逮住了脚步。

我松了一口气。却突然地想起：糟糕，该到幼儿园接墨墨了。如果还不去，墨墨就会可怜兮兮地被老师安排到教室外头的小长条凳子上坐着，像无家可归的小猫。

我一看表，天啊，已经过了三分钟了。

我飞身即跑，什么话都没有留下。

接到墨墨的时候，他果然已经小流浪猫一样一个人可怜兮兮地坐在石凳子上张望着我。

我拉起他的手就走。然后到校门口的商店里买了两把新的拖把，急匆匆地又往教室赶。

但眼前的场景却叫我惊呆了：教室里灯光明亮，安然和煦，大部分同学已经开始上晚自习了。空气中氤氲着温暖的气息，好像什么事情都没有发生过。我看看地上，干干净净，除了有淡淡的拖过的水的痕迹，什么都没有。我再看看拖把，也规规矩矩地放在老地方，倒立着，干干净净的。

一时间，我竟然又有些惶惑了：难道刚才，不到二十分钟以前的那一幕，都仅仅只是一场梦。那条黑龙呢？那些一地的黑报纸呢？那狼藉的一片呢？

没有了。教室里只有辉煌的灯光像无数个灿烂的小太阳。

我看看潘俊臣和张慰慈的座位。两个孩子都正在埋头认真做作业。这次月考，他们一个是班上第二名，一个是班上第四名。

我默默地放好拖把，牵了孩子，悄悄地关上门，往家走。夜色悄悄地开始降临了，但我的心头，却涌动着许许多多明亮的感受。

美是亲近所得，美是邂逅所得。要以最为珍惜最为尊敬的心灵状态来对待自己和世界。

——朱光潜

# 提　醒

## （一）

晚自习后，我去看寝室，准备到办公室去先把包放下。过马路的时候，听见一个孩子在叫我，很清脆的声音。路上很暗，我转过头去使劲儿定睛看，才看清是九班的范欣瑞和胡鉴。范欣瑞是九班最矮小最奶气的男孩子，因为有一双扑闪扑闪的大眼睛的缘故，便更显得小得可爱。直到现在，我乍一看他，还总以为他是走错了教室——这样矮小这样天真的一个男孩子，似乎应该坐到小学四年级的教室里才对。

我笑着答应了他，我知道自己笑的意思：反正在校园里碰到他这样的小小少年，我就总是想笑。他真是显得太小了！

范欣瑞正和胡鉴一起吃着什么，我退回去，拍拍他的肩，又习惯地摸摸他的头。这样的动作,对别的男孩儿是不太合适的,因为就是在九班,一米七以上的男孩儿也已经是占大多数了。可是对于范欣瑞,这样的动作却是非常合宜的,向一个小男孩儿表达爱抚,那真是太自然不过了。范欣瑞耸了耸肩,很调皮地跳开了。我想:如果在阳光下的话,这个时候,我是一定能看到他扑闪扑闪的双眼皮长睫毛的眼睛的。

去寝室路上碰上这个男孩儿给我平添了很多快乐,我加快了脚步。

这时,忽然听到范欣瑞在后边喊:"王老师,小心,有车子!"是那种很脆很脆只有还未变声的男孩儿才有的声音,我的心中忽然随着这句话"扑腾"一下。

好久没有听到过要我注意车子的叮嘱了。是十年前?还是二十年前?由已经过世的妈妈还是已经年迈的爸爸?真的,我是已经很久很久没有听到过这样的叮嘱了。可是,今天,在这样的一个夜晚,却由一个不足一米五的小男孩儿喊了出来。喊得那样自然又那样急切。

我转过头去,是有一辆车,但其实离我还很有一段距离。车灯的光远远地洒过来,在我的身后一片温暖的光明。

在我愣的那一会儿,范欣瑞和胡鉴已经走了。我站在那片明亮的车灯光下,竟有些眩晕的感觉。

"嘟嘟嘟嘟——"车喇叭在催促我了。我惊醒过来,赶忙离开。

夜色融融,那句叮嘱也一遍又一遍地在我心中融化。

"王老师,小心,有车……"

(二)

这次提醒我的主角是代东航。

已经下课了,我在我的座位上收拾东西。同学们走得差不多了,只有几个孩子,还在那里磨蹭,其中就有代东航。唉,这个孩子,我悄悄地叹了一口气,动作永远比别人慢半拍!

我收拾完,正要走。代东航却向我走过来了。他走到我的身边,伏下身子。这个孩子又高又壮,是班上块头最大的孩子。和坐着的我说话,他是必须要伏下身子来的。这个动作,自然地使他显得有些滑稽。

看他的表情有些庄重,我的心中也一凛:我感觉到他应该有什么比较重要的事情要告诉我。

我昂起头,侧耳倾听。

果真是很重要的事情。他压低嗓子,很庄重地对我说:

"王老师,多关心一下犀墨弟弟哟!"

我的耳边"轰"的一声。我何曾会想到:他提醒我的居然会是这个呢?

代东航叮嘱完就走了,只留下我痴在那儿,一时半刻还回不过神来。

我怎么可能回得过神来呢?一个十三岁的孩子,提醒我多关心自己的儿子。

真的,我发誓,那样的一瞬间,我一辈子都没有那么感动过。

我想起了前些日子代东航练笔中的一段文字:王老师太忙了,根本没有时间管儿子。结果她的三岁的小犀墨见了妈妈都不亲,只亲姨婆。

代东航因为是外地学生,周末住在我家。才只住了一次,他就来提醒我了。

那天晚上,我的心中一直都有热潮在涌动!

当海德格尔说"世界是我的世界"时，他是在换回一种人对世界的正常感觉。当海德格尔说"人诗意地栖居在大地上"，他是在唤回一个久违了的鲜活而灵动的心灵。

——《教育人学》

## 谢谢你交作业

这个孩子已经很久没有交语文作业了。不，他根本就是从来不交语文作业。这在我教过的任何一个班上都是不可思议的行为。

这个孩子是中途转来的学生，他的冷漠的眼神和不屑的表情很快让我感觉到了他的怪异。这些年来，再调皮的孩子都遭遇过，但是像这种孩子，似乎还是第一次碰到。除了冷漠之外，他似乎没有太多出格的行为。但他的冷漠完全超越了我们所能想像的极限，就比如交作业这样的对于学生来说是天经地义的事情，在于他，却变成了天经地义不搭理老师的理由。

听同学说，老师在课堂上提醒他了，甚至连批评都还算不上的时候，他便在下边耷拉着眼睛嘀咕："垃圾"。

每一个老师在他的眼里都是

垃圾。

这时候他的神情是可怕的。愤怒其实并不是一个孩子最恐怖的表情，对于老师而言，最恐怖的表情是冷漠和不屑一顾。

经历了太多这样的冷漠和不屑一顾之后，我明白了我们一厢情愿的热心的关怀和帮助暂时不过是徒劳。我用了"暂时"这个词语，其实只是鼓励自己和我的科任老师。毕竟是孩子啊——我对科任老师道着歉，他会慢慢变化的，我们也会在他的眼里慢慢由不可回收的垃圾变成可以回收的垃圾，然后再慢慢地变成别的什么……

我说着这话的时候，科任老师们便无可奈何地看着我笑，用这笑爱怜地抚慰着我同样的无可奈何。我读过不少的教育书籍，经常看到有某个学生听了老师的一席话读了老师的一封信后就突然转变的神奇故事，我从来不信，或许是我自己还没有那么高超的教育技巧吧。我的感觉倒是，每一个孩子都很难教，孩子的每一点小小的顿悟，都需要老师付出极大的努力。

但有一句教育名言我是相信的。那就是：教育的本质是一种等待。

当如惊涛骇浪一般的教育的强势力量无法深入的时候，那就只有寄希望于水的载歌载舞了。微笑着等待，几乎是唯一的温柔的选择。当然不这样做也可以，但是，那结果多半是鱼死网破。那么，成为垃圾的，不仅是老师自己，还有孩子，还有教育本身。

我想，那我们就先心平气和地当一段时间垃圾吧，为了让孩子和我们的教育不成为垃圾。迎着冷漠和不屑一顾去坚持微笑是困难的，但承受这困难也许就恰恰是我们的价值。

呵呵，忍一时风平浪静，退一步海阔天空。我善意地嘲笑着自己，这在人际交往中我颇有些不屑的名言，如今却被很自觉地用在了一个孩子身上。

孩子，我给你一段充足的观察和感受你的老师的时间。在你的冷漠和不屑一顾之后，我相信你小心翼翼地隐藏着的15岁的判断力还有你像陈年老窖一样窖藏着的美酒一般的微笑。

今天，在我批改作文的时候，我居然意外地发现了你的作文本。哦，你终于交作文了！在我的记忆中，你来到班上快一年了，大概还是第二次

167

交作文吧。我自然是惊喜的。我细细地读你的作文，满心欢喜地细细地在字里行间体会着你的喜怒哀乐。你的文字还是冷漠和不屑一顾的。这次的话题恰好就是"遗憾"，也许这简直就是为你量身订做的作文题目吧。你说你的初一是孤独的，初二是混乱的，初三是……

　　读这样的文字让我觉得有些寒气逼人，你十五岁的小小的心灵，怎么会像结着霜的铁屋子，闪着森森的冷光。

　　读完了，我又读一遍。我潜意识地对着你的作文纸哈着热气。你的作文，真的让我感觉冷了。

　　我开始批语，写下我的感受，在你的潦草淡漠的文字之间。

　　写完了，我把你的作文本放在已经批改过的那一叠作文本上。我发了一会儿呆，又把你的作文拿回来，翻开，重新翻开，加了一句话：

　　谢谢你交作业。

　　孩子，你的世界没有温度，坚实却包裹着空虚。四月山城的阳光却有浓烈的香味儿，炙热而且充满生机。这样的阳光是一种信仰。

　　哦，是的，谢谢你交作业。

尼采理解的人道，不是那种浅薄的仁慈，不是那种空洞的博爱，而是一种内在精神的丰富。真正的爱，应该激发人的自尊自爱，而不是同情。

——《教育人学》

## 我不罚跑步

经常看见学生在运动场上很无奈地长跑，跑得东倒西歪苦不堪言——他们在接受惩罚。旁边的老师，不外乎两种表情：或者怒气冲天，或者幸灾乐祸。这些时候，我的心中总有深深的刺痛。

再温柔再高明的老师也必须要惩罚学生，惩罚对于教育来说不可或缺。这我同意。

我想说的是——我坚决不以跑步作为惩罚方式。

我不罚跑步。我一直以为，跑步是最优美的生活形态。记得曾经有一篇文章叫《给人生的100条建议》，其中的第一条就是：你想健康吗？跑步吧！你想美丽吗？跑步吧！你想成功吗？跑步吧！长跑更是对人生最冷峻最深刻的诠释。我绝对相信长跑的优胜者决不会是生活中的弱者。如果我以跑步作为惩罚，我罪不可恕。因为我玷污了堵塞了一条最优美最简洁的通向健康、通向朝气的道路。

我不罚跑步。因为运动场从来都是我心中的圣地。我渴慕风起云涌：运动场展示着更高更快更强，它张扬着健美，燃烧着豪气，呼唤着团结，绽放着青春。"沙场秋点兵"点的是最原始的生命激情。我沉醉风平浪静：喧闹之后的运动场那样平和、温馨和坦荡。幕天席地中，人生以另外一种闲适慈爱雍容的形象出现。它的开阔坦荡敦促心灵尽可能地舒展，它的云淡风轻稀释掉滚滚红尘中的拥挤和沉闷。如果我以跑步作为惩罚，我恐惧天谴。因为我打破了人与自然的一种最亲密最和谐的默契。

我不罚跑步。因为体育在我的心中至高无上。我坚决反对"罚跑也是锻炼身体，一举两得"的谬论。体育是极富创造性的付出，锻炼更应该是从心底涌起的渴望。我不愿看到带着呵斥的跑步，这根本就是带着镣铐的跳舞；我更不愿读到面带愁容的竞争，忧伤将亵渎锻炼的欢乐。体育是春暖花开的渴望，体育更是海阔天空的向往。惩罚是春天的流行感冒，伤害了身体，更灼伤了心灵。而当生命追求健康蓬勃的热情被损伤之后，这个代价往往需要一生来偿还。

我坚决不罚跑步。我留给学生一个温柔慈爱的运动场，我留给学生一个对体育的最童真的盼望。我坚决不罚跑步，我要让体育成为姑娘们最时尚的生命话题，让锻炼成为小伙子们最热切的人生梦想。

我坚决不罚跑步。我更要天天带着孩子们笑靥如花兴高采烈地长跑。在运动场的蓝天白云下，我要告诉他们：跑步是对生命的奖励。跑吧！跑出生命动感，跑出青春精彩，跑出健美，跑出热爱！

我更要告诉自己：跑吧，跑出宽容，跑出爱心，跑出艺术而奔腾的教育灵感。

你在任何时候也不要急于给学生打不及格的分数。请记住：成功的欢乐是一种巨大的情绪力量。它可以促进儿童好好学习的愿望。请你注意无论如何不要使这种内在的力量消失。缺少这种力量，教育上的任何巧妙措施都是无济于事的。

——苏霍姆林斯基

## 怀念一个孩子（一）

今天很冷，一直下雨，现在还在下。九月的天本不该这么冷的，但今年似乎很反常。

下晚自习了，已经是九点五十，因为天气的阴冷，感觉却似乎是深夜了。孩子们蹦蹦跳跳地都走了，我一个人在教室里磨蹭——真是磨蹭，一是因为一篇文章没有看完，二是不太舍得走。教室里很干净，也很温暖，空气中还散发着孩子们在时的那种天真的快乐气息。我喜欢这种气息。还有一个重要的原因，如果我一旦离开，今天也就基本结束了。我舍不得这个教室，也舍不得今天。

我坐在位置上看书。教学楼很快就安静下来了。大概过了二十分钟，我发觉有一个脑袋从门外伸了进来，还有一张很灿烂又有点儿羞涩的笑脸——这张笑脸我太熟悉了。我一下子振奋起来,是他,李阔廷,我真没有想到,这么晚了,他还会到教室来找我。

李阔廷留级了,他是我班上唯一的一个留级的学生,他是主动要求留的级,连他爸爸妈妈也不是很愿意的。晚自习之前,我和班上的几个孩子一起去他的新班看他,送去了我们的礼物——每个同学都给他写了一封短信,用了那种很美丽的信签。初一年级正在考试,所以我们没能说上太多的话。

我真的没有想到的是,这么晚了,他还爬到六楼来找我。

我让他坐在我的前面,我认真地看着他,我是有两个多月没有看到这个孩子了。又长高了,应该有1米75了吧,剪了短短的头发,比以前精神些了。他还是那样羞涩地笑,坐在我跟前,像一个听话的小弟弟。

我有些百感交集。因为有谁能比我更知道啊,这个小弟弟,其实是个多么不听话的"小弟弟"啊!

他是带着小学很多"光荣历史"到我班上来的。人还没到,关于他逃学打游戏的故事就先到了。这一年来,他确实给我惹了不少麻烦。从开学第一周就连打三次架,到美国夏令营狂打游戏被领队老师告了恶状,这个比同龄孩子高出很大截的男孩儿一直都是我的心病。他性格暴躁,在教室门外就和我大吵过好几次。他不遵守纪律,是班上的迟到大王,无论怎么提醒还是老犯毛病。他不学习,经常上课睡觉,到最后数学只有二三十分了,英语更是接近零分了。在我的"IB日记"上,他的名字出现的频率是最高的,因为,他闯的祸实在是太多太多了。

说这个孩子让我不伤心是假的,但不知为什么,这个孩子却老是牵扯着我的心,他的留级,并没有让我感觉到甩掉"忧生"的欣慰。相反,我觉得若有所失。

我们很高兴地说着话。他说他的军训,还有他的新老师,我说同学们对他离去的遗憾。我们像一对亲密无间的朋友。我兴致勃勃地说,他也兴致勃勃地听。教室里似乎更温馨了,我突然有些明白,我为什么舍不得这个孩子了。

就是这个孩子,给了我一个"下马威"。在当班主任上,我一向是很有自信的,可是,很长一段时间,这个孩子都让我觉得手足无措。他的反叛暴躁和反复让我一度不能容忍，在他高大的个子和倔强的表情面前，我一次次地失控。我总觉得在他那和脸庞不是很协调的眼镜下藏着的小眼睛，一直都在看我的笑话。有一段日子为这个孩子我陷入了很沉重的思考之中，也就是这番很沉痛的思考让我真正拥有了平静的心态。我调整了对他的期望值，坚决地贯彻"以柔克刚"的政策，很真诚很用心地去寻找他的优点，我在我的IB日记上满怀深情地记录他自己也未必体察得到的那些美丽的点点滴滴。

孩子的学习还是每况愈下，但我们却成了好朋友。我一直都记得他对我说过的一句话，我把这句话当作我教师生涯中得到的最高奖励。当时，因为他的选择留级，我劝慰他说："李阔廷啊，初一这一年，除了学习这一半，在其他方面你都是很成功的！"他听了，一边跑着步，一边说："王老师，如果不是你，我的那一半也没有了！"话很轻很轻，我听到耳中却是春雷震耳，欣慰之至！

我懂了，我为什么舍不得这个孩子。就是他，让我把一直标榜的爱心和宽容植进了心灵深处；就是他，让我真正地享受了因为平等地对待学生而带来的教育乐趣。就是在那双小眼睛的注视下，我彻底地告别了冲动和莽撞的毛病，我融入了教育的一种新境界——那是发自于情感最深处的悲天悯人，那是要把平凡的生活种出诗来，那是懂得欣赏"最不起眼的小草也是花，最出色的花也不过是株草"的达观和豁达。

噢！孩子，谢谢你，谢谢你的桀骜不驯。在2004年，你用这些塑造了我，你的老师。

天太晚了，门外还有同学在等他，他便依依不舍地向我告别。我送他出去，看他的背影消失在楼梯的拐弯处。

窗外的雨还在下，教室里依旧春天般的温暖。我转过身，在孩子们才布置好的后墙照片专栏中寻找李阔廷的身影。噢，那不是他吗？他在冲刺，他在做鬼脸，他在羞涩地笑，他在发言……一切都仿佛就在昨天。

我站在那里，微笑着看了很久很久。然后，我轻轻地关上门，迎着楼外的风雨走去。细雨中，我的心里柔情万种，我默默地说：想念你，孩子。祝福你，孩子！

**教育与幸福生活**

教育不应当把眼睛看着儿童发展的昨天,而应该看着儿童发展的明天。只有走在发展前头的教育才是最好的教育。

——维果茨基

## 怀念一个孩子(二)

早上,我去教室去得很迟。推开教室门,便看见我的座位上有一个很大的白色的熊猫娃娃在朝着我笑。我有些惊讶,快步走过去。哦,真是一个非常漂亮的熊猫娃娃,丝质的质地,纯白色,每一根毛都闪着丝质的光。熊猫娃娃咧着嘴,天真又稚气地笑,真是可爱极了。

我明白了,一定是哪个孩子送给我的圣诞礼物。可是,是哪个孩子呢?

我抬起头来寻找。果然,有好几个小脑袋都正转过来朝我乐呵呵地神秘地笑。我做了一个鬼脸,马上就有一个孩子以鬼脸回应我。是姚未来。他压低声音,朝我吼到:"是李阔廷!"怕我没听明白,又睁大眼睛强调了一次"李阔廷!"

我顿时呆在那儿了。

首先心里头是惭愧。

早在上个星期，一个美丽的早晨，我的桌上，出现了第一张圣诞卡。淡绿色的，我很喜欢的颜色。图案很淡雅。封面上，很认真地，几乎是一笔一画地很用力地写着（我没有忘记李阔廷的字，他的字总是轻飘飘的）：

王老师：
　　您是我所见过的老师中唯一一个让我打从心里尊敬的老师。在这里我真心祝您：圣诞快乐。

我是从来不赞成学生相互送贺卡的，还在班上说过这事。但其实收到贺卡，对我而言还是一件很快乐的事情。毕竟有一个人惦记着你，还能在岁末年初这样庄重的时刻祝福你。

更何况这张贺卡是李阔廷送的！

我的心中便像被什么堵住了一样，那美丽的淡绿的颜色像一张怅惘的网，把我罩在其中了。

我欠了这个孩子的一笔账，至今都没有还！

李阔廷离开IB班已经有一学期了吧。当时，他是强烈要求要留级的。为此还多次求过我去做他父母的工作。当时我很感动。因为毕竟留级是一件大事，要作出这样的决定是不容易的。

他终于到了初一了，是一个正取班。最开始还常常回来看我，在某个晚自习的时候突然出现在我的面前，意气风发地给我讲他的新故事。最开始的那一个月他似乎很成功，我便也兴趣盎然地听了他的许多的壮举。当时我很感慨：这样的一个孩子终于懂事了，终于要走上正途了。这是多么让人高兴的事情啊！

可是好景不长。渐渐地我便又听到了一些坏消息。这些消息多半先是从我们的政治老师朱主任传出来的。她是学生处主任，总拿李阔廷的事情作反面教材教育班上的孩子。我感觉不妙，一打听，情况已经很不好了。说是不仅不学习，还和初二的学生裹得很紧，闯了很多祸。更为糟糕的是和老师的矛盾很尖锐，甚至还和某位老师搞得剑拔弩张了。

这些消息让我很不安。在我的意念之中，李阔廷还是我班上的孩子，他表现不好，似乎还和我有很大关系似的。所以，只要一碰到他的班主任，我就很紧张。她如果向我诉苦，我就更无地自容了。有一次碰到他的母亲，一脸焦急地对我说："王老师，你去做做李阔廷的工作吧，他最听你的话。"这话我信。这孩子，才到初中来的时候也和我矛盾不断，但我们最后终于成了好朋友。他走的时候，我的心里是怅然若失的。

但是我却很不容易找到他了。他再也没有在晚自习下课的时候突然出现。有几次在国际部大厅里碰见，我正想问点什么，他却总是慌慌张张地就跑掉了，虽然脸上还是那种很温存的很干净的很羞涩的笑。

我却总是忙。也有到教室去找他的想法，每每又考虑到课间时间太短，又不能影响他的上课，便放弃了，等着另一个更合适的机会。但这样的一个机会，却一直都没有出现。

便一直捱到了今天。一直到他送来了浅绿色的贺卡，送来了纯白色的金丝熊猫。

我把熊猫抱在怀里，让它贴着我的心。真的，我心里觉得惭愧极了。

我有资格接受他这样厚重的赞美吗？我所做的，能够对得起他那句"唯一尊重的一个老师"的评价吗？这是一个多么晓得感恩的孩子啊！对于他，我实在谈不上有多少特别的付出，只不过是尽了一个老师应该有的宽容，对他的调皮捣蛋暴虐多了几次原谅罢了。可就是这样一些教师应该有的气度和品质，在他看来，却成了珍贵的馈赠！

现在想来，我没有去继续关心他，一方面是因为时间紧工作忙，而可能更多的原因是他毕竟已经不在我的班上了，对他的教育，于我而言已经不是最急切的事情。如果换作我现在IB班的某一个孩子，我想我肯定不会拖延至今的。

金丝熊猫在我的怀里被捂得热热的。我让它贴着我的心，听着我的心跳。我让它听我说：对不起，孩子，你的王老师远远不像你认为的那样高尚。

此刻，窗外寒意正浓。降温了，气温只有5度。孩子，你在初一还好吗？在每次懒惰冲动的时候，在每次内心寒冷似铁的时候，你是不是还有你信任的师长和朋友能安慰你，给你信任和鼓励。

王老师以后会做得更好些。我只愿你想起"王老师"三个字，心中便会有一些温暖的感觉。

我电脑上的紫光拼音输入法中已经没有"李阔廷"这个词组了。今晚,在灯下,我庄重地重新设置好了这个词组,我要提醒自己:有一个孩子,他那样地信任你依赖你,你要把这份信任永存心底。

谢谢你,可爱的孩子,明天,在王老师给你的贺卡上,我会写上这样一句话:你也是王老师心中非常敬佩的一个学生。

希望听到你的好消息!

祝福你!

在学习中取得成就，——这一点，形象地说，乃是通往儿童心灵中点燃着"想成为一个好人"的火花的那个角落的一条蹊径。教师要爱护这条蹊径和这点火花。

——苏霍姆林斯基

## 孩子，我送给你的不是同情

说心里话，平日里如果这个孩子的名字跳进我的头脑的话，不由自主地我也会皱一下眉头。

有很长一段时间我觉得这孩子没救了，你看吧，作业一塌糊涂的时候都很少，因为他一般不做作业。上课经常睡觉，一本正经地恐吓也管不了多久。考试自然永远不及格。最让我无可奈何的是这孩子的表情，说真的这孩子不坏，可就是有那么一点儿"滥"，或者耷拉着眼皮子一言不发，或者撅着个嘴苦大仇深的样子，更可怕的是面无表情像修行了千年的佛，任你怎么情感熏陶也面不改色。有时我气急了就干脆懒得理他，省得自己憋得慌。

可今天就不一样了，我发觉这孩子眼睛里在发光。

我知道他高兴。这次第六单元考试他居然考了74分，真是74分。成功的关键是这次的作文他很聪明，巧妙地把平日里写得不错，不，简直是我认为写得最好最情真意切的一篇练笔"移花接木"了过来，我毫不犹豫就给了他一个不赖的分数。

此刻他就坐在第一排，隔我很近。从拿到卷子的第一刻起，我就看到他欢呼雀跃喜笑颜开。这老爱耷拉着头的男孩儿脸上，绽放出了我很少见到的灿烂自豪的笑容。这其中甚至有些时候高兴得有点儿过头，差不多要影响课堂纪律了。可是我忍住没有批评他，我是真心喜欢他眉开眼笑的样子。

当我统计上表扬榜名单的时候，他又蔫了——因为数下来刚好数到75分。我看见这孩子的眼光一下子黯淡下来，嘴巴又撅起来了。唉，还真可怜。

没想到，一下课，这平时见我就躲（当然是怕我要他的烂账作业）的男孩儿就胶在我的身边，也不说话，也怎么都不肯走。我觉得有趣儿，就真心表扬他说："有点儿了不起哟，考了74！"他见我开腔了，凑上来，小声对我说："王老师，多给我一分嘛，好不好？"嗨，原来是为了这个！多给你一分？瞧你平时的表现！可是这个念头只在我心头一闪就过去了，因为我看到了一双很急切很急切很纯洁很纯洁的眼睛满怀期待地盯着我。那一瞬间，我忽然觉得好感动。这个平日里我总认为什么都不在乎的有些畸形的高傲的孩子居然为了上一次语文金榜这样来求我。

我有什么理由不答应呢？

"行！"我几乎想都没想就爽快地点头了。笑容在那张满怀期待的脸上绽放开来，连脸上淡淡的雀斑们都似乎活蹦乱跳了。

后来，我回自己班上去的时候。那男孩儿便高兴得执意要为我抱本子。其实本子根本不重，我说"不用不用"，可他坚持要抱。我又有些动情，便答应了。这孩子便认真地抱起我的本子，一脸幸福地跟在我身后，一直送我到教室门口。

我在办公桌旁坐下来，拿出"金榜"，认真地开始填写。写到那个孩子的名字的时候，我觉得有种温热的东西在我心头涌动，那两个字，我便写得格外地认真。

我知道，我送给那孩子的一分，不是因为同情，而是因为感动：感动他在今天微雨的清晨再次萌芽的上进心和爱心。而这样爱心萌动着的孩子，是多么可爱啊！

> 教育与幸福生活

只有教师关心学生的人的尊严感，才能使学生通过学习而受到教育。教育的核心，就其本质来说，就在于让儿童始终体验到自己的尊严感：我是一个勤奋的脑力劳动者，是祖国的好公民，是父母的好儿女，是一个有着高尚的志趣、激情和不断取得进步的完美的人。

——苏霍姆林斯基

## 给阿左的回信

阿左：

不知因为什么原因，我并没有收到你的邮件。今天因为一个偶然机会清理"垃圾邮件"，却看到里边有一封信的主题写着"阿左"。我的心剧烈地跳动起来。打开那封邮件的时候我小心翼翼，担心会弄丢了它。阿左啊，我可爱的孩子，和你短短的师生朋友缘分，难道真要经受如此多的磨难吗？连你好不容易发一封邮件来，也不能顺顺当当地到我的邮箱之中。人与人之间的交流，有时真的要跨越很多鸿沟啊！但是，我最后还是读到了这封信。孩子，这就是老师和你隔不断的牵挂啊！

可是，距你发来信的日子已经过了四天了。在这四天里，你该多么埋怨你的王老师吧？孩子，其实我一直都在等你的信。因为我相信，在2005

年开始的时候,有一个在远方的美丽姑娘,会记得她的王老师,记得永远祝福她的王老师。

孩子,以前读你的文章,总是充满了灿烂的联想和想像,小小的你已经是文笔瑰丽了。你擅长抒情,擅长挖掘心灵深处的东西。像今天给我的这封信般的如此朴素和平淡,在你的作文中是很少见的。

我喜欢你的这封信。

你这样写道:

王老师:

您在"写吧"上发表的文章我一篇都不会错过,记得多少次想提笔给您写信,又不知道该写些什么,所以一直都没有写信给您,直到今天,一直苦于没有办法向您拜年的我才想到可以给您发邮件,真不好意思,呵呵。

现在我在这个学校过得很好,得了很多奖,还当上了我们文学社的社长,并且还在我们的校刊上发表了不少的文章呢!现在我一直听您的话,扎起了我的头发,把我的书包换成了双肩的学生书包……

在新的一年,只想跟您说一声,祝您新年快乐,万事如意,桃李满天下。

　　　致

礼!

阿左

cqfdhs@163.com

2005-01-02

孩子,你知道吗?你这封信,我读了一遍又一遍,特别是第二段文字,我更是逐字逐句地享受着。真的,孩子,我在享受着你的文字。你就在文字中朝我走过来了。你灿烂地笑着,头上的马尾快乐地抖动,背上的双肩书包让你本就特别挺直的腰背更加挺拔。我看到你了,孩子,看到你在课堂上意气风发地发言,看到你在讲台上大大方方地主持早自习,看到你在队伍前面活泼利落地领舞,看到你在练笔本上潇潇洒洒地写作文。

哦，孩子，你比以前更健康了，更漂亮了，更自信了，更活泼了——更优秀了！

孩子，你不知道，你信中的那句"现在我一直听您的话，扎起了我的头发，把我的书包换成了双肩的学生书包……"是如此深深地感染了我。这是我的阿左说的吗，真的是我的阿左说的吗？一年前，你曾经是那样倔强的一个孩子，那样倔强地要长发垂肩，你背着和年龄绝不相宜的斜挎背包，曾经那样地刺激了我的眼睛和心灵。因为这份倔强，你的十三岁的青春摇摇欲坠。你的顽皮惹恼了上天，上天决定小小地惩罚一下你这个倔强的孩子。于是，阿左，你和你的王老师，生命中都有了一次刻骨之痛。

而今天，阿左，在2005年才开始的日子里，你的这封短信，给我带来了多么温暖的春天的气息啊！在文字醉醺醺的氤氲中，我感受到了你的融化。孩子，你本就是春天的精灵，你需要融化啊——雪融化后是春天，你融化后是真正的才女！

我羡慕着你的班主任，羡慕着你的语文老师，孩子，你知不知道，融化后的你，是校园里一道多么亮丽的风景。因为你本就是一首折叠起来的诗，展开你，需要经历需要爱需要勇气。

谢谢你现在的老师们，他们让你扎起了长发让你背起了双肩书包。孩子，你知不知道，这对于成熟而又懵懂的你，是多么伟大的开拓和创造。

记住：替我谢谢他们！

孩子，你在信中说，你不会错过我在"写吧"上发表的任何一篇文章，那我就还是把这封回信也发在"写吧"上吧，我相信你会看见。王老师写东西，向来不追求文采也不追求构思，我只想冲动地把我的最真挚的感情宣泻出来。这封信也是一样的。孩子，我写得不好，但老师只愿你也愿意更多的人读到我心中由衷的喜悦。

2006年，我还期待着——你还能给我这份喜悦。

永远关注你的王老师<br>2006年1月7日凌晨

**【附：《和阿左告别》】**

晚自习的时候，遇到了阿左。她眼泪汪汪地告诉我说她要回巫山了。

我的心一下子就沉了下去。其实这样的结果上学期就早有预示，没想到却来得这样的早。我拥着她，到无人的地方，说了很多很多话。慌乱中我已经无法很流畅地表达我的思想和情感，但孩子，希望你能感觉到老师对你的不舍。

第二节课的时候，我去办公室，发现阿左还一个人在黑黑的走廊上徘徊，很孤独很可怜。我知道她舍不得她的英语教室也舍不得她的刘老师。我叫住她，让她等一会儿。我返回班上，拿出桌子里一个没有用过的笔记本，写道：

阿左：
　　老师永远欣赏你。希望你永远如今天这般美丽自信坚强而果敢。
　　更希望在未来的日子里，你能成为一个善于自省的孩子。
　　老师永远祝福你！希望经常听到你的好消息。

在本子的下方，我留下了我的电子邮箱地址。孩子，你曾经是我的骄傲，你曾经是我对整个九班如此热爱的重要原因，你更曾经让我对从不以为然的丰都小县城刮目相看。你走到这一步，我们做教师的，无论如何也有不可推卸的责任。虽然我不是你的班主任，但你却曾经是语文的精灵。王老师永远爱你！

孩子，你永远不会知道。在这样的一个晚上，还有一个老师在为你流泪。我想起了你最后一次交给我的练笔，那些美丽绝伦和远远超过年龄的深刻的文字，没想到却成为了你留给我的"绝笔"。

孩子，走好。但愿再见你时，你拥有更加明净和自信的笑容。希望你的披肩长发已经精精神神地扎起，你已经扔掉了那个带子太长的包而背上了漂亮而简洁的学生书包。

孩子，走好。

教育与幸福生活

  人文精神的培养不需要"培养",但绝对需要阳光、气候、土壤。这个"阳光、气候、土壤",就是一种民主教学的氛围。对于真正具有人文精神的语文教师而言,他在每一堂课上,都能以思想点燃思想,以自由呼唤自由,以平等造就平等,以宽容培养宽容。

——李镇西

## 孩子,请相信爱

  这节语文课让我终生难忘。

  这本是一节很得意很精彩的课,没有想到,最终我逃离了课堂。

  现在想来,这堂课的设计确有匠心。面对《我的叔叔于勒》和《麦琪的礼物》这样两篇内容和思想都极具份量的小说,我删繁就简,举重若轻,只提了一个问题切入教学。当时,我的脸上一定有不易察觉的但绝对是自信的笑容,我像一个胜券在握的指挥官,含笑注视着我的军队。我颇为神秘地拉开帷幕:

  同学们,走进两篇小说,走进菲利普夫妇和吉姆夫妇的生活,我们会发现有那么多的相同和不同。两对夫妇,却演绎了两个截然不同的故事,两种截然不同的情感。你们能跨越时间空间,跨越心灵的鸿沟,对这两对夫妇进行感性和理性的双重比较吗?

就小说教学来说，这样的单刀切入无疑是刺激而极具挑战性的。按往常的习惯，我聘请了现场主持人，然后，悄悄坐在最后一排，欣赏、品味、记录，当然必要时也点拨参与。

大多数这样的时候，我像一位将军，不佩一刀一枪，成竹在胸，神情自若。

那天的讨论应该说让我非常满意，从零星记下的笔记中，我依旧可以感受到当时充满诗意的热烈：

——"于勒"的情节转折较突然，"麦琪"却是层层铺垫。大起大落的故事，大起大落的情感。

——"于勒"的环境描写画龙点睛，"麦琪"的心理描写细腻入微。

——"于勒"的故事跨度长达几十年，"麦琪"的故事却仅仅在一个晚上。时间的长度不同，情感却都经历了万水千山。

——两对夫妇都在守望金钱。一对乐观一对悲观，一对吝啬入骨，一对大方潇洒。

——一对守望金钱是为了让生活更富裕，一对守望金钱却是为了让爱情长青。

——一对为金钱而放弃亲情，一对为亲情而放弃金钱。

——"于勒"的法郎上散发着铜臭，"德拉"的美元上却飘着清香。

——当金钱和亲情碰撞时，亲情为金钱而折腰；当金钱和爱情交锋时，爱情不战而胜。

——两对夫妇最后都失掉了金钱，但最后的结局都并非"失落"。菲利普夫妇丢失了金钱也丢失了思念，只留下失望和气愤。吉姆夫妇却放弃了金钱收获了爱情，他们得到了更多的快乐和幸福。

——于是，一个成了悲剧，一个成了喜剧。

——于是，一对夫妇演绎了人性的丑陋，一对夫妇展示了人性的美丽。

——两对夫妇都让人流泪，让人心疼。抑或是痛心的泪，抑或是喜悦的泪。"于勒"的悲情故事中有"若瑟夫"一抹亮色，"麦琪的礼物"温情中也透露出生活的无奈。

……

我就一直笑眯眯地赏玩着学生的发言——这正是我设计和期待的方向！那样自然那样和谐那样深入那样独到。

我没有想到，我的课堂会在没有任何预兆的情况下突然偏离了我的方向。一个女学生，不，应该是一个小女孩很自信地站起来，很从容地开始发言，她说：

"请老师和同学们不要忘记了一个很重要的细节，菲利普夫妇的女儿都已经二十八岁了，而德拉的丈夫吉姆才二十三岁。这个年龄说明什么？说明菲利普夫妇已经历了生活的太多沧桑与磨难，而吉姆夫妇可能还是新婚，还沉浸在对爱情的幻想中。如果我们站在这个背景下去重新审视两个故事，我认为结果会完全不同。"

一石激起千层浪，诗意的热烈被打破了，课堂讨论在我还未回过神来之前迅速地进入了另一个层面。

——我一直不好意思说，我觉得我的妈妈就像那位菲利普夫人，真的非常像。唠叨、琐碎、庸俗、有时还很尖刻。但我觉得大多数时候她还是一位好妈妈。

——菲利普夫人也有她的可爱之处，她辛苦持家，相夫教子，忍受贫寒，最后连一点可怜的希望也无情地破灭。这种破灭不是一个小小的失败，是对一个家庭对一个连女儿都嫁不出去的年老女人的致命打击。于勒的命运暗示了这个家庭未来的命运。作为一位主妇和母亲，一位挣扎在社会底层的主妇和母亲，她难道没有权利暴跳如雷，没有权利指责躲避吗？

——生活对于经历了太多灰色的菲利普夫妇来说已无浪漫可言，他们不是圣人，他们寄托在《福音书》上的希望是那样的渺茫，他们岁岁年年的等待是多少普通人家自觉的心灵选择。假如你也生在贫寒家庭，假如你也有那样一个"早年占取了你的很大部分财产并给家庭投下巨大阴影"的兄弟，你能保证在若干年后他再一次以穷困潦倒的形象出现在你面前时，你还能保持你的风度吗？

——是啊！吉姆夫妇正如作者所说，他们还是两个"笨孩子"，二十岁出头的年龄还是青春的未断乳期，他们还刚跨进生活的大门。他们没有孩子，没有太多家务，没有经历过多的艰辛。如果他们也有一个嫁不出去的女儿，如果他们也曾承受财产被瓜分之苦，在圣诞节的前夜，他们还会拥有那样动人的故事吗？

——是的，菲利普夫妇情感粗糙甚至麻木，但肇事者是琐碎艰辛的生活。吉姆夫妇爱情细腻动人，但如果吉姆长期每周都只能赚 20 美元，他们能把这种浪漫坚持到六十岁吗？

——我们不能以现代读者养尊处优的身份去俯视菲利普夫妇和吉姆夫妇。实际上，他们拥有的两段截然不同的人生决定了这两对夫妇根本就没有可比性。

……

原来，居然是我的课堂设计出了错。

记不清那堂课我是怎样逃离的。只记得讲台前围满了学生，他们神采飞扬，激情四溢，眼睛里闪烁着要与我探讨人生的强烈欲望。但是，我逃了！

我不是逃离我的语文。我给这堂课打了一百分。虽然我有些狼狈有些被动，但我为自己塑造的这群学生而骄傲。在这样普通的一节语文课上，孩子们那么自由那么开放那么民主，他们稚气而又神气地独立面对文本，自觉地搭建起了语文与生活的桥梁。他们自主地引发了对爱情对人生绝不浅薄的思考，他们的思维时而"旁逸斜出"时而"一枝红杏出墙来"，更多的时候则是"衔远山，吞长江，浩浩汤汤，横无际涯"。他们带着问题进课堂又带着问题出课堂。他们的神态告诉我因为语文征服了他们，所以他们也有要反征服的渴望。这不正是我们孜孜以求的语文课的至高至美境界吗？

我逃离的是学生的情感状态。

这是一群初三的学生，我曾经以为他们年轻得像清晨的露珠。他们的生活几乎是三点一线，他们也难免早恋但绝对很快就会成为过眼云烟。谁教会他们以这样的心态来看人生看社会———以这样露珠般清澈的年龄。

其实，从内心深处我觉得孩子们说得有道理，甚至很有些深刻，但是，在反省自我是否浅薄的过程中，我在"深刻"上打了一个重重的问号。

孩子们，我宁愿你们远离这样的深刻。

我宁愿你们相信《神雕侠侣》中小龙女与杨过的十六年痴痴的等候，宁愿你们相信流行歌曲中所唱的"世上最浪漫的事就是和你一起慢慢变老"，宁愿你们相信如果泰坦尼克号不沉没，罗丝与杰克依旧相爱永远，宁愿你们相信德拉和吉姆哪怕是到了一百岁依然拥有那样浪漫的圣诞之夜，宁愿你们相信结婚近十年的王老师的心并不坚硬而是越来越柔软……

孩子们，相信世上也有这样的菲利普夫妇：哪怕他们的于勒弟弟劣迹重重，穷困潦倒。同样沦落为孤苦伶仃的卖牡蛎的老人时，他们依旧会轻轻地走上前去牵起他的手说：我们回家吧！

孩子们，相信爱，相信沧海会变成桑田，相信"山无棱，天地合，乃敢与君绝"，相信"桃花潭水深千尺，不及汪伦送我情"，相信"谁言寸草心，报得三春晖"，相信"落红不是无情物，化作春泥更护花"，相信"我自横刀向天笑，去留肝胆两昆仑"……

我突然想起了曾经感动过我的一篇文章，叫《我交给你一个孩子》，年轻的母亲那样深情地为第一天入学的儿子向生活祈求：给孩子安全给孩子健康给孩子一切一切……我的视线跃过语文课的这场争论，我悲哀地寻找着引发孩子们如此沉重地思考的源头，有一个声音执拗地在我耳边回响：不，我们不要朗诵着"黑夜给了我黑色的眼睛，我们却用他来寻找光明"的诗句，生活，给我们一双彩色的眼睛吧，我们要用他来记录真情。

这难忘的一课！夜深人静，我在我的教学后记上写下了最后一句：语文，请帮助我！让我和孩子们永远成为守望者吧——守望真情，守望真善美！

用"学生的眼光"去观察,用"学生的耳朵"去倾听,用"学生的大脑"去思考,用"学生的情感"去热爱,用"学生的兴趣"去探寻……

——李镇西

## 让阳光先行

天气很好。我兴致勃勃地到教室去上课。今天我有两节语文,我计划着把最后两篇课文一举讲完。

阳光从宽大的玻璃窗外大大方方地漫步进来,教室里一片辉煌的光明。我站在讲台上,顿觉神清气爽。底下孩子们也个个精神抖擞的,特别得眉清目秀。一个孩子在下面吼:"老师,这么好的天气,我们去操场上活动课吧!"什么?用正课去搞活动?我夸张地瞪大眼睛,瘪了瘪嘴,也朝他嚷道:"那可不行,正课呢!"说到"正课"两字的时候,我加重了语气,以示强调。那孩子作了个鬼脸,不吱声了。当然脸上是很失望的表情。我装作没有看见。我想:我有两篇课文,任务重着呢!

开始上课了,讲的是《大道之行也》,古人心目中的又一个桃花源。阳光更灿烂了,熙熙攘攘地从窗户挤进来，讲台上已经是一片金色。我发现教室里边开始有些小小的骚动——是孩子们的眼光被阳光粘住了。他们偷偷摸摸地去看窗外，去看窗外的操场。有几个特调皮的小男孩儿还举起手来，去抓从窗子缝中射进来的阳光束。那神情很是俏皮。突然又发现我在观察他们，于是连忙缩回手去，一脸庄重严肃地规规矩矩坐好。

我抿着嘴笑了。

课继续着。孩子们作出很认真的样子，声竭力嘶地朗诵着课文：是故谋闭而不兴，盗窃乱贼而不作，故外户而不闭，是谓大同。我在座位之间穿行，故意踩着地板上的阳光走。很多孩子的书上也是金灿灿的一片。从孩子们的身后看去，阳光甚至在他们的睫毛上跳动。

我突然有些感动，我想到了那个形象的大同社会——桃花源中的名句：有良田美池桑竹之属，阡陌交通，鸡犬相闻……黄发垂髫并怡然自乐。

我的心中快乐地颤了一下。

我匆匆地踏着阳光回到讲台上，我说："孩儿们，因为大家这堂课上得特别棒，所以，老师决定——"我故意顿了顿，我想再看看阳光在孩子们的睫毛上跃跃欲飞的样子，

"下一节语文课我们去上活动课，我们去拥抱阳光！"

你可以想像的，连教室里的阳光也跟着沸腾了的情景……

【后记】晚自习时，我让孩子们以"阳光下的奔跑"为话题写几句心里话，大家兴致特高。请欣赏几段：

你知道吗？
阳光是明艳耀眼的
看吧，绿油油的大树下
有着斑斑驳驳的金色光芒给予大地蓬勃的向往
你知道吗？
阳光是最富青春活力的
看吧，绿茵场上，一个个奔跑的孩子们哟
青春骄傲的欢笑

他们不正是阳光最美的代表!

——杨雅云

阳光都笑出声来了
还有风声
喘息声
砰砰的心跳声
合成了一曲青春活力的乐章啊!

——陈熙之

心情和天气一样明媚
呼吸与空气一样清新
身姿和白云一样潇洒

——刘宏达

  我喜欢在阳光下慢跑。头稍稍抬起,嘴角微微上扬,静下一颗心来慢慢品尝阳光的味道。随着脚步徐徐向前,我的心灵犹如在空中悠闲散步。倘若张开双臂,我便觉得整个世界都已被拥入怀中了。

——王维妙

  原来,哪里仅仅是教室,才是我们的语文课堂和德育课堂啊!

青春之语文的起点和终点都是尊重青春、关怀青春、发展青春。在这样的语文课堂上，教师有着海纳百川的胸襟、独特新颖的教学视角，关怀自我和他人生命的温柔情怀。唯有如此，才能让每一个学生心灵得到抚慰，才智得到解放，个性得到张扬，迎着语文教学的春风释放生命激情，享受精神发育的欢乐。

——王　君

## 问候成长

又是学期末最后一节语文课了。

我笑盈盈地走进教室，笑盈盈地在讲台上站定，孩子们都睁着亮晶晶的眼睛疑惑地看着我。我知道，他们肯定又在想了吧，这鬼点子不少的王老师又会干什么？等教室被期待胀得满满的了，我起身穿过孩子们惊奇的目光，走到教室的后墙下面，举手取下了贴了满满一墙的"语文金榜"。

我听到了教室里有小小的唏嘘声，然后是无数张脸上会意的笑，孩子们知道我要干什么了。

"金榜"其实是我的语文光荣榜，每一次批改练笔，每一次语文竞赛，每一次大小测验后，我都会把优胜同学的名字用红色的笔认真地填写在"语文金榜"上。坚持一年了，不知不觉竟已密密麻麻地贴了一大墙壁。

举起"金榜",像举着一支巨大的白底红花的美丽风筝,我重新穿过无数惊叹的目光回到讲台上来。此刻,所有的目光都聚焦了,这是心领神会的目光:我们要用特有的方式问候语文问候成长了。你有几次金榜题名?我们要用这个诗意的问题盘点我们整个学年的语文学习了。

教室里的气氛有点儿不可捉摸的紧张。我笑着让孩子们拿出纸和笔,叮嘱他们每听到自己的一次名字,就给自己作一次记号。

我开始念了,我很庄重。我知道,马上,无数个名字会像漫天的花絮,牵引着我们的思绪回到从前,会让过去的属于语文的每一个细节都鲜活起来,跳动起来。

第一张榜已经很旧了,连纸边儿都已经变成了微微的黄色。我刚念了三个名字,就有孩子在下面压着嗓子小声吼:"这是军训作文!"哦,是的,这是我们进入初中的第一次作文。那时,就是凭这次作文,我认识了一个个不曾谋面的孩子。这张榜上有后来被我誉为才女的许菁、黄悦,也有后来语文不很出色的王小强。还有一个孩子的名字也在上面,读到这个名字的时候,我有些伤感:这个孩子现在语文已经很不好了,可是他的第一次作文却是上了金榜的。一定是我的教学没有能够吸引他,让他逐渐对语文失去兴趣了。真对不起,孩子。在心里,我小声地对这个名字说。

每读完一张,我就在这张榜上打一个钩,写上一个序号。这样做的时候,我感觉我问候了每一堂语文课了。上半学年的每一张榜上,几乎都有一个名字。我的视线是竭力想要跳过这个名字的。可好几次我却情不自禁地把这个名字的第一个字读出来之后才意识到自己的错误。那一瞬间,我的心中有些刺痛了。拥有着这个名字的孩子曾经被我誉为语文的精灵,她的演讲作文都是中学生中一流的。可偏偏就是这么一个灵气逼人的孩子因为个性太强犯了了太多的错误,最后不得已只能转学回了原籍。金榜上,我依旧感受得到我龙飞凤舞地写这个名字时心里的赞叹和欣赏,可是,精灵已去,只留给我留给语文一个硕大的惊叹号。孩子,保重!我在心里默默地祝福她:你要知道,语文不仅仅只是佳词丽句,语文更是一种人生气度和人生智慧啊!

我一张张地翻过金榜,我尽量地调整着自己的语言,让从我口里吐出的每一个名字都充满了底气十足的让人羡慕的韵律。我拣拾着自己语文教学中的点点滴滴，竟有些迷失在孩子们成长的足迹中了。如果没有这些榜我会遗忘多少美丽的瞬间啊！你看，这张榜是一个男孩子执意帮我填的，字迹很幼稚。我记得那是一个孩子好不容易上榜后的杰作，他把他的兴高采烈涂在了这张榜上了。再瞧，那张榜上的最后一个名字显然是后来加上去的，我记起来了，那个女孩儿平时总不言不语的，她该是鼓起了多大勇气才提醒我她的名字被我遗漏了啊！还有这张榜，其中有一个名字我写得特别得认真用力，这个孩子，是一名语文"忧生"，有一次好不容易考了个不赖的分数，却离上榜还差一分。心疼他的努力和虔诚，我决定借他一分，他终于也上了一回榜。我至今都还记得那张喜从天降的纯洁的笑脸，记得我庄重地写上他的名字时心中春天一般的喜悦。

翻着这一张张的榜，我似乎翻着这一年的每一堂语文课，翻着因语文而绽放的每一点快乐。我读着这些名字，不，我几乎是快乐地唱出了这些名字。我唱得教室里时而笑声喧天，时而又哀叹顿地，时而激情四溢，时而又沉默无语。在今天的讲台上，我是最独特的歌唱家，我的歌词简单得只是一个个名字，但我却唱出了世界上最美的歌。因为，我唱的是孩子们用语文来诠释的青春岁月啊！

终于完了！一共五十六张金榜，如果每张榜上平均25个名字的话，我今天一共唱出了1400个名字。

我的嗓子有些哑了，因为我唱得真的太投入。我抬起头来，迎接一张张不同表情的脸。看，那群姑娘笑得多开心啊，叶美颖41次上榜，她成了金榜状元。许菁、卢燕佩是40次，谢秋辰谭丹青们是38次，这群姑娘的语文之路，一路有花啊！离我最近的那个小男孩的眼睛红红的，我看得出他正竭力控制住自己的伤心。孩子，我理解你的失落，因为你的上榜次数只有4次。可是一分付出一分收获，你没有播种，哪有丰收啊！

我静静地站在讲台上，分享着孩子们的唧唧喳喳，分享着金榜为他们带来的喜怒哀乐。我在心里说：这是一份岁月的礼物，让我们携带着它问候语文，也携带着它问候自己的成长吧。

下课铃声响了，我抱着这些榜，不，我抱着我的欣慰我的感慨走出了教室。再见了，孩子们，下学期，老师的"金榜"还等着你们，等着记录你们的光荣，你们的成长。

青春之语文的课堂是让语文塑造幸福人生的课堂。青春之语文,是坚定地将语文学习生涯规划为生命状态中最精华的部分,使学生和教师坚信:生命同青春可以永远相伴,并因此不断铸炼热爱生活与时俱进的灵魂,让语文教育焕发出无限的青春活力。

——王 君

## 我给孩子们的一次期末评语(部分)

姚未来:天啊,初一时候那个让我颇有微词的小心眼儿混蛋哪去了?时间怎么还给我一个几乎认不出来的"长臂猿"了。你天天挥舞着你的长手,眨着你的小眼睛,叫嚣着你的物理名词……抗议了,我简直受不了了!你的聪明涨潮,你的幽默泛滥,你的笑容决堤,我彻底被你淹没了。

王维妙:没有你,王老师敢在班上自豪地说"IB班巾帼不让须眉男女各顶半边天"吗?你的柔弱双肩竟然挑起了多少女孩儿梦想的重担,你的浅浅笑容居然让不可一世的IB男孩儿心虚胆寒。哈哈,小丫头,谢谢你让我这个女班主任也脸上有光啊。

杨雅云:你和熙熙是天才!明亮、大度、开朗、聪慧、勇敢、善良、懂事、坚韧……多少美好的词语用在你们身上也不嫌多。你们是用生命写诗的孩子，所以你们活得让王老师羡慕。嫉妒啊，嫉妒你们的评讲比我还棒，嫉妒你们的写作比我还真，嫉妒你们的朗诵总是高人一等，嫉妒你们彼此那心心相印的友情，嫉妒你们以昂扬的精神战胜困难的决心。两个语文精灵，多谢了。

杨羚箐：呵，王老师可要埋怨你了，埋怨你总是让我的眼睛和心灵应接不暇。十四岁的女孩子怎么会有那么多的奇思妙想，我的灵感怎么都追不上你的思考，我的发现怎么都快不过你的步伐。在如此繁重的学业之余，你的眼睛依旧明亮，你的心灵依旧纯净，所以你的文字每一天都神采飞扬。谢谢了，你让我领略了什么叫"慢慢走，欣赏啊——"

钟愚：谢谢你让王老师觉得自己挺无能的——我怎么就拿你这个聪明绝顶的新同学没辙呢？你是物理天才，英语高手，文言新秀，数学黑马。哈哈，你的到来可吓了班上很多同学一大跳。可是，你为什么脸上就很少笑容呢？笑容是IB班的招牌，幽默是IB班的特产，怎么就不能感染你改变你呢？哦，你可真是我的难题。

熊星：就你还和我一般高了，谢谢你这个小家伙还可以让我随便地拥在怀里，让我轻易地用我的冰冷的手在你的脸上去"掠夺"温暖。你的数学还是没有起色，你的外语还是老大难。但王老师不应该感谢你吗？你永远健康快乐幽默聪明，你是我们这个以追求幸福人生为目标的班级的最杰出的产品。所以我相信，你会在不久的未来找到你的方向，这是毫无疑问的，绝对是！

何语婷：这三年来，你是带给我最为丰富的奇妙感受的一个孩子。谢谢你让我如此真切地意识到了一个人心灵的逐渐完美是怎样的一个多彩的过程。你告诉我温柔和刚强、宽容与严厉、豪放与细腻、进步与徘徊这些截然矛盾的东西其实可以在一个人身上如此和谐地存在。谢谢你和我配合为IB班制造了很多快乐，谢谢你让我兴趣盎然地关注着你即将选择的人生之路。

李想：你的惊声尖叫继续着，你的聪明好问继续着，你的倔强小气继续着。哈哈，想丫头，谢谢你让我明白生个女儿其实也很不好对付。不过，自何语婷温柔起来之后，你倒是训练了我的忍耐力，你很厉害哟！人小心眼大呀，小家伙可管好自己的心呀！

陈熙之：谢谢你让我记住了"高枕的我会更忧"这样的"熙之名句"。当王老师想偷懒的时候，也总是拿这话来鼓励自己呢！我想：连陈熙之都能做到的事情，我还做不到吗？于是鼓起勇气坚持下来以让自己的心灵"无忧"。知道不，你的日记简直就是我的"心灵加油站"。

胡英剑：谢谢你让我产生了对世界和平的憧憬——如果每一个人都像你那样平和宽容不急不躁，咱们这个世界肯定永远不会有战火。像你这样好脾气的孩子真是少见！其实你语文考第一名我并不惊讶，语文本就是一种人生态度——不疾不徐自得其乐。小家伙，我非常看好你，你的这种平和随意的心态会让你渐入佳境。不信，等着瞧好了。

代东航：一米八的你不仅是让我永远觉得"高不可攀"的学生，你还是让我最"恐惧"的一个学生，天天揪着我的前鼻韵后鼻韵翘舌音平舌音不放，我可被你嘲笑修理得一无是处了。哼哼，你可给我小心了，王老师可要反修理你的，你的"蜗牛风格"，你的"厚脸皮工程"，你的"尾巴效应"……小子，你看好了，在王老师手里一天，你就休想痛快一天。

谷雨：没有你，王老师的语文课能上得那么有滋有味吗？你演唐雎比唐雎还像唐雎，你演孔乙己比孔乙己还像孔乙己，你甚至演菲利普夫人也比菲利普夫人还像菲利普夫人……同学们讨论你来总结，王老师画龙你来点睛。因为你的幽默，我笑得眼角的皱纹都增加了好多。你这个家伙，让人欢喜让人愁啊！

蒋云淞：去年对你说品牌也是需要维护的，今年要提醒你优秀的质量也是需要提高的。如果你足够强大，你就可以藐视所有流言蜚语。运动场上长跑短跑你都是高手，所以你一定比王老师懂得更多的生命玄妙。停滞等于毁灭，分心等于自杀。但愿云淞永远是IB班的旗帜，永远是王老师的骄傲。

蒲涛：初三要毕业了，咱们班种的"蒲涛"也要丰收了。谢谢你悄悄地发芽悄悄地成长，还要感谢你已经学会了不太悄悄地唱歌和不太悄悄地朗诵。《石壕吏》上你演一个伤兵的死都那样投入那样专注，在生活中你演自己的人生一定会更加动情更加忘我。给我一份期待好不好？让王老师再写一篇《2006年蒲涛有故事》。

刘宏达：谢谢你两次陪我长跑，让我跑出了这学期最好的两次成绩。在班上，绘画书法你是第一流的，表扬朗诵你是第一流的，班务工作你是第一流的，诚恳热心你是第一流的……那么，什么你是不入流的呢？哈哈，我可不好意思说，小家伙自己去悟吧。人生的跑道上，王老师天天陪你跑，你怎么就跑不出最好的成绩呢？

张钪：你自封"班帅"，笑疼了我们全班每个人的肚子。其实我看你名副其实。红育坡上吓退小偷，是你；自治生化炸弹惊天爆炸，是你；创新作文思如泉涌，是你……当然，床上桌子上乱七八糟一塌糊涂，也是你；作业马虎潦草跑步三天打鱼两天晒网，还是你……是你是你都是你。你说，如此丰富多彩的你，不是班帅还是什么？

张慰慈：同学们告诉我，晓得张慰慈才晓得袜子有多臭，晓得张慰慈才晓得冷笑话有多冷，晓得张慰慈才晓得黑马有多厉害。可是我说，晓得张慰慈才晓得笑容有多灿烂，晓得张慰慈才晓得手脚有多能干，晓得张慰慈才晓得心胸可以多开阔，晓得张慰慈才晓得智慧有多朴素。谢谢你，远道而来求学的孩子，你的努力让我最敬佩，你的成功让我最欣慰。

语文教师，更有可能成为这样一种人：他博览群书，学识广博；他人性丰满，精神强健；他兴趣广泛，热爱生活；在他看来，教育的终极目标不仅仅是增加知识和技能，更重要的乃是让受教育者和教育者同时都保持人性的纯真完满。"语文"于教师，应该成为一道进入高尚生活境界的"不二法门"。

——王　君

## 一次浪漫的评语写作活动

### 第一步：五则评语绘同学
### ——横看成岭侧成峰

通过抽签，我们确定了五人一组的评语写作小组——由五个同学共同为一名同学写评语。我的要求是：以自己的眼睛来观察，以自己的心灵去感受，以自己的语言去表达。绘出同学个性，写出同学性情。

这果真是一次灵感迸发情趣独具的写作。请看下边部分评语：

嘿，好个张钪！他并不仪表堂堂，但每天必会在镜子面前站上十几分钟，欣赏自己那百看不厌的脸；他瘦得似乎弱不禁风，却常喜欢撸起袖子，给我们看那看不见的肌肉；他学习、体育并不拔尖，但总是不甘人后，自命不凡，结果笑话连连；他脸皮厚，爱吹牛，被拆穿了就死不承认；他脸皮也薄，怕出丑，被老师批评了就脸红；他君子，待朋友宽厚，不在乎吃亏；他也小人，逮住谁尾巴，准会耀武扬威；他爱惹是生非，却总是伤害自己。

他是一个整天抱着一本《易经》来研究的文学家；他是一个有着与众不同思维的创新学家；他是一个悠然拉着小提琴的演奏家；他也是一个有空就研究"生化武器"的化学家……

这就是张钪，一个优点多，缺点也不少的可爱男孩儿。

——蒋云淞

一个极为羞涩的小女孩，一个看见一条虫子就可以发出震耳欲聋的尖叫声的小女孩，虽然思想很天真幼稚，但整个大脑却都装满了聪慧，她有时会有稀奇古怪的动作，有时会有稀奇古怪的想法，有时还会有稀奇古怪的口头禅，还与人合写稀奇古怪的小说。总之，满脑子的稀奇古怪，满脑子的机灵，这就是杨之默。

——王维妙

如果说每个人都是一种动物的话，那她一定是一只在一望无际的青藏高原上自由飞奔的藏羚羊；如果说每个人都是一种树的话，那她一定是一棵昂首屹立在戈壁滩中的胡杨；如果说每个人都是一种花的话，那她一定是一朵羞涩的，散发着浅浅暗香的米兰。

一万种可能，一万种形象，都汇成了同样的一个她——郭丽阳。

——牛　晓

在"大珠小珠落玉盘"的优美古筝声中，我看到了一个优雅文静才华横溢的你。在挥汗如雨的篮球场上，我看到了一个飒爽英姿、刚柔并济、魅力四射的你。在班级图书馆钥匙丢失的事件中，我看到了一个一丝不苟、尽职尽责的你。一曲《高山流水》弹出了古典音乐的精髓，操场上飞驰的身影奔出了巾帼不让须眉的精神，讨论数学题时的激动和灵慧更让人感动惊叹，那只有A＋没有A，篇篇文采斐然的练笔更是让同学们叹为观止……

这就是她，杨羚箐，一个文武双全的才女，IB班最独一无二的一道风景。

——高　洁

**感悟**：平时总是埋怨孩子们缺乏观察能力，埋怨他们感情粗糙不懂感恩。但透过这些评语，你却可以感受到孩子们其实是多么细腻和敏锐，多么宽容和善良。同学的一颦一笑在他们的笔下都如此灵动而自然，亲切而激情。最可贵的是，没有人回避同学的弱点，但是没有嘲笑，没有奚落，人人笔下都充满了善意的幽默和温情的提醒。字字活泼快乐，词词笑语盈盈，每一则评语都是校园生活的写真，更是豆蔻年华的素描。在这些评语中，朴实和生动心心相印，淡雅与激情遥相呼应，我们不仅能读到一种铅华洗净的文采，还能邂逅平淡之后的绚烂。

在对评语进行点评的时候，学生们恍然大悟：修辞并不一定非要和华丽携手。你看，同学们的对比用得多么自然，比喻用得多么精妙，而最易造作的排比在大家的笔下气韵流动，顾盼生辉。最让人拍案叫绝的是，在采访作者的时候，他们几乎都说：没有刻意的雕饰和设计，实在是因为对身边的同学的特点太熟悉了。不少同学恍然大悟：观察生活和感受生活本就是一种酝酿一种构思。诗意地感受生活就是自然地创新文采啊！

但是，停留在山花绚烂的层面还不够。五则评语是多角度的，是丰富的，但同时也是散乱的。文采除了灿烂的表达，还需要去粗取精之后的升华。

于是，我设计了对联写作的第二步：

## 第二步：一副对联赞同学——一片冰心在玉壶

这一步的要求是：在五位同学评语的基础上进行提炼，抓住同学的最主要的表现和特征，创造性地浓缩五则评语，用一副对联的形式再次展现同学风采。

如果说五则评语的写作是演绎，那么对联的创作则是归纳。这还不是

教育与幸福生活

一般的归纳，这是内容和文采的双重提升。内容要提炼浓缩，文笔需更上层楼。孩子们必须对五则评语再次悉心体会，对每字每词进行字斟句酌，从而追求超越。

这个要求是结合本年级教材中的对联知识和短语知识来学习的。经过反复修改，学生创作的对联虽然还不特别严整，但是却也很有一番风味了。请欣赏部分：

  憨憨笑笑，胖胖女孩古道热肠！殊不知毛虫虽辛苦，破茧而出翩翩飞
  懵懵懂懂，小小脑袋胡思乱想！需牢记道路尽崎岖，闭目而行跌跌撞
——杨雅云

  笑苍生 妙语解颐 戏言人间百态
  观世事 怪论联珠 大话天下风云
——蒋云淞

  潇洒自在穹中云 渡江越川 勤奋学习独占鳌头
  刚阿不屈林间松 顶天立地 全面发展独一无二
——李 想

  人生多崎岖，阴差阳错悲失利，巾帼怎堪时不与？
  世间无难题，否极泰来喜夺魁，神鹿笑叹风正劲！
——谷 雨

  一曲高山流水销魂魄
  两顶文武桂冠折人心
——胡英剑

  纤指执笔，纸上着丹青，游刃有余

善心助人，球场展英姿，潇洒自如

——高 洁

昔日扭捏小户碧玉，着急着急
今日从容大家闺秀，可喜可喜

——代东航

深涂重绘　艳丽板报闪耀蓬勃人生
淡写轻描　清秀样貌映衬明静心灵

——姚未来

助人为乐好品德，个个都称道
学习拖拉坏习惯，人人均叹息

——谢 勐

身形小篮球技术却高人一筹
心气高学习成绩怎逊色几分

——张慰慈

人云聪明王，乐乐
评曰捣蛋鬼，笑笑

——王维妙

小脑袋，大智慧，古古怪怪
大胸怀，小聪明，莽莽撞撞

——何语婷

风风火火促使朋友遍四海
大大咧咧造就潇洒走天下

——潘俊臣

**感悟**：对联写作真是一次一箭多雕的实践活动。孩子们创作的对联风格各异：有典雅的、有豪放的；有幽默的、有深沉的；有含蓄的，有明快的。不少老师看了都不相信是初二年级的普通班的学生拟的。因为有了丰富而厚重的生活底子，孩子们就各自都获得了一架可以靠近蓝天的天梯。

在点评的时候，我对于其中有几副语言较平实但是特点很鲜明的对联毫不吝啬地大加赞赏。我说，孩子们，从文学底蕴来看，这些对联当然算不上最好的，但是作者的创作的胆量和气度告诉我们，文采并不玄妙，它也完全可以以这样的一种方式呈现：朴素地平易地机智地驾驭思想。文采并不是华丽辞藻的代名词，它更应该是准确而深刻的思想和真诚坦率的情感的承载物。文采的生命内核还是内容。

学生的二度创作已经逐渐把这次写作活动推向了高潮，学生对于文采的理解也渐趋深刻。但是，我决定再燃一把火，继续深化孩子们对文采的认识。于是，有了这次评语创作的第三步。

## 第三步：一句点评激同学——不畏浮云遮望眼

这一步是由我——班主任来完成的。在同学们创作的基础上，我对每一个同学的评语进行了"三度创作"——一句话点评。我以这样的风格写道：

你用朴实打造内心世界的华美，所以你富可敌国——写给才女杨羚箐

侠女加才女，你还怕谁？——写给武侠小说迷杨雅云

你若老是给时间当"丘儿"，你的中学三年将会惨不忍睹——写给不珍惜时间的代东航

少看《故事会》一类的浅俗地摊文学，你的小聪明才能变成大智慧——写给班上的智慧王子谷雨

与其诅咒黑暗，不如点亮一支蜡烛——写给喜欢发牢骚的熊星

你是我们IB班的一个名牌，但名牌的价值也是需要提升的，否则同样会贬值——写给优生蒋云淞

小聪明就好像口袋里的零钱，干不成大事——写给小聪明柯晨号

你的生活应该像你的舞蹈一样舒展优美——写给害羞的焦雅

你是长跑高手，应该晓得比赛的胜负往往决定在最后一圈——写给长跑高手张慰慈

爆发力和耐力都很重要。但对于生活而言成功的关键还是恒心和耐力——写给缺乏恒心的何语婷

**感悟：**一个同学后来在日记上写到：王老师的一句话点评真是让人怦然心动，因为它是对所有评语的抽象的高屋建瓴的概括，读后让人茅塞顿开。对联配评语，好像给了评语一双眼睛。点评助评语，好像给了对联一个大脑。从浅表的灵动渐渐走向了内在的深刻，这次写作果真写出了生活也写出了睿智。

我告诉孩子们：如果你读到这些点评受到了触动，那说明王老师的"文采"也取得了成功。记住，孩子，文采更是透过现象看本质，是画龙点睛，是醍醐灌顶。文采哪里非需要华丽词句的堆砌，文采更是欲穷千里目更上一层楼的气度和胸怀。

一次活动三轮写作，从活泼泼的形象描绘到沉甸甸的思想锤炼。我们师生携手，采撷校园生活点点滴滴，捡拾班级田野的落英缤纷，不仅创造性地完成了一次颇有创意的德育工作，而且兴高采烈地进行了一次文采写作的实践。在这个过程中，我们以亲身的感悟和体验对"文采"进行了多角度多层面的解读。这次创新写作感悟活动是一个里程碑，标志着我们班上的写作训练终于顺利地进入了我手写我心、我手展我才的朴实而又灵动的美好境界。

而对做班主任的我来说，这既是一次成功的作文训练，又更是一次洋溢着诗意和浪漫的德育与语文的双重评价。

是的,用童心报答童心,这就是我献身教育的原动力。如果有人认为我的思想境界不够高的话,那么,我想借用杰出教育家苏霍姆林斯基的一段话来强调我的教育信念:"我生活中最主要的东西是什么?我毫不犹豫地回答:对孩子的爱。"(《我把心灵献给孩子》)不过,根据自己切身的感受,我还想冒昧地替导师这段话补上一句:"以及孩子对我的爱!"

——李镇西

## 最后一课

记得以前很为一位名师感动,因为她说了一句经典的话:

"我上这堂课只用了四十五分钟,但是我整整用了一生来备课。"

当我准备上我的最后一课时,我想,我又用了多长的时间来备课呢?

所有的准备几乎都是在下意识中完成的。不会有人来听课评课,这是一堂没有任何外部压力的课。但我却依旧忙碌着,有条不紊而又手忙脚乱地准备着一切。最让我不可思议的是,我似乎成了一个患有严重强迫症的精神病人,我不断地重读已经为孩子们写好的告别文字,唯恐表达不周。我反复地清数为孩子们准备的照片,唯恐少了一张两张。我反复地试听课堂上要放的音乐,唯恐到时卡壳……但是临上课前我才发现,这课我备得实在荒唐，因为除了准备资料外，我几乎没有去考虑其它的任何东西——这堂课的板块以及衔接过渡甚至这堂课的主题。

　　课是下午的第一节。中午我没有睡着，在床上辗转反侧，竟然有些反常的紧张。周五是放归宿假的日子，这是孩子们最坐卧不安的时间段。往常，我总是祈求时间快快过去的。但这个周五，我却渴望拉住时间的衣襟，让它走得慢点再慢点儿。

　　但我居然迟到了。人在紧张和惶恐的时候总缺少自信。在去教室的路上，我老是觉得自己忘带东西了，于是一次一次地停下来打开背包和电脑包翻找。但其实所有的东西都没有落下。我因此迟到了几分钟。

　　但我走进教室的时候，并没有因为迟到而遭受责备。班上孩子对我是很严格的，我若迟到了，总有人会提醒我应该接受惩罚。今天一切都很宁静。所有的孩子都看着我，用很期待的眼神。我装得很镇定，但心中却突然就更慌了起来。我懂他们的期待。我们每一个学期的最后一课，都有特别的内容。但今天不同了，今天是整个三年的最后一课。

　　何语婷和周芊潇在下边笑着说，王老师，你上午把九班的同学弄哭了，是不是也要把我们弄哭啊？

　　不哭不哭，我说，我们要笑着上完最后一课。我扬眉回答，微笑着。然后我说，讲故事吧，把故事会进行到底。

　　最后一次演讲！有孩子在下边笑着嘀咕。是的，我笑着说，是我们的第一千零一个故事了。

　　代东航和王维妙起来讲励志故事。代东航感情饱满，王维妙口齿清楚。我以前总是很认真地听的，因为听完后要点评和点拨。但今天我的注意力怎么都集中不起来，除了看见高大的代东航和秀气的王维妙在讲台上晃动外，第一次，我一句课前演讲都没有能够听进去。

　　他们讲完，我打开电脑放音乐。放的是今天这堂课的背景曲《感恩的心》。

　　　　我来自偶然　像一颗尘土
　　　　有谁看出我的脆弱
　　　　我来自何方　我情归何处

谁在下一刻呼唤我
天地虽宽　这条路却难走
我看遍这人间坎坷辛苦
我还有多少爱
我还有多少泪
让苍天知道　我不认输
感恩的心　感谢有你
伴我一生　让我有勇气做我自己
感恩的心　感谢命运
花开花落　我依然会珍惜

这是我百听不厌的歌曲，这是我没有丝毫犹豫就选中的背景曲。悠扬的曲调响起，略略有点儿喧闹的教室安静了下来。我把音乐声开得很小。我微笑着说，孩子们，今天这堂课，王老师就想向你们表达感恩的心。首先感谢你们给了我一千多个精彩的日子。

我打开"我的IB班照片"的文件包，开始给孩子们展示从初一到初三的班级重要活动的留影。

后排的孩子"呼啦"一下就涌到了教室的前两排，小小的空间里居然有"万头攒动"的感觉了。但攒动的还不仅仅是孩子们的头了，更是震耳欲聋的惊叫声和欢呼声。

就是我，也忍不住要叫起来跳起来了啊。

天天和孩子们在一起，我并没有怎么感觉到他们的变化。但是在照片上，他们怎么就有那么天翻地覆的不同呢？伍勇俊初一的时候怎么胖得像个小西瓜，谷雨三年前简直就是个溜溜球，李想才进校时好像只有七八岁，张钪又矮又瘦像根豆芽菜，熊星根本就是一只涎皮涎脸的小老鼠……

军训、化装舞会、班长竞选、运动会、五云山寨、《石壕吏》外语剧表演、腰鼓大阵、风云兼程大礼堂、平顶山放风筝、跳绳大战、班级运动会……时光回溯，童年定格，每一帧画面都夸张地展示着每一个孩子的微小的变化。这些变化和眼前这张张渐趋成熟的脸对比着，你不能不哑然失笑黯然神伤雀跃欢腾啊！大家互相观察互相嘲笑，笑得东倒西歪天昏地暗日月放光。隔壁五班的王俊老师不满意了，过来提醒我们安静一些。但他是我们的外语老师啊，一走进来就被我们的笑声粘住了迷住了诱惑了。

教室的天花板差点被我们的笑掀翻了，空气被我们笑热了，连窗外的树也被我们笑得弯腰了……

当初三的最后一张班级合影定格的时候，教室里安静下来。被淹没了的《感恩的心》的旋律又一次清晰起来。大家都默默地看着这张合影，无言。电脑里在唱：

> 感恩的心　感谢有你
> 伴我一生　让我有勇气做我自己
> 感恩的心　感谢命运
> 花开花落　我依然会珍惜

我说，孩子们，谢谢你们给了我那么多的像金子一般的日子。你们留下了你们的笑靥和青春，这是你们送给老师的无价之宝。那么，王老师应该为你们的再次出航带上点儿什么呢？老师想了又想啊，选了又选啊，最后决定，送你们三件礼物。

第一件礼物，请你们带上老师的笑容和祝福吧。

我走下讲台，向孩子们分发我的第一件礼物，那是我的照片。这些照片，从孩子们进校的2003年开始，每一年都有几张，是我的单人照。照片封了塑，在灯光下闪着润泽的光。我让孩子们随意抽取我手上呈扇形展开的照片，抽到哪一张就是哪一张。

抽到的孩子都惊叫起来，和照片上的我一起惊叫。

照片上，我在九寨沟朝着青山绿水大吼大叫。

我在外地上公开课，精神抖擞，神采飞扬。

我在黄山上倚靠着千年古松，遐想沉思。

我在大海边张开双臂拥抱蔚蓝。

……

每一张照片的背面，我都留了六个字"永远热爱生命"。我庄重地署上了"王君"两个字，日期是"2006年6月6日"——我选择在这个千年难遇的好日子写下"永远热爱生命"这句祝福。这六个字，我写了八十多遍，写给 IB 班和 9 班的每一个孩子。

《感恩的心》在教室里凄婉而优美地回响。台上台下，照片上如阳光般灿烂的笑容汇聚成的旧时光在解冻在苏醒在招摇。我在讲台旁伫立，静静地感受这小小教室里的人头攒动。我知道，这一切，都将成为绝版了。

不要哭，我对自己说，你不能哭啊，你要微笑着给孩子们饯行啊。

我进入电脑里"IB 日记"的文档，调出昨天晚上才完成的班主任手记《孩子，我是你青春的倒影》。这是我的第二件礼物。

我开始朗诵。其实我想过选一个朗诵高手帮我朗诵的，因为我担心情感决堤山洪暴发。但最后我还是决定自己亲自来读。已经没有机会了，在这样的课堂上，让孩子们，听他们的语文老师和班主任读自己的日记。虽然，三年来，这样的朗诵不计其数。

情感还是决堤了，山洪还是暴发了。不需要酝酿和蓄势，因为已经酝酿了三年，已经蓄势三年了。上午在九班，我一直坚持到了最后几个自然段。但在自己的班上，从读第一段开始，泪水就夺眶而出了。一次又一次泪水模糊了视野，我一次又一次地停下来，一次又一次让泪水宣泄之后稍稍归于平静，一次又一次地被蜂拥而来的记忆包围浸润揉搓。

抽泣、呜咽、声泪俱下、肝肠寸断……我突然间明白了所有这些关于哭的词语的内涵，明白了为什么鲍尔吉·原野说：我的泪水是一批高贵的客人，他们手持素洁的鲜花，早早就等候在这里，等着与音乐、诗歌和世道人心等美好之物见面。

我在台上哭着读，而我的孩子们，在台下哭着听。

### 孩子，我是你青春的倒影
——在初中最后一课上的发言

我亲爱的孩子，明天，就将是我们初中阶段的最后一节语文课了。此刻，在这还微有凉意的六月初的夜晚，我独坐桌前。孩子，亲爱的孩子们，在明天的最后一课上，我应该对你们说些什么。

我问自己，三年之前，当这群孩子走向你时，你是他们的班主任和语文老师。三年后呢？此刻，当这群孩子将要离开你的时候，你该如何为自己的角色定位？

这似乎是一个很简单的问题，因为有太多时髦的答案可以供我选择。别人不是说过吗？我不仅仅是你们的老师，我还是你们的妈妈、你们的阿姨、你们的大姐姐、你们的朋友、你们的领导、你们的老大……

哦，这些答案固然都不错。但是，它们不是我心目中最好的回答。三年的时光，一千多个日夜啊，我和你们的笑靥淘气耳鬓厮磨。每一分钟，你们都在用最独特的方式告诉我你们的成长。那么，对我们的关系，我也当然应该有同样独到的领悟吧。

我要重新定义，定义我和你们的联系。

哦，孩子们，此刻，我想好了。我不仅仅是你们的老师、你们的妈妈、你们的阿姨、你们的大姐姐、你们的朋友、你们的领导、你们的老大……

我，更还是你们青春的倒影。

孩子，我是你们的倒影。这三年我和你们如影相随不离不弃。阳光灿烂的日子里，我活蹦乱跳地跟在你们的身后。我快乐着你们的快乐，得意着你们的得意。当你的眼眸在辉煌的阳光下晶晶发亮时，我便在你的神飞顾盼中为你舞蹈。我是你的欣赏者仰慕者，我是你的崇拜者纵容者。我雀跃是因为你欢乐，我开怀是因为你兴奋。阴霾密布的日子里，我默默地跟在你的身后，我匿了容颜，隐了身形。你看不见我，但其实我依旧时刻追随你的脚步，一分钟也未曾远离你的视野。我无影无踪是为了让你有独处沉思的机会，我无声无息是为了你能够更理性地直面心灵。这些时刻，我分享你的孤独，咀嚼你的失意，感受你的痛苦，分解你的愁绪。当阳光渐渐苏醒，我便小心翼翼地一小步一小步地重新靠近你、凝视你、缠绕你。共经了夜的黑暗，我的心中更有了千般柔情万般爱怜。哦，我亲爱的孩子，也许你从来不会注意到我的出现和消失。但是，升起的朝阳记得，下落的晚霞记得，春天开的第一朵花儿记得，冬天飘的第一片雪也记得：你曾经有那么一个倒影，曾痴痴地等待你欣赏你，如你是他前世和今生的爱情。

孩子，我不仅仅是你的倒影，我还是你青春的倒影。我时刻都准备接受你的审视。当你回头时，我要告诉你，孩子，我也曾经和你一样的年轻，我也曾经有豆蔻年华花季雨季。我曾经和你一样夸张地挥霍着自己的十四岁，曾经和你一样对日出日落毫无感觉。我的脸上也曾经没有眼袋和皱纹，我的步履曾经和你同样的轻盈。我曾经和你做过相同的梦，我也曾经同你一样把自己的未来描摹成一千零一个故事……哦，孩子，但是我现在仅仅是这样的，我的梦什么时候褪色了搁浅了，我不知道我不知道啊！我也许是你将要体验的未来，我也许是你无法绕过的历史。孩子，当你看到我，你就要像看到二十年后的自己。你要好好珍惜好好规划啊，青春只是一场转瞬即逝的雷阵雨，也许连你的头发都还没有完全湿透，天就已晴、月就已白、风就已清。

孩子，我当然更是你青春的倒影。我时刻准备接受你的审视。是的，我是二十年后的你，所以我有责任让你懂得时间的意义。我咬紧牙关坚持和你们一起长跑，我顽强不懈地和你们一起写日记。我鼓励你们成为最好的学生，我便同时要求自己成为最好的老师。你们学业繁重我也从来没有姑息过自己的进修，你们硕果累累我也必须要有无愧于你们的成绩。哦，孩子们，我虽然已经告别而立，但我依旧身材挺拔，容颜焕发。虽然我已经人近中年，但我依旧童心盎然，富有朝气。较之二十年前，我活得更加自信丰满和有意义。因为我是你的青春倒影啊，我要你从我的身上看到成长的美妙和生活的神奇。因为时光带不走爱和激情，所以美丽会永恒，所以生命会被雕刻得更加精美和豪气。

孩子啊，我是你青春的倒影，其实你也是我青春的倒影。一届一届的你们和我挥手依依作别但却慷慨地留下了青春的气息。一届又一届的你们用自己清纯而华丽的生命为我铺筑着最前卫时尚的青春高速公路，并且为我开了永远的通行证——我可以自由地在上面流连或者奔驰，从二十岁到三十岁以及未来的无穷岁月。我的生命于是得以永远在青春的跑道上陪伴你们飞旋。旋转中我们的身影穿插环绕叠加，变换成彼此眼中的最动人的风景。

我是你的倒影，你是我的倒影啊。孩子，明天，你们将走出我的课堂，不要哭，不要感伤。记住了，让我们都经常低头看一看阳光下的倒影吧。那是我，那是你，那是我们共同拥有的如花年华。

让我们永远如影相随不离不弃。

因为你是我青春的倒影啊，我也是你青春的倒影……

（2006年6月8日星期四　阴）

当我抬起头来的时候，我忽然看到了张慰慈、潘俊臣、姚未来、郭丽阳，他们也站在教室后排红着眼睛流泪。这几个已经被分到14班的孩子，是什么时候回来的，我不知道。难道是冥冥之中的心电感应，让他们知道我在召唤他们，以至于让他们在一堂课过半的时候被一种神秘的力量牵引着回到了自己的老家。

从小到大，我参加过无数次的演讲比赛和朗诵比赛，获得过无数的奖项。但是，我相信，唯有没有评委亮分的这一次，是我最投入最忘我的一次。孩子们，你们会给我评多少分？

读完了，我在台上静默。《感恩的心》在无数张满是泪痕的脸边流转回旋。如丝如缕，如泣如诉。

我说，孩子们，在未来的日子里，王老师不能再陪伴你们了，但老师的祝福和希望永远跟随着你们。你们长大了，告别少年，走进青年了，生活会在你们面前展开它的五彩缤纷，但同时，也更会暴露它的残酷无情。生活不是玫瑰色的，人生的相当部分时间都会在低潮中度过。你们是重点中学的孩子，你们都有良好的家世和优秀的父母。但是，随着你们年龄的增长，这些东西并不能成为你们获得幸福的决定因素。孩子们，我可以预测你们将要享受到的成功和甜蜜，但我无法预测你们同样将无法躲过的失败与折磨。记住了孩子们，当你颓丧的时候，当你绝望的时候，当你觉得走不过去了的时候，想想老师给你的"永远热爱生命"六个字吧。这六个字，可以构筑起你进入幸福人生的不二法门。孩子们，金钱和地位，荣誉与权利这些东西固然都很重要，但是它们和幸福并没有直接的关系。热爱生命，珍惜生命，创造生命，唯有如此，就算我们只是最平凡的人，也能在最平凡的人生中感受到属于我们自己的幸福。这幸福，就如老师像鉴赏艺术品一样鉴赏和收藏我们一起创造出的这一千多个日子，就像今天我们流着泪互相说我是你的倒影，你是我的倒影。

孩子们啊，你们又要远行了，老师真的有太多太多的不放心。我要送给你们第三件礼物了。我带来了三首歌，这三首歌，是老师对你们最后的要求。

我关掉《感恩的心》，打开我的礼物。

第一首歌，刘欢的《少年壮志不言愁》。

第二首歌，五月天的《倔强》。

第三首歌，江涛的《愚公移山》。

历史、未来、生命、信念、理想、爱……都一一被这三首歌反复诠释着。整个教室庄严凝重，天空无语，山河肃穆。

刘欢在唱：

几度风雨几度春秋

风霜雪雨搏激流

历尽苦难痴心不改

少年壮志不言愁

金色盾牌热血铸就

危难之处显身手显身手

为了母亲的微笑

为了大地的丰收

峥嵘岁月

何惧风流

五月天在唱：

当我和世界不一样

那就让我不一样

坚持对我来说就是以刚克刚

我如果对自己不行

如果对自己说谎

即使你不原谅
我也不能原谅
最美的愿望一定最疯狂
我就是我自己的神
在我活的地方
我和我最后的倔强
握紧双手绝对不放
下一站是不是天堂
就算失望不能绝望
我和我骄傲的倔强
我在风中大声地唱
这一次为自己疯狂
就这一次我和我的倔强

江涛在唱：

听起来是奇闻，谈起来是笑谈，
任凭那扁担把脊背压弯，
任凭那脚板把木屐磨穿。
面对着王屋与太行，凭着是一身肝胆，
讲起来不是那奇闻，谈起来不是笑谈，
望望头上天外天，走走脚下一马平川，
面对着满堂儿孙，噢，了却了心中继愿。
望望头上天外天，走走脚下一马平川，
无路难呀开路更难，所以后来人为你感叹。

一边听，我一边拿起粉笔，用我男性一般刚劲的字体，在黑板上写下了最打动我的三句话：

历经苦难痴心不改

可以失望不能绝望

走走脚下一马平川

最后,我把音乐切换到了贝多芬的《命运》。我说,孩子们,学习很辛苦,创业更艰难。但是,都没有艰难到愚公移山那样的难度。要成功固然不容易,但要成功其实也很简单——只要你能做到两点:一是要有崇高的目标,二是能够持之以恒地坚持。有了目标生活就会充满希望;能够坚持,生活就会有不竭的动力。一个目标,你坚持三年,会小有所成;你坚持五年,会大有收获;坚持十年,会硕果累累。可惜的是,大部分人都不过是蜷身于既定的生活模式中随波逐流罢了。能把一个崇高的目标坚持三年的人也实在不多啊!孩子们,在你们当中,一定会出现著名的人物,但也会出现像你们的老师一样的平凡人。平凡也是一种起点,平凡也有平庸的平凡和伟大的平凡之分。

说到这里,我停下来,打开包,搬出厚厚的一叠书,这是最近两年来发表了我的文章的核心期刊和去年我正式出版的专著《青春之语文——语文创新教学探索手记》。教室里一下子又重新炸开了锅,全班孩子呼啦啦重新涌到台前,哄抢着这些书翻看。孩子们都知道我平时发表文章很多,我偶尔也会给他们念念,但是,以这样的数量和形式出现,还是第一次。

我退到墙角,微笑着看他们一窝蜂地去抢。流在眼角的泪,是甜的。

我悄悄地把音乐重新切换成了《感恩的心》。

我示意大家安静下来。我说,谢谢你们,亲爱的孩子,谢谢你们给了我灵感。除了《青春之语文》,在暑假里,我将开始整理我们的班级故事。三年了,王老师为你们写了几十万字的班主任手记。说到这里,我突然就又哽咽了。这些手记,是老师的财富,也是我们集体的财富,它们将成为王老师的第二本专著,它们也将定格IB班的历史。这本书,是我们的青春专列!这是平凡的王老师对平凡生活的不平凡的感悟,是老师对平凡与伟大之间的关系的诠释。

热烈的掌声响起。台上台下,我们又一次泪流满面。

我说:孩子们,给老师,给IB班留下一句话吧,把它写在纸条上,好不好?让老师永远珍藏你们的祝福和提醒。十年二十年后,当你们重新相聚时，让我们通过这些留言去回顾今天的最后一课。好吗？

这不是阅读课，这不是写作课，但是还有什么更好的课能比今天能让我们更有倾吐的冲动和表达的激情呢？我早就知道，每一个孩子都是天生的作家，在那畸形的应试作文训练的覆盖之下，还有一个秘密的写作世界等着我们去开启和发掘。而今天，这个秘密世界轰然洞开，心灵的泉水和泪水混合在一起汩汩流出，流成了让我将感动终生的文字。

伍勇俊说，王老师，操纵情感是上帝赋予您的能力，我们感受过了，那是我生命中最美妙的体验。中学生活因你而不平凡。

胡英剑说，形虽散，神永存。IB奇迹IB神话，我将永不忘记。

周礼莉说，花儿永远都是香的，草儿永远都是绿的，天空永远都是蓝的，王老师的笑靥永远都是太阳的颜色……

牛晓说，王老师，您在台上读得泪流满面，我们在台下听得泪流满面。您说您是我们青春的倒影；您说，您是因为我们的快乐而快乐；您说，您总是跟在我们后边奔跑，乐此不疲；您说……您教会了我们太多太多，热爱生命、热爱青春、热爱生活、热爱每一天！照片上您的笑容我会永远都记着……

蒋云淞说，IB永恒。是IB教会我自信，是IB教会我勇敢，是IB教会我持之以恒，是IB教会我永不放弃，是IB教会我面朝大海春暖花开，是IB教会我感受生活中美好的细节，无悔这三年，无悔与老师同学们度过的每一天。王老师，我有千言万语想要诉说，却又不知从何说起。感谢您，让我自信，让我开朗，让我坚强，感谢您三年来对我的关怀、照顾，感谢您那句"生子当如蒋云淞"。愿您永远快乐，永远年轻。

……

最让我感动的小小细节是，很多孩子在署名的时候，最开始写的都是"您的学生"，后来又擦去了，把"您的学生"改成了"您的孩子"。

《感恩的心》还在教室里深沉地回响。下课铃声早已经过了，但我没有喊下课的勇气。我挥手示意孩子们可以走了，我说，王老师也给你们留言了，就在"写吧"的"IB日记"中，你们回去上网看吧。

孩子们几个几个地围在讲桌前不愿离开，在我的催促下又一个一个地向我依依告别。到最后，杨雅云、郭丽阳、杨羚箐就是不走。杨雅云这丫头扑上来抱着我哭着叫道,王老师,你教高中吧!

我搂着她,轻轻地抚摸着她的肩和头发。孩子,走吧,教高中也还是有分别的时候。老师的心永远和你们在一起。

以前看电视看电影总觉得这是最俗不可耐的台词,此刻,我懂了,这是最动人最真实最能冲口而出的一句承诺。

是的,孩子,老师的心永远和你们在一起。因为,我是你的倒影,你是我的倒影啊!我们如影相随不离不弃。

最后终于送走了所有的孩子。我关上门,自己一个人静静地坐在教室里,静静地流泪静静地听那首《感恩的心》。张钪的垃圾袋又忘记收拾了,柯晨号的桌子上还是狼藉一片,胡英剑的班服掉在地上了,杨羚箐的字典歪在一边儿,何语婷的书还是那么整整齐齐,钟愚的凳子规规矩矩地放进了桌子下边,黑板上方"宁静以致远"的班训纤尘不染,后墙上的奖状蔚为大观⋯⋯这是IB班的情景,这是IB班的气息啊,让我最后再看一眼,最后再呼吸一次吧。

我坐着,一动不动,任泪水静静地流,任自己在《感恩的心》的旋律中融化、迷失⋯⋯

## 【附孩子们在最后一课上的部分留言】

您还记不记得初一军训时的那个瘦弱、爱哭和林黛玉一样的小丫头?您相信吗?那是三年前的杨雅云。我实在不知道,若是没有您那时候的鼓励和耐心,现在的我会是什么样子,或许品行恶劣,或许庸庸碌碌,或许还徘徊在年级的最后,我凭什么留在外语校,更不用说什么浙江大学,想都别想。王老师,是您在那时候救了我,我永远心存感激,我想,我的初中三年是人生中极大的一个转折,其中主要的因素,除了我朝夕相伴的同学,还有您,我最尊敬的老师,您教我如何热爱生活,如何永不放弃,如何变得坚强,谢谢您,谢谢您,我已经不知道该怎么说了。

在语文的路上,也是您一直牵引我,我或许只是一个资质平平的人,是您教我怎么让语文青春飞扬起来,让我在语文学习上越走越远,热爱语文,就如同自己青春洋溢的生活。

我想，在我以后的日子里，我仍会坚持练笔，我仍会把练笔放到您的桌子上，等您的批语、等级，看着本子上 A$^{++}$ 一日多过一日，对语文，对生活我更有了勇气。

　　初中三年，没有你，没有 IB 班的娃儿们，没有我的阿波班，我的生活不完整。记住，我们的心永远镌刻着，初 2003 级，IB 班。

——杨雅云

　　IB 班，风华正茂，IB 班的我们，风华正茂。让我们共同记住，有那么一段日子，我们有笑有泪。我们一起疯狂，一起怀念，带着一颗还懵懂着的心，带着一颗矢志不渝焕发青春的心。让我们在这一刻共同把时间冻结，我真的希望我们还没有长大，还没有展开翱翔的翅膀，还可以那么无忌地在 IB 班的小巢里快乐。

　　IB 班是我们的骄傲，看看黑板对面我们的果实如此沉甸，看看我们的"少年心事当拿云"，看看我们的"面朝大海，春暖花开"，看看我们的"宁静以致远"吧！刻在我们的心里，更刻在我们青春的路上。想想我们运动会的成就，别忘了我们还有个"全班×300 米"的记录等着破啊！

　　我们的路又向前蔓延得更多了，我们两岸的树向后急速退去。走了，别忘了常回家看看啊！

　　青春路上，幸福有你，IB 班，我们青春的驿站。

——杨羚菁

　　IB 永恒。是 IB 教会我自信，是 IB 教会我勇敢，是 IB 教会我持之以恒，是 IB 教会我永不放弃，是 IB 教会我面朝大海春暖花开，是 IB 教会我感受生活中美好的细节，无悔这三年，无悔与老师同学们度过的每一天。王老师，我有千言万语想要诉说，却又不知从何说起。感谢您，让我自信，让我开朗，让我坚强，感谢您三年来对我的关怀、照顾，感谢您那句"生子当如蒋云淞"。愿您永远快乐，永远年轻。

——蒋云淞

亲爱的王老师：在这最后的一节语文课上，我想写点我的心里话。

我最想说的是谢谢你，真的非常感谢你王老师，谢谢你对我的关心，对我的爱。尽管我平时的语文成绩不好，但你总是支持和鼓励我，还让我当语文课代表；尽管我错别字很多，但您每次都在练笔本上仔细地勾画出来，一次一次地给我勾画出来，谢谢您。我喜欢上王老师的课，您会带我们进入那样优美的一个语文世界。谢谢您，是您的一些语言，您的一些微笑，使我变得越来越坚强，越来越自信，让我从一个有点自卑的人变得活泼、自信、大方。谢谢您，王老师。

我喜欢您，因为您能够让我看到生活有多么的美好。从您的笑脸上，从你的赞美中，我那么强烈地感觉到您是第一个能够让我感受到生活有多么美好的人。您真的是第一个，所以谢谢您王老师。

在以后的生活中，我会活得自信、勇敢，像您那样热爱生活，像您那样青春、美丽（我也要多改正我的错别字）。

——王菲儿

感谢的话很多，一时也不知从何说起！"青春的倒影"，我想，我就是你中学时代的倒影吧！

王老师，谢谢你，是你唤起了我麻木的心，高中三年，我将会全力以赴，我会在"写吧"上留下我高中的足迹！

我的目标是昨天才定下的，或许有些偶然吧！我明白，我自己并不是很优秀，但我一定会让自己的生命不一样。我热爱英语，从暑假开始，我将努力努力再努力，我会成为哈佛大学的学子！

王老师，真的真心感谢你！

——何语婷

花儿永远都是香的，小草永远都是绿的，天空永远都是蓝的，王老师的笑靥永远都是太阳的颜色。祝福您，王老师。永远！

——周礼莉

## 第四辑 爱如潮水

王老师，操纵情感是上帝赋予您的能力，我们感受过了，那是我生命中最美妙的体验。中学生活因你而不平凡。

——伍勇俊

王老师，我最想很真诚地谢谢您，谢谢您在这三年内让我明白了很多事，我觉得我不仅在学语文，我们也在学如何去度过一个幸福的人生。我们会很想您，我以后会常常提起您，我会告诉我以后遇到的人们："我很爱我的语文老师……"

——卢燕佩

王老师，说实话我的确不知道该说些什么，看到一个那么自信、年轻的您，我的青春仿佛在您面前微不足道。别的不说，只愿您快快乐乐，三年了，我讨厌过您，爱过您，您真的是一位难得遇上的好老师，不好意思，这么晚才发现您的好处，才愿和您亲近……希望您的回忆中会有我的影子——开朗、粗心、大方、却语文一般的这么个班长学生。

我会谨记：永远——热爱生命。

——许冰清

王老师，您在台上读着，泪流满面，我们在台下听着，泪流满面。

您说，你是我们青春的倒影；您说，您是因我们才快乐而快乐；您说，你总是跟在我们后面奔跑，乐此不疲，您说……

您教会了我们太多太多，热爱生命，热爱青春，热爱生活，热爱每一天！

照片上，您的笑容我会永远永远记着……

——牛　晓

形虽散，神永存。IB奇迹 IB神话，我将永不忘记。

——胡英剑

您永远都是那么年轻、自信、从容、乐观,我崇拜您!

——谢 宁

王老师,继续保持您这样饱满的精神吧,让您以后的每一位学生都被您的笑容温暖和感动。

——符昊舒

王老师,三年后的小强在您的眼中会变成优秀的人。

——王小强

从您身上让我看清楚了很多生活中的快乐或悲伤或……尽管有时还不太明白,但我总觉得您对您的学生的影响不仅仅只是在语文上,我会永远记住您对我们的叮嘱——"热爱生命"!

——罗 欢

许菁,之所以是今天的许菁,得谢谢您了,王老师。王老师是再特别不过的人,以再特别不过的感情,教育出了我们这个特别的班级。现在,只得谢谢了,突然又言拙了,真的谢谢了,谢谢了,谢谢了……许菁不会让您失望的。

——许 菁

在这初中的三年中,我由一名害羞的小孩,长成一个开朗的小伙子,我学会了少年心事当拿云,学会了面朝大海,春暖花开,更懂得了宁静以致远。谢谢王老师,谢谢IB班,谢谢每一个同学,你们大家对我的帮助,我一辈子也不会忘记!

——潘俊臣

王老师:您是我遇到过的最好的老师。有三个字,现在才发觉份量很重:谢谢你!

——谷 雨

# 第五辑 教而不思则罔

对任何一个教育者来说，其教育失误是难以避免的也是可以原谅的：经验不足啊，工作粗心啊，方法简单啊，褒贬失当啊等等；但是，最不能原谅的教育失误，便是对学生心灵的伤害。

——李镇西

## 初夏的羽绒服

四月末了，天气已经很热了，在太阳底下多站一会儿，背心就得冒汗了。我是害怕感冒的人，但也觉得身体燥热得扛不住两件衣服了，于是也换上了单衣和裙子。班上的孩子更是了得，穿着短袖短裤的大有人在。有几个女孩子，连凉鞋都穿上了。总之，校园里，已经是夏天的架势了。

但是李想竟然还穿着羽绒服。不仅穿着羽绒服，羽绒服里边还有两件棉毛衫。

李想这两周的位置在角落里，所以我也不太在意。读学生日记的时候，看到一个孩子在感叹教室里两重天，说李想穿得如何如何多什么的，我才注意地去看了。果真，李想穿得够多的。

时不时的有孩子嘲笑李想开着善意的玩笑，李想也不理，只是自个儿看书。

在大家都一身春装甚至夏装的教室里,李想实在显得有点儿突兀。

我走过去,摸了摸李想的身上,又用手背试了试她的体温,不热。看来李想是真怕冷,在大家都穿夏装的时候,她还真能穿得住冬装。

我突然想起去年冬天那次"投降"事件。班级长跑的时候,李想死活都不愿意先脱掉大衣围巾,当时我很生气,觉得这丫头太娇气甚至是故意作对。为这事情李想和我闹别扭,我是很下了决心才没去和她较真。但那件事情之后,我对李想多少有点看法,觉得小丫头太倔了,不可理喻!

现在看来,李想确实是有她的苦衷的。她太怕冷,比一般孩子怕冷得多。别的孩子跑步之前都能主动脱掉大衣围巾,她不脱,大概是因为她不像一般孩子一样能很快暖和起来吧。

这样一想,顿觉茅塞顿开。有些内疚啊,当时我可把问题想复杂了。如果能早知道这个情况,那次的不愉快就不会发生了。

孩子之间是很不一样。就比如说这穿衣服吧,李想是四月份的大太阳下还穿着羽绒服,但伍勇俊是数九寒天都穿着件单衣。"推衣及事",孩子之间的差距该会有多大。但是我们平时的教育基本上都是拿同一个标准在要求学生,师生之间矛盾的产生自然就不可避免了。

这件事情给我一个启示,高明的教育,是不是应该是"量身订做"的教育呢?总之,教师是不能只站在自己立场上来设计教育环节的,教师最应该做的,首先是了解学生。

突然又想到了前些天的一件事情。

儿子墨墨刚刚五岁,是一个非常幼稚可爱的小家伙,在家里简直就是我们的一个大玩具。那天墨墨幼儿园要组织他们去动物园春游,墨墨激动得了不得。可是天公不作美,要去的当天偏偏就下了雨。早晨起来,我们就给墨墨打预防针说动物园去不成了,他不信,还是兴致勃勃地往幼儿园去。到了幼儿园,还没有上楼,我们就看到了黑板上春游因雨取消的通知。给墨墨一说,当时墨墨就哭了,一个人抱着幼儿园的一棵大树生闷气,怎么都不愿到班上去。后来听说他们全班的小朋友都伤心得不得了。我好心劝慰墨墨说今天去不了明后天总能去的,但是墨墨很气恼,他说:"我太生气了,我不去了!"

这话说得我哑然失笑。后来还把这事情当作笑谈摆给同事听。我们都笑啊，多小的孩子，懂什么呀，居然还为个春游的事情弄得如此伤心。太好笑了！

今儿因为想到李想的羽绒服，却突然地琢磨出这件事情的不同寻常出来。换个成人受了天气的戏弄没有去成春游生闷气，我们会觉得好笑吗？肯定不会！说不定还会帮着他诅咒天气什么的，可是换作了五岁的孩子，我们怎么就觉得好笑呢？在这"笑"中，其实可以窥测到我们成人的很不正常的一种心理：潜意识里，我们就没有把孩子当"人"。而其实，就连五岁的孩子，也有多么丰富多彩的情绪体验啊！

李想的羽绒服和墨墨的伤心本来是风马牛不相及的事情，但把它们结合起来一想，这两件事情还真有共通之处：对孩子，我们确实还缺乏真正的了解和真正的尊重。

想起陶行知先生的一段著名的话：

你不可以轻视小孩子的情感！他给您一块糖吃，是有汽车大王捐赠一万元的慷慨。他做了一个纸鸢飞不上去，是有齐柏林飞船造不成功一样的踌躇。他失手打破了一个泥娃娃，是有一个寡妇死了独生子那么悲哀。他没有打着他所讨厌的人，便好像是罗斯福讨不着机会带兵打德国一般的怄气。他受了你盛怒之下的鞭挞，连在梦里也觉得有法国革命一样的恐怖。他写字想得双圈儿没得着，仿佛是候选总统落了选一样失意。他想你抱他一会儿而您去抱了别人的孩子，好比是一个爱人被夺去一般伤心……

哦，自以为是的老师们，包括我自己，是得好好品味一下前辈的这些浅显而深刻的哲言了。

教育与幸福生活

给学生以心灵的自由，教师自己就必须是一个心灵自由的人。只有教师民主的阳光，才能照亮学生创造的原野。

——李镇西

## 装修对教育的启示

这段时间生活的主题是装修新房。选房和设计的时候是挖空心思多方比较，施工的时候也丝毫不敢大意。但搬进新居之后，才慢慢悟出虽然尽心尽力为房子和装修"机关算尽"了一次，但依旧留下不少遗憾。身为教育者，职业习惯驱使，我也不能不把这些"遗憾"和自己平日的教育行为结合起来，细细琢磨，静静思考，也还真有不少启示。

### 启示一：没有十全十美的房子

现而今住进的新房是这幢楼的9—4。

为了最终确定这个9—4，我还经过了相当"痛苦"的比较和挣扎。因为当初可以供我选择的有10—1、9—5、8—3等。我综合采光、朝向、空气等诸多因素，最终选定了9—4。这套房子也算我千挑万选之后选定的自己认为比较完美的一套房子了。但是没有住多久，"噩耗"就传来，我的新房的最佳景观——客厅正对的一座小山，长满野草和绿树，学校已经规划为网球场（选房子的时候都已经开始施工），站在窗口就可以朝看朝阳、夕看晚霞的地方，又已经重新规划为学校的"八号楼"。也就是说在这个地方，我自以为窗前最美的风景处，两年内将无比喧闹地崛起一幢比我们的24层的"七号楼"还要高四层的大楼。

这个消息让我郁闷了好几天。

这下才明白，计划没有变化快，生活中根本就没有十全十美的东西。哪怕是暂时的完美，上天也会给予公平的"破坏"。遗憾就是生命的本来面目，甚至也就是生命的本质。

可是教育者，不是也经常犯这样的"完美主义"的错误吗？

在班级的组成上，像躲避瘟疫一样躲避差生；在日常的教育中，对学生的反复恨得咬牙切齿；嫌优生不够可爱，嫌"忧生"不够觉悟……教师（特别是班主任）的情绪，就在这样无孔不入的"恨铁不成钢"中整日处于焦灼甚至"临爆"状态。

深究这种心理，其实就是一种希望"五根手指一样齐"的畸形完美主义心态。这种心态使教师失去了最基本的宽容之心和平常心境，在潜意识中总以培养"精英"为自己的教育使命，因此无法平和地对待学生的调皮捣蛋和执迷不悟。这种急功近利苛求完美的心态会让教师在希望和失望的交替折磨中最后跌入失望的深渊，从而磨蚀掉自己的职业兴趣埋葬掉自己的职业信念。

作为教育者而言，信念相信人永远成长，教育的伟大之处就在于尽量以更长的期限（甚至是一生）作为人的成长区间。这种教育气度就来自于认可学生的不完美，善待这种不完美，坚信不完美会朝着比较完美的方向发展。所以，欣赏这种不完美，以智慧和爱心建设这种不完美就是教师的思想素质和业务素质之根本所在。

没有完美的房子，也没有完美的学生。只有在这样的理念下生活和教育，才会活出真实的幸福，"育出"真实的个体。

## 启示二：家具还是不要固定的好

依据房屋空间尽可能地节约场地制作壁橱柜子已经成为了近十年来装

修的共识。这一次我也是如此采纳了装修设计师的建议,所有的家具都由装修公司现场施工制作。确实这样的设计和原来的房子是"珠联璧合"的,但是搬进去后不久,我就发现了一个严重问题:装修公司制作家具,为了节约成本和空间,所有的家具都是固定在墙壁上的,业主在拥有新居的同时,也完全失掉了对房屋的"二度处理权"。除非重新装修,否则你就只能永远生活在设计师操纵的"阴影"之下了。

这个发现也让我很沮丧。当初在设计家具的时候,为什么就没有想到给自己留一点自由发挥的空间呢?

当一切固定之后,"舒适"和"整洁"就成为一张僵硬的面孔,缺乏生活的激情也缺乏人情味儿了。

在我们平时的教育中,也经常在不经意中犯同样的错误。

这个娃儿没得救了!

这个娃儿完了!

算了算了,我不管你了,你想怎样就怎样,三岁看大,五岁看老,老师把你这一生都看完了。

这个娃儿现在成绩就这么好,以后肯定有大出息!

这个娃儿不摆了,前途一片光明!

……

诸如此类的埋怨和赞扬,在我们的教育中不是经常听见吗?

其实此类言论都经不起推敲。究其原因,它们都早早就把学生的位置"固定"了。因为学生在某一个年龄阶段的优秀或者糟糕的表现(甚至是学习成绩上的表现),而把学生的人生位置在自己的心灵中早早就作了一个判断性的"规划"。这样一"固定",必定会影响到教师的教育心理,在采取具体的教育措施的时候,必然会受到不良的暗示,导致教育指导思想的主观片面、教育行为的偏激鲁莽,对差生失去信心,对优生又流于放纵。而教师的这种自知或者根本不自知的行为会对学生的成长产生严重的负面影响。

后来在一个偶然的机会我看到了现在国际流行的一些装修新理念,其核心观点就是把房屋安排得越灵活越好:相同的房屋可以满足人生不同年龄阶段的需求,既可以满足眼前的需要,也可以满足长远的需求。可采用软性的方式（有不同使用方法的不确定的、开放的空间），也可以采用硬性的方式（靠可移动的分隔物和折叠式家具）来实现多种用途。

教育也应当有这样的胸怀：让自己的心灵和我们的世界都成为孩子能够自由成长的空间，温情而理性地审视每个孩子，不把任何一个成长中的孩子（其实人的一生都是成长的过程）固定在生命的某一个点上，同时尽可能地为孩子们排除成长过程中必然要碰到的"固定障碍物"。

教育有了这样的智慧和信念，其获得的就是教师和学生的共同进步成长。

## 启示三：该不该把电视作为客厅的主角

因为装修房子和一位北京来的资深设计师接触，他和我聊天，说到现在中国装修的许多怪现象，很让我开眼界。他说，比如中国人都喜欢搞个电视墙什么的，用整整复杂的一面墙把个电视机供着，这电视机凭什么就成了一个家庭的最主要角色呢？还有，吊顶的时候喜欢用曲线，不大的房子，头顶上弯弯曲曲的好些杠，弯得人心中别扭。前些年的装修还更莫名其妙，喜欢搞个墙裙什么的……他说现在世界上最流行的北欧简洁风格，都是没有顶灯的，客厅里都不会有电视墙，电视只在客厅的一角。客厅就是客厅，几个沙发围拢过来就可以了，客厅是给人设计的，为什么要把电视机供起来呢？

这位设计师说，中国人的这种设计取向，其实一来说明中国人穷，连个电视机都当回事情。二来说明中国人繁琐，以繁求富，以繁求美。中国人就不知道美的最高层次就是简单、简洁、简约。他说在真正的发达国家，谁像中国人这么铺张浪费地吃和玩的。

虽然我最后依旧还是设计了"电视墙"，还是很"落后"地在家里已经有了三台电视机的情况下把客厅的电视机"供"了起来，但这番聊天还是很让我怀念，因为，它不仅让我开了眼界，更为有意思地是它又一次让我反思了自己的教育行为。

中国人因为穷的惯性思维所以爱把电视机拿来"供起"，那我们搞教育的又无意识中爱把什么拿来"供起"呢？

是分数、是名次、还是各种各样的评价指标？

其实分数名次评价指标这些东西本身都没有什么过错，就像是客厅中的电视机，也肯定是不可少的东西一样。问题是我们的家居生活（或者干脆缩小到客厅的家居生活）的主题到底是什么？其实仔细想一想这个问题并不难回答，家人好不容易坐到一起，不应该是为了一起看看电视，更应该的是能在这个属于大家的公共空间里进行爱和思想的交流（当然看电视也是一种交流，但我们也必须承认看电视大多数时候是需要安静的，它更是个体思想情感的一种享受）。既然如此，电视机就完全没有必要作为客厅的主要物件而被赋予崇高的地位。客厅里应该营造的是更融洽更和谐的交流氛围，从这个意义上来说，西方的装修理念确实有它相当先进的一面。

教育也是如此，分数名次诸多评价指标的根本目的是什么？应该是为了育人。离开人的进步觉醒和成长，这些冷冰冰的数字实在是没有任何意义。从理论上来讲这并无任何争议。问题是，在实际的操作中就完全变味儿了。真正的主体——人倒是被远远地抛到了一边，上级行政部门只看升学率不看人，学校领导也只看名次看流动红旗的多少不看人，甚至连社会舆论也穷炒某某重点中学考上了多少清华北大的新闻。这些现象来自于教育的异化，也加剧了教育的异化。当分数名次成为了悬挂在教师和学校头上的"死亡之剑"，在教学现场和第一线的教师就永远没有平和良好的心态面对教育，学生也就永远享受不到真正民主和科学的教育。因为，在为了分数（这个东西在任何时代都不能公正得衡量一个人的成长）冲锋陷阵的教育中，学生的尊严最容易受到践踏，学生的个性也最容易受到摧残。

就如在发达国家，控制看电视的时间，回归绿色生活已经成为共识，而中国人却正前赴后继地沉迷在电视机前；也就如在发达国家，环保人士以弃车步行或者骑自行车作为时尚，而中国人正在疯狂买车——在道路建设还远远赶不上需要的时候。

为什么在我们的生活和教育中，人总是被有意无意抛掷在一边，而物却总成为了主角呢？

在"以人为本"的口号被喊得震天响的今天，我们不承认差距，不反思是不行的！

不知怎么的，每当读到写钱先生如何如何"与世无争"的文章时，我往往会情不自禁地联想到其他"与世有争"的文化名人：冰心老人一篇《我请求……》，唤起全社会对基础教育的重视；巴金老人"建立文革博物馆"的呼吁，提醒我们永远别忘民族的伤痕……在我们这个"人微言轻"的社会中，普通人有理由期待知识界的精英——特别是那些具有崇高威望甚至国际声誉的文化巨人——放弃个人的名利而为国家进步民族振兴"争名夺利"，成为真正的"社会良知"！

——李镇西

## "超级女声"给教育的启示

我一向是不太敢看娱乐节目的，因为恐惧喧嚣背后的华而不实哗众取宠。决定看风靡全国的湖南台的"超级女声"，是为了教育学生：作为班主任，我不敢忽略孩子们热衷的任何东西。我抱着吹毛求疵的心情来看节目，希望看完之后给孩子们的教育能够切中要害一些。但结果是：我被节目的创意深深吸引了。窃以为，"超级女声"的设计理念，对教育者特别是对班主任工作很有启示：

### 一、以竞争为主旋律，但绝不以竞争为目的

"超级女声"的竞争肯定是白热化的，从最初的海选走到现在的十强

赛、八强赛，每一次淘汰都惊心动魄。但使人耳目一新的是，超级女声的竞争却不给人弱肉强食血腥屠杀的感觉，而是从头至尾都充满了温情和热情。其中有些情节的设置特别人性化：比赛当中为对手拉票的"拉拉唱"，站上PK台后对手的相互祝愿，赛手提前写好的"假如我落选"的心里话、评委对被淘汰选手的深情鼓励，比赛给予选手的最后一次展示机会……这些环节使本来血腥的比赛被真情环抱。在超级女声的舞台上，观众既能够感受到比赛的剑拔弩张，更能享受到对手之间的彼此激励留恋，因此才会有选手和观众一次又一次的泪洒舞台，情动比赛。如此比赛，对选手对观众的心灵都是一次润泽和升华。

而现行的中学教育不可避免的还是一种选拔型的教育，竞争出现失败者本是自然现象，问题是我们作教师的，又给了这些失败者一些什么呢？竞争时候的"只看分不看人"已经是残酷，成绩出来之后面对失败者教师往往手段过激：轻则大动肝火，勒令检查，重则召唤家长，罚站动手，更甚者则有扫地出门的大动作。总之，教师在失败者面前最容易没有耐心耐性，没有冷静宽容，没有期待远见，没有条理方寸。一言以蔽之，没有了教育者的胸怀、智慧和热情。这样的现象不是比比皆是吗？

要竞争，但如何消除竞争的负面影响。竞争本就不是目的，而是为了表彰更多的成功者，激励更多的暂时失败者。"超级女声"极富人性化的创意确实值得我们借鉴。

## 二、靠实力取胜，但不仅仅靠实力取胜

"超级女声"把握得很好的是："超级女声"就是"超级女声"，而不是"超级女身"。在进入决赛的选手中，外形特别靓丽的并不多，选手中可以说没有一个是"花瓶式选手"，她们的成功必须依赖于外表之外的其他东西。

首先是实力。唱歌就是唱歌，从评委和观众的关注来看，歌唱水平是其能否晋级的关键因素。这些女孩子大都并非科班出身，经过短暂的训练后，她们便要靠自己对音乐的理解来演绎音乐。在流行乐坛已经相当成熟，观众多半具有火眼金睛的背景下，"超女"们必须有真才实干身怀绝技才能晋级。实力应该是竞争的内核。

但有实力还不够，还要有特色。朱妍在进入十强赛的时候惨遭淘汰，不是因为她唱得不好，而是因为歌唱得比较平庸，缺乏独特的东西。而李宇春周笔畅人气特旺的重要原因就是她们极富个性，很轻松地就把自己从芸芸歌手中区别了开来，给了人独一无二的印象。个性的本质其实就是超越平凡，就是创新。唱歌是如此，其他事业又何尝不是如此？

除了实力和特色，影响其水平界定的还有一个重要因素——那就是歌手的品德习性。记得在十进八的决赛中，在赵静怡和纪敏佳PK赛的一幕，赵静怡的表现很失态，无法控制自己的感情，而纪敏佳却自始至终镇定自若，而最后纪敏佳以一票胜出，不能不说她的大气稳重为她赢得了这关键的一票。

实力个性品行的三重合力形成的整体素质将决定选手去留，这是综合素质的挑战。而在我们的现行教育中，评价标准却往往非常单一：分数高则上，分数低则下。虽然素质教育喧嚣了好多年，虽然新课程标准最提倡的就是学生的个性化发展，但是实际情况却依旧是分数一统天下，考试定人终身。当然整个教育制度的改革不比一次娱乐节目容易规划和实施，但是"超级女声"所体现出来的重能力素质更重人文素质的理念却是值得我们教育者思考的。

### 三、让大众真正参与，而绝不仅仅是作旁观者

"海选"肯定是有负面影响的，但这种创意本身还是有值得推崇的地方。正如活动的主题曲中所唱：想唱就唱，要唱得漂亮。这种创意给了任何一个喜爱唱歌的女孩子一个公平的机会和相同的起点。除此之外，最令人感动的是，在评委制度上，这个节目多层次多纬度的投票线路设计别出心裁，真正地做到了"全员参与"。

全国普通观众的投票和专业评委的投票相补充。外行看热闹，内行看门道。看热闹有看热闹的理由，看门道有看门道的原因。从不同侧面看，从不同角度看，就更能看出歌手的优点和特色，从而让歌手不会因为评委品味好恶的差异而被埋没。

就是专业评委的投票，也采取了不同的方式，有现场点评辅助观众投票的，有分别投票的，有合议投票的……这实际上就形成了一种监督机

制，让评委能在比较客观公正的压力下作出评判。

比赛中最动人心扉的是现场大众评委的投票。这些评委都是"海选"中的优秀者，让他们作评委，本就具有一种人文关怀。每一次的"PK"赛的这一轮投票，评委和选手之间的互动都让人唏嘘不止。因为，这些评委，是最热情的参与者，也是对台上马上将要承担失败压力的选手最感同身受的人。因此他们的每一票，自有与众不同的分量。

因为投票形式的丰富，也就给了选手以多方位展示的机会。评委和选手们在整个比赛中不是对头，而是亲密的能够互相理解的朋友。他们站在同一战壕，共同构筑了"超级女声"的独特魅力。

这样多层次多线路多方法的情感式投票，在以前的娱乐节目中是少见的。

而在我们的教育中，我们的评价制度，又是多么的单一冷酷。学校是优生的舞台，是"忧生"的地狱。教师温情脉脉的眼中只有排名靠前的学生，而中等生和差生很难得到真正的关注和关怀。于是不少学生无可选择地沦为了"旁观者"。作为旁观者，他们的心智和个性怎么可能得到充分的发展呢？在现实的压力下，其实我们依旧是可以改变一些，让"旁观者"们参与到真正的成长中来的。到底是什么在作祟？除了制度，还有一些盘踞在教育者心灵深处的东西吧！

当然作为有很强的功利性质的娱乐节目，"超级女声"绝不是十全十美的。但是无可否认的是展现在其中的诸多理念却是先进的，值得我们教育者思考的。记得有一个评委在赵静怡败离PK赛台的时候，曾经说过这样的话：赵静怡，你用错了一个词，你不是被"淘汰"了，你只是暂时离开这个舞台。你还会回来的，因为你已经成功了！

"你只是暂时离开了这个舞台"，说得多好！如果我们的教育也能有这样的胸怀，那么中国的教育现状、学生的精神现状应该很不一样吧。

培养学生开放的思想———一种海纳百川的文化胸襟，一种高屋建瓴的人文视野，一种不畏权势的民主意识，一种独立思考的批判精神……

——李镇西

## 谁在为教育贴金

手上有一份"科教文卫"的《内参选编》，是一位热心的家长推荐的。复印给我的这部分，主要内容是山东省某中学的教学改革调查。题目倒并不太新颖，叫做《只为优秀学生着想是教育的悲哀》。

感动于家长的用心，我认真地读了这份《内参》。

对《内参》这个东西，我向来是心生敬畏的。当然，到现在我也并不太明白哪些单位有资格出《内参》，又有哪些内容才有资格上《内参》。

按照《内参》上的介绍，这所中学是偏居鲁西北的一所初级中学。1997年前，这所中学在全县23所初中中连续10年排名在后三位，考上高中的人数一直为个位数，而且主要靠复读生。该校辍学率曾经非常高。有一个班，初一时有70名学生，到初三中考前只剩下11人了。但是，由于进行了教学改革,学生的学习过程得以优化,近年来这所学校的升学率逐步上升,到目前已经处于全县初级中学的前列。去年中考,全校报考重点高中的268名学生有267名被录取。

按照惯例,文中提到的这所重点高中应当是该县最好的中学。如果照升重点中学的比例来看,这所学校的进步确实让人佩服得五体投地。268名学生报考,267名学生成功。也就是说,升入县里第一流重点中学的比例是99.6%。

除了"奇迹",我找不出第二个更好的词语来形容他们的改革成绩。

但到底是什么创造了这"奇迹"呢?我迫不及待地仔细看下去。

《内参》中涉及到了具体改革措施的只有不到一千字。这一千字也有一个标题,叫《加减组合使课堂焕发生机》。

怎么样进行加减组合呢?主要做法有三个方面。

最有特色的似乎是拆除讲台。这个中学的24个班,任何一个教室里都不设讲台。后来改革更加深化,为了进一步体现学生在课堂上的主体作用,这所中学又把全校所有班级的教室布置全部改成了小组对桌的排列方式,学生由面向前方变成了互相对坐。

为了保证教学效果,这所学校还有许多限制性规定,"不准教师站讲台"、"不准教师板书"是其中的两条。他们还推广了"10+35"的教学模式,即"一节课上,教师占用的时间不能超过10分钟,其余时间要交给学生自己提出问题、分析问题、讲解问题"。

另外,1999年起,学校从三方面对教师进行量化考核,突出学生的参与程度,一看课堂气氛,二看课堂形式,三看学生参与活动的人次。一个班五六十名学生,一节课下来有多少人次得到表现机会,也是考核的重要内容……

他们的校长解释说:拆除讲台,只是形式上的变化,但其反映的却是教学理念的转轨。教师是教学过程的策划者、组织者、合作者。学生是整个教学过程的主角;教学的重点必须转移,学会学习比掌握知识更重要。

还有其他的措施吗?我希望还有,但就是没有了。其他的大段大段的文字,实录的都是本校学生老师们唱的赞歌。

我不禁困惑起来。

如果按照该校去年升县重点高中 99.6%的比例，这个学校还有差生吗？既然没有差生，还谈什么《只为优生着想是教育的悲哀》呢？

天啊，这所学校居然不会产生"差生"！

当然，这里的"差生"，主要是指"学习"上的困难生，就如《内参》上所证明这所学校教学改革的主要成就还是"重点中学升学率"的大幅度提高一样。

这于我是匪夷所思的。

我自己也做了十来年的老师和班主任了，在乡村中学、县中、市直属重点中学都呆过，看到的了解到的学校更是无数。就是在我们这个直辖市的最好的学校的最好的年级，谁敢拍着胸脯说："我这里不会产生差生"？事实也证明，要让学习差生不出现，这对于一个学校，几乎就是白日做梦。

因为从加得纳的多元智能的角度来分析，现在中国的考试制度产生学习特困生本就是一种必然。成千上万的学生面对几张相同的考卷，标准是不变的，而人的智能倾向是绝对有差距的，不可能人人都在考试面前游刃有余。这实际上决定了产生差生的必然性。而且，明眼人都知道，现在中国的考试就是选拔型的考试，你就算没有差生，也得给你考出差生出来。十几亿人口，还得靠着考试较为公平地划作三六九等呢！

当然这还是最客观的一种分析。现实的情况也许更让人沮丧。比较了解教育的人可能更知道差生群体在现在中国校园中的惨烈现状。前段时间网上曾流传着一篇热点文章，叫做《我不相信教育》。作者是深圳一所重点中学的数学教师，也是一位一腔热血放弃辉煌仕途决心投身教育的青年教师。他用含泪的笔愤怒地记叙了自己所见到的让人扼腕的差生现象。所有的老师读了这篇文章都如见知音。因为，在中国的大部分校园，甚至可以说在中国所有的校园中，有几个教师不被差生现象折磨得狼狈不堪呢？

甚至最好的中学也无法逃避差生。学校要生存，教师的待遇要提高，所以相当部分行为习惯和学习习惯劣等的"钱学生"、"权学生"反而成了学校的"生命线"。

不管是从心理学的角度还是从社会学的角度来分析，在今日中国的校园产生差生都是必然。

我们说"没有孩子是差生",是站在另外的一个平台诠释教育,那是教育的理想境界或者说是教师应该坚守的一种人道主义底线。而在残酷的应试和竞争面前,这一类论调只能让背着排名榜和升学率跟跄前行的一线教师们感到更加悲凉。

可是山东的这所学校居然就可以"消灭"差生。好吧,难道他们有什么灵丹奇药可以妙手回春。可是,他们有吗?

我们只能说这位采写报道的记者不过是个教育的门外汉,在他的文章中津津乐道的几条教改经验会让稍微懂一点点教育的人连读下去的兴趣都没有。

好成绩是仅仅这样就可以得来的吗?

把教师从讲台上撵下来。

让课堂热闹起来。

把教师的讲述强行控制在10分钟以内。

教育如果这样简单,还要我们教师做什么?教育如果这样简单,教育改革怎么就这样举步维艰?

在这些教改措施中,我除了看到几句现在也并不算太时髦的迎合新课改的话以外,我没有看到任何实质的内容。

其实,老师们心里都清楚得很,在某种意义上来说,教学和考试根本就是两回事。在课程改革的压力下,不是许多无可奈何的老师们(甚至也包括我)也不得已两条腿走着路:一边要拿出活色生香的教改课出来,一边又要为应对考试扎扎实实地大搞应试训练。

您到各地的初三高三去看一看,是把讲台拆除了老师只讲十分钟就能解决问题的吗?

莫斯科不相信眼泪。考试不相信时尚。不信,您仔细分析一下现在的中考高考试题,您不老老实实地一个知识点一个知识点过关行不行?

民主解决不了多少问题。而科学,教育的科学对于中国的教育来说也还是一本糊涂帐。起码语文学科是这样的。

再从教与学常识来讲,"课堂好像就是教育超市"、"我们不追求滚瓜烂熟,只求理解领悟,学习的过程轻松了,学习也就有了兴趣"的教育状态又符合科学的教育观和学习观吗?

我认真地在字里行间寻找着这所学校取得辉煌进步的真正内因，但最后还是失望了。除了看到现在正在被反思甚至被批判的一些时髦的口号作法外，我实在很难发现他们还有什么绝招。

总之，不管是从这所学校的教改实绩还是从教改手段来分析，这则调查报告的真实性都很让人怀疑。

于是我想，他们的"99.6％"的让人咋舌的佳绩是如何弄出来的呢？我想不明白。

我们这边儿也有号称"初中教育专家"的所谓名校。他们的很重要的手段之一就是尽量劝说没有把握考上重点高中的中等生和差生以各种理由留级，而让有把握考上重点高中的学生参考。以此制造出高优生率。

我以前一直以为这种残忍虚伪的现象只是我们这些不发达地区的特产，近期看到铁皮鼓的文章《谁的眼泪在飞》，才知道，其实，这根本就不是什么新鲜事，全国各地都这样搞，越是农村中学越这样搞。

改革成绩就是这样搞出来的。

但是我希望山东的这所学校不是这样的。我希望他们真是有绝招，而只是因为记者的疏漏没有写出来罢了。我还更希望我今天所说的一大堆都是胡说八道，他们真是已经找到了一条"既能满足升学率，又能使学习变成愉悦学生身心过程"的康庄大道。我希望他们的经验能大大方方地登上《人民教育》，希望当我们这些还在迷惘中的教师去实地考察的时候，他们能够给我们真正的震撼，抚慰我们这些在应试的压力下依旧日渐焦灼伤痕累累的心灵。

唯一不希望的是，这其实只是一个谎言——为了配合某些领导干部的升迁的需要。就如文革时期的"人有多大胆，地有多大产"。教育也开始浮夸了？

教育承担的是所有学生和一个民族的未来，教育经不起谎言折腾。

谁给教育贴金，谁就是犯罪。

教育与幸福生活

《学会生存》中指出：教育的根本问题是要"培养"一种能动的非顺从非保守的精神状态的人。这种人不但有着自我超越自我建构的需要，而且自觉地把自己的发展与社会的进步紧密联系在一起。

——《教育人学》

## 谁来同情教师

我班上的数学老师是年级另一个班的班主任。前段时间因为学生不遵守纪律，便对部分学生施行了罚跑的惩罚措施。不幸的是，一位女学生在这次罚跑中晕倒了。因为各种偶然的因素，使这次事件不断扩大。后来，在这位家长的强硬的坚持下，学校不得已作出了让我们的数学老师调离教师工作岗位一年等处罚决定。

这样的处罚，在外语学校的历史上是史无前例的。不仅是在外语学校，就是在整个重庆市和整个教育界，也数得上是凤毛麟角吧。值得一提的是，我们的数学老师，在教学上堪称一流，是重庆初中数学界数一数二的教师。教学业绩不凡，也深得学生的爱戴。

同为中学教师，自然难免有些兔死狐悲。但我写这篇文章，并不仅仅是想为这位数学教师鸣冤。我不敢说在这个事件中，我们的数学老师就没有过错。我一向是不屑于罚学生跑步的，两年前，我就写过一篇教育散文叫《我不罚跑步》，后来还发表在教育类核心期刊《班主任》上。体罚学生纵然有再大的理由，毕竟不是理直气壮的做法。我也不敢说我们的数学老师就没有其他的过错。据说那位较真的家长抓住了数学老师很多把柄，得出了数学老师师德不佳的结论。其中的原委我并不十分清楚，但是我能够保证的是，作为班主任，据我对这位数学老师的观察和了解，她起码是一位有爱心有能力也有工作热情的教师。调离工作岗位一年的处罚，对她实在是太重了！

据说那位得理不饶人的家长是一位颇有权势的领导干部，他深谙法律条文，对于我们数学老师的失误毫不手软，号称要用法律来维护自己的权利和尊严。我对这位深具法律意识的家长非常佩服。但同时，也对我们教师的命运感到可悲：

谁来同情教师？

就在前几天，报纸上的两则新闻让我们做教师的不寒而栗。其中一则新闻讲的是一位教师勇救落水儿童差点牺牲的事情。另一则新闻讲的也是关于教师体罚的事件。但令人心寒的是，标题耀眼，版面鲜艳夺目的是体罚的新闻，而教师见义勇为的新闻则被安放在很不起眼的一角。如果不注意的话，不会有人去重视这条角落里的新闻。

很多老师被这个对比激怒了：这就是新闻的导向吗？这就是社会对于教师的态度吗？

也有老师无奈地说：新闻的目标本就是猎奇，这两则新闻奇怪的安放方式不正证明了教师体罚还不过是"新闻"，而见义勇为恰好正是大部分教师的正常师德表现，有什么可以值得大加宣传的必要呢？

这样的说法没有能够安慰我，却反倒更让我感到了身为教师的可悲。

还有什么职业能比教师职业更危险呢？我们尚且不说这个职业的辛苦，不说在公务员们"朝九晚五"时，中学班主任却必须"早六晚十"的工作现状，不说教师们承受的巨大的升学压力和社会期待，单单就是教师们生产的这个"产品"，就足以令一般人不敢想像了！

这些产品是世界上最特殊的一类产品：未成年人。

对于这些产品，积聚太多不同人群的不同角度的希望。

*243*

首先是社会的希望。学校是附属于社会上层建筑的，社会主流思潮对中学校园有明确的培养指向。然而学生不比任何一个机器零件。原材料是不会有思想的，它绝对服从指挥，但是再好的工人也难免会出废品，更何况具有思想和强有力行动欲望的人。于是教师的工作成了最容易失败的一类工作——说得好听点是最有创造性，说得直白点是工序最复杂，不可控因素最多。面对这样的产品，如果稍出一点错，你要承受的不仅是一般产品出废品的惩罚，最为严酷的是，除了社会的责难，你的对立面还有一个无比巨大的，心态各异的家长群。

这个群体甚至比社会本身还要可怕。

因为社会的原因，这个家长群是一个心态难免畸形的随时都可能爆炸的群体。

不能完全怪他们。谁让独生子女政策已经在中国社会成功实施了好几十年呢？谁让中国社会经济还不算发达，社会保障体系还很不完善呢？谁让社会竞争残酷得不可避免呢？谁让几千年的中国传统文化过于看重立身扬名的价值过于吹捧封妻荫子呢……太多的原因让整个中国家长群疯狂地去宠爱孩子，然后又疯狂地逼孩子成才。社会的要求本已经让中学教育喘不过气来了，家长的良好愿望更把教师们逼上了绝路。

但是，家长们似乎从来无视一些现实：

现行的教育是选拔式教育。选拔就要淘汰，淘汰必然导致一些孩子学业上的不成功。所以"只有不会教的老师，没有教不好的学生"实在是天大的谬论。如果都教好了，我们还怎么淘汰？

交在教师手上的孩子早已经不是白纸，早已经深刻地打上了父母和家庭的烙印。孩子不成才，谁之过？就只是教师之过吗？

这其中的悖论还有太多太多。就是昨天吧，在《重庆时报》上看到一则新闻，一名五岁的小男孩儿必须家长和保姆喊他老爷才肯吃饭，为此一连气走了三个保姆。可以想像这样的孩子如果到了学校可能会是怎么样的情形。可是教师是不能被气走的，那么教师将会面临着什么呢？

让人揪心的是，只要稍对中学校园有所了解的人都会知道，比那必须喊"老爷"才吃饭更顽劣的孩子多得是！这样的孩子说不得，训不得，打不得，罚不得，而社会又要他成才，家长还期望他成器。有谁知道：夹在其中的教师有多难？

法律自然是公正的，但也是无情的。而教师的工作，也是最具有情感的，甚至是没有情感就无法实施的一项工作。情感这个东西没有标准的容器可以衡量，那么，纯粹以僵硬的法律条文来衡量教师的工作是否显得太生硬太简单了呢？

教师们过教师节已经十几年了。但是这十几年来，除了工资待遇的提高外，教师的社会地位却越发尴尬了。太多的期待太多的要求太多的责难太多的委屈让教师们身处夹缝喘息艰难：政府社会要能力，学校家长要分数。在这畸形的索求下，社会和家长还同时要孩子们的身体健康和心灵健康。可是，谁来关注教师们的身体健康和心灵健康？

就靠那一年一度的教师节吗？

早就有头脑清明之人说过了：妇女节不自然消亡，妇女的地位永远可忧。同样的道理，每年的教师节的锣鼓敲得越响，教师们的地位就越让人忧虑。

谁来同情教师？

# 第六辑　源头活水

第六篇　威夷砂市

学生学习越感到困难，他在脑力劳动中遇到的困难越多，他就越需要多阅读：正像敏感度差的照相底片需要较长时间的曝光一样，学习成绩差的学生的头脑也需要科学知识之光给以更鲜明、更长久的照耀。不要靠补课，也不要靠没完没了的"拉一把"，而要靠阅读、阅读、再阅读，——正是这一点在"学习困难的"学生的脑力劳动中起着决定性的作用。

——苏霍姆林斯基

## 教育情怀当是诗

——兼推荐王艳慧《老师，我要你做我爸爸》

渐进入《老师，我要你做我爸爸》的故事深处了，我的心便也在山重水复之中越发焦灼起来。幸运的是，故事有一个很明亮的结局，虽然似乎有些不够刺激。但我依旧长长地松了一口气，满心为这"不刺激"快乐着。作为一个孩子的母亲，作为和故事中的主人公年龄相似的一群孩子的语文老师和班主任，我的心愿在外人看来也许微不足道，那就是：

让每一个孩子都幸运如故事中的朱珠，但愿他们的青春都安然无恙。

"安然无恙"，这只是我们教育者为之努力的底线。但是，在日益光怪陆离的现代生活中，在越发波谲云诡的成长环境里，就是这样的一个底线，不是也往往无奈地沦陷吗？

于是，在不可回避的教育的枯燥和乏力面前，我更加羞于提起我们追求的"上线"：

让教育情怀总是诗。

前些年，我还更年轻一些，喜欢铺陈灿烂斑斓的文字。有一次，在学生的作文本上，同情着一个比较叛逆的孩子为早恋所缚的灰色心灵，我自以为高明地写下了一个句子：

少女情怀总是诗。

我想，我的温情和理解应该有足够的浮力去承载一艘正在下陷的青春之船吧？

但是，那个孩子并不领情，在我龙飞凤舞的红色批语下，她用轻描淡写的钢笔字留下了意味深长的嘲讽：

在今日的教育下，少女情怀总是死！

一字之差，却道出了教育者和被教育者之间巨大的期待落差。当我们一厢情愿的诗情在学生的心中沦落为讳莫如深的调侃时，我又一次地感觉到了青春对教育的抵制和讥笑。

学生甚至懒得质问我们：老师，你们到底理解我们多少？在他们的眼里，师生的隔膜对立是自然现象。

在这里，我没有时间去探询造成这种隔膜的表层和深层的原因。挥之不散的传统阴魂也好，畸形的应试压力也罢，总之，谁敢拍着胸膛说：我们的教育是诗意盎然的！

清醒的教育者恐怕都不敢。

所以，现在，谈起对学生的"理解"二字，我总是格外小心。年龄和阅历的增长让我渐渐明白：对孩子，理解不仅仅是宽容，不仅仅是原谅，甚至理解本质上也和"爱"无关。因为对于师长而言，"宽容"和"原谅"本就是一个居高临下的词语。而"爱"的背后，往往藏着裹着糖衣炮弹的专制。

而理解是什么呢？理解是平等状态下的换位思考，是海纳百川的胸怀和风范，是循循善诱的等待和引领，是师心和童心的默契相融……

如果在这个意义上，我们再来回视《老师，我要你做我爸爸》这本青春小说，我们就可以通过轻灵活泼的故事和文字，感受到一些别样的精彩和厚度。

　　这些精彩和厚度，是通过主人公朱珠——一个十三岁的初一年级的小女孩儿在青春的梦魇中成功"脱险"展示出来的。这个线条流畅也并不太错综复杂的青春故事其实暗含了一个让人揪心的"如果"。

　　如果朱珠遇到的不是倪老师……

　　青春如不系之舟，命运不会怜悯"十三"这个还单薄的数字。小女孩儿朱珠一出场，生活与她的"脑筋急转弯"游戏就已经大张旗鼓地拉开了序幕。所有的题干都让人眼花缭乱：网络情缘、同学矛盾、恋父情结、空降爱情、母女隔膜、寻父历程、自我价值……山雨欲来风满楼，在让人眩晕的青春体验中，小姑娘朱珠的十三岁小脑袋能有"急转弯"的能力吗？

　　她当然没有！这就是生活的悖论：青春的花朵如此娇艳，但青春的天空又常常阴霾密布。一不小心，便会"昨夜雨疏风骤"以至于已经"绿肥红瘦"之时，我们依旧还在"浓睡不消残酒"。不是吗？当十三岁的小姑娘赤手空拳地在为自己的青春突围时，就连最爱她的人——和她相依为命的母亲，也对女儿正在和即将要面临的考验一无所知。

　　这就是现实：爱着，却常常依旧只是睁眼瞎。

　　真为朱珠捏一把汗啊！如果她遇到的不是倪老师——

　　好老师也很多啊！如果把评价标准放宽一些，我们很难说现在的很多老师（包括我自己）就是"坏老师"。问题是，我们这些"好老师"，有能力面对和处理朱珠们的困惑和矛盾吗？

　　教出了好分数的老师不一定是好老师，

　　治学严谨的老师不一定是好老师。

　　温柔善良的老师不一定是好老师。

　　勤劳负责的老师不一定是好老师。

　　……

　　到底什么样的老师才是好老师呢？

　　毫无疑问，作者在小说中全力塑造的倪老师这个角色是超越了我们平常的对于老师的评判标准的。这是一个比较理想化的形象，我们需要从文学和心理学的纬度去欣赏和解读这个人物，才能体察到作者的美丽用心：倪老师已经不仅仅是传道授业解惑的普通老师了，他是引领花季少女平安度过青春期的导航者。他的睿智，他的胸怀，他的品格，他的学识，他的才能，他的责任心，他对待学生如父如友的风范，昭示了当代中学生对于教师形象的高层次的期待。

这种期待的本质是：诗意的教育引领诗意的青春。

《老师，我要你做我爸爸》无疑是现实主义的。它以十三岁的小姑娘的眼睛观察和感悟世界，它展现在我们面前的是当代少年无法回避和可能面对的复杂生活。在让人应接不暇始料未及的变奏中，成年人不能不对孩子的心灵旅途心生敬畏。

《老师，我要你做我爸爸》无疑又是浪漫主义的。这是一个关于青春的险象环生的故事，这又是一个逢凶化吉遇难成祥的美丽童话。我之所以说它是浪漫的，是因为在我们的教育中，实在还缺乏倪老师这样的老师，所以也就少有像朱珠这样幸运的孩子。或者说，是我们的教育，本质上还缺乏像小说中展示的那样的诗意的情怀。我们的青春期的迷途少年们，还很难拥有像小说中描述的那样有力而诗意的引领，相反，被生活的大手推着在青春的泥潭中艰难前行自生自灭还是相当部分孩子的命运。

想起一段话：

您若变成小孩子，便有惊人的奇迹出现：师生立刻成为朋友，学校立刻成为乐园；您立刻觉得是和小孩子一般儿长大，一块儿玩，一处儿做工，谁也不觉得您是先生，您便成了真正的先生。

这是陶行知先生的一段话。在先生那里，师爱的最高境界不是母爱，也不是父爱，而是朋友之爱，同志之爱，因为这种爱的基础是平等：以感情赢得感情，以心灵感受心灵。

这种爱，超越了学识的渊博、治学的严谨、心地的善良等传统的概念。这才是师爱的圆满。

朱珠的幸运，是遇到了这样的一位老师。

作者王艳慧的幸运，是感受到了孩子们需要这样的老师和这样的教育。

读者的幸运，是读到了这么一个故事，于是看到了教育的未来。

泰戈尔说：不是锤的打击，而是水的载歌载舞，才使鹅卵石臻于完美。

教育应该也是一样吧。"载歌载舞"的教育是什么样子的呢？这应该就是让我们教育者上下求索的动力之一。

但起码，我们知道：

载歌载舞的教育是弯下腰来和孩子对话。

载歌载舞的教育是走进孩子的心灵。

载歌载舞的教育是和童心一起突围。

唯有如此，我们的教育，才可能成诗。

__教育与幸福生活__

请你这样告诉学生的家长:"你们的孩子的智慧,取决于你们的智力兴趣,取决于书籍在家庭精神生活中占着怎样的地位"。

——苏霍姆林斯基

## 黑夜给了我黑色的眼睛
——兼推荐陈俊瑜同学的《准高三时代》

如果高三必须要定义为一种颜色,那么入选的必然是黑色。以前的"黑色七月"也好,现在的"恐怖六月"也罢,必须要承认,高三,是黑云压城城欲摧之下的一段晦暗的青春岁月。

既然如此,诅咒高三的黑色生活,仇视这黑色生活之下的功利的黑色目标,倾泻被这功利的黑色目标所囚禁着的黑色心情就应该是我们提倡的"我手写我心"的必然内容吧?

是这样吗?似乎是的!看了那么多的少年小说,就连还站在初中的地平线上遥望高三的初一学子,不也一脸深沉地抨击着高三,批判着高三吗?铺天盖地而来的高三文学,充斥着埋怨、牢骚和声讨。

就只有这些吗?为什么在那些被人遗忘的角落里,在那些逼仄的阳光还不够充足的眼帘下,我总能看到有什么在悄悄地萌芽,有什么在默默地成长呢?

读完陈俊瑜同学的《准高三时代》,在依旧黑云压城城欲摧的压抑里,我终于看到了阳光正努力地穿过云层。我依旧微凉的背脊,感受到有一种隐隐的热量正在悄悄地漫过我的心野。

对了,我说,这才是我心目中的高三,真正意义上的"黑色高三"。

高三当然应该是这样的:烦躁、忧郁、沉闷,一群骨骼还不够坚硬的惶惑的青年学子和一段不想混乱但是却不能不混乱的精神生活。

高三当然应该是这样的:一节一节无法捡拾起来的心情故事和一波又一波无聊而又"有聊"的意外和必然。

高三当然也应该是这样的:软弱与坚韧、放弃与坚守、宁静与迷乱……高三应该是五色的迷离和七彩的挣扎,而绝非仅仅是漆黑中的沉淀和灰色里的呻吟。

黑色是一种多原色,在它的内核里,藏着赤橙黄绿青蓝紫。

因为参透了这玄妙,陈俊瑜同学笔下的高三,便充满了一种超越了真实的真实。

就文学创作而言,自然是需要"我手写我心"的,但是你的手,能触到什么样的生活,而你的心,又能深入到这个世界的哪一个层面呢?

关注真实是必须的,但我们往往遗忘的是:真实有浅表的真实与内在的真实。

浅表的真实是暂时的,是多变的,是浮躁的,是浅薄的。它停留在生活的表层,就如大海中浮起的泡沫,有时候也会呈汹涌澎湃之势,但是它永远不是大海的本来面目。而内在的真实是过滤之后锻造之后的真实,它是稳定的,是精粹的,是深厚的,一如外表壮观的泡沫散去,我们所看到的海的湛蓝和宁静。

什么是《准高三时代》的泡沫呢?那些莫名的烦躁,那些迷乱的爱情,那些揪心的失败,那些惊恐的寻觅……泡沫们是强大的,但穿过泡沫们虚浮的强大,陈俊瑜同学却隐隐向我们展示了海的宏伟。于是我们便读到了烦躁后的沉淀,迷乱后的回归,失败后的升华,寻觅后的坚定。

于是,《准高三时代》在向我们袒露了真实的黑暗的同时,更让我们看到了学子们在这黑暗中的突围。

我以为,这番突围,便是这篇小说超越其他同类题材小说的价值所在了,也是这篇小说虽然还有诸多表达上的缺点,但却能让我们感叹和震撼之所在了。

看来,高三还不应该是这样的:因为所感觉的范围颇为狭窄,便不免咀嚼着身边的小悲观,而且就看这小悲观为大世界。(鲁迅语)

高三还不应该是这样的:一个初涉人世的少年,一落笔,就满纸苍凉,很孤独很颓废很绝望很仇恨,仿佛受了莫大灾难与折磨的样子,仿佛这个世界虐待了他丢弃了他。(北大教授曹文轩语)

高三还不应该是这样的:以叛逆为个性,以另类为时尚,以晦涩和忧郁为流行,人云亦云,东施效颦……(王栋生语)

"高三文学"应该是这样的:

它让我们明白:高三是生命能够承受之重。

它让我们懂得了什么叫:心中有爱,肩上有担,腹中有墨,胸中有识,目中有人,手上有艺。

它让我们领悟了:越是黑暗的静夜越有清泉的喷发,越是艰难的生活当中越会有长情大爱。

它让我们坚信:任何文字,如果不把完善道德、理想和心灵作为目的,都是病态的不健康的文学。(小仲马语)

是的,高三是一段在黑夜中摸索前行的青春岁月。

但是,黑夜给了我们黑色的眼睛——

我们却要用它来寻找光明。

要能把握住儿童的注意力，只有一条途径，这就是要形成、确立并且保持儿童的这样一种内心状态——即情绪高涨、智力振奋的状态，使儿童体验到自己在追求真理，进行脑力活动的自豪感。

——苏霍姆林斯基

## 健康俊朗是少年的表情
——推荐《高三重点班来了一个漂亮女生》

说心里话，这些年来，作为语文老师和班主任，我一直有些不敢面对学生的创作。

不是学生缺乏才气，有才气的学生还不少。失望的是透过还颇有些斐然的文采，看到的却常常是让人压抑的文字：

一类是文字优美而旨意寡淡的。这类作品篇幅冗长而内容稀少，为表达一个简单的意思而矫情敷衍，结构曲里拐弯，有一点情节，有一点儿内涵，好读而不耐读，内容十分稀淡。特别是郭敬明的《幻城》之后，相当多的孩子开始尝试幻想型小说创作。但是因为人生体验的单薄，这类小说往往充斥着大量似曾相识的武侠情节，徒有空扬灵动的外表却缺乏真实情感和独特体验。

另一类就是艰深晦涩貌似深刻

的。在这些作品中,不少的少年才子们满纸苍凉孤独颓废,一副受了莫大灾难与折磨的样子。才子们还往往曲折附会一些貌似严肃的哲学命题,并以此显出与众不同的成熟。韩寒的《三重门》的火爆掀起了如此的"时尚创作"的高潮。现在哪个班上,没有几个这般愤世嫉俗的"写手"呢?

这种风格的流行写作,有人称它们为"另类写作"——它们迎合的不是公众、民族、国家、社会主流文化的意志,而是迎合充满了小资气质、小资情调的伪伤感、伪叛逆、伪天真、伪深沉,迎合了世俗化的审美趣味。当少年的创作中描写欢乐远不及描写哀伤,歌颂光明远不及奚落黑暗时,童真失落,青春变异。

所以,如果没有人强力推荐,我恐怕是没有兴趣和勇气去读以《高三重点班来了个漂亮女生》为题目的少年小说的。这部小说,会不会又是以如此艳丽标题来吸引读者眼球,但本质依旧是哗众取宠呢?

然而,读完全文后,我的眼中却饱含泪水……

没有虚假和套路,我读到了一个鲜活饱满的故事。作为有着十多年班主任经历的中学老师,我有资格会心于文中描绘的每一处细节。无论是开端就奇峰崛起的"纸条事件"中男女生意趣横生的不同反应,还是"蜂围蝶绕"中的健与歆的让人忍俊不禁的正面交锋,歆与柯之间烽烟暗起的"食堂事变",在柯的家里让人揪心却又终让人释怀的"短兵相接",以及小说结尾让人唏嘘不止的两个女孩儿的相拥而泣……于我,这些人物和场面都是如此的熟悉和温馨。但人物性格和故事发展却是在人意料之外的:主人公内心与外貌的和谐或者冲突、期望完美而终不能完美的结局都让读者沉浸于真实的心痛中,欲罢不能。

没有晦涩和阴冷,故事中的每一个形象都是如此的明亮和真切。我喜欢柯,那靓丽清纯善解人意的女孩儿,外表和心灵一样的美丽。我喜欢歆,那个品学兼优好强刚烈的女孩儿,坚韧而敏感的双重个性让人感叹。我甚至还很难忘小说中那些着墨不多却活灵活现的次要人物:顽皮幽默的健、干练而略显冰冷的班主任"老妈",软弱而慈祥的歆妈妈,世故而又卑微的舅母,高贵而又傲气的柯妈妈……很少见到少年小说中有这样逼真而层次丰富的人物塑造啊!

没有寡淡和牵强,我迎面享受到了校园里清新爽朗的风,同时我的背脊又感受到了生活的风霜刀剑。小说中不仅仅只有少男少女们青春的笑靥和学业的艰难，纠结在故事中的最扣人心弦的矛盾，是生活在社会两个层面的女孩子在不同的人生境遇面前的不同的心灵挣扎（当然正面和详细描写的是歆）。这是一个美丽的青春故事，也是一出人生的悲喜剧。掩卷思索，活跃在我们眼前的不仅是一个个鲜活的人物形象，更是一段段让人揪心的心路历程。透过校园生活的缝隙，我们依稀看到了人生的风雨，世道的艰辛，看到了社会现实投射到学生心灵深处的阴影。小说于是促使我们从不同的角度去解读：我们给了孩子们怎么样的一个成长空间，我们的社会应该怎样才能不辜负孩子的成长。所以，这篇少年小说，在轻松愉悦的校园叙事风格之外，便有了它另外的话语意义：它以孩子的视角控诉了社会的不公平。读完小说，透过菁菁校园的四角的天空，有责任感的读者怎么会不泪湿青衫？

小说让我在中学生的"另类写作"的废墟中看到了希望：

是的，有独立意识和自由思想，能张扬个性固然值得肯定，但凡事过犹不及，如果把张扬个性当作时尚，完全忽视写作的社会功用，写作能力就很难得到发挥。诚如作家韩少功所言：不能根植于公共文化积累的个性一定是空虚的，不能承担公共事务重荷的个性一定是轻浮的。写作主体是作文的灵魂与生命，过分膨胀的个性只会滋生出充满虚情假意、功利思想和伪圣语言的作品。

而《高三重点班来了个漂亮女生》告诉我们：

中学生作文的天地可以是广阔的：青春话题，公民意识，荣誉和责任，悲悯和同情……人与社会、自然、自我的关系应该是永恒的作文源泉。少年的写作能够展现青春气息而又思考大问题；能够体现胸襟抱负而又敢爱敢恨。如果我们在少年的写作中听到了生命的歌唱，哪怕是苦难的歌谣，他们的价值也远远超过了无病呻吟和故弄玄虚。

而这篇小说告诉我：一群有着社会责任感的孩子已经在亲身实践了。

这是写作之幸，是少年成长之幸，是语文教育之幸，是民族之幸。

期待更多的健康俊朗、岁月青葱的少年写作。

> 如果我们真的想减轻学生的脑力劳动，那就让我们在学生面前敞开道路，让他们走到学校图书馆的书架跟前去，让书籍从沉睡的巨人变成学生的挚友吧！
>
> ——苏霍姆林斯基

## 青春难以承受之重
### ——《门背后的天堂》助读

我试图以少年读者和成人读者的两种身份去深入青春文学畅销书作家解燕燕的新作《门背后的天堂》。

书的扉页上，除了长发垂肩的白衣少女宛如仙子仰问青天和身背大提琴面色冷峻的蓝衣少男郁郁独行外，还有淡黄色字体的故事简介：

> 一个关于青春、成长、爱情、背叛和复仇的故事……曾经与天堂近在咫尺，她却亲手合上了通往天堂的门……

这个简介虽然不足五十字，但却足以撑开每一个少年人的想像力，因为这些文字声色不露地糅合了多种足以让小说流行的时尚元素。确实也如此，小说标题的构思，人物的塑造以及情节的架构都是时尚的，靓丽的时尚让小说拥有了炫目的光彩。少年读者们在这光彩的魅惑之下，很难不一读而沉浸其中。在这点上，解燕燕无疑是成功的，她让时尚元素排列组合繁衍生息的娴熟技巧让青春文学再一次反射出了迷人的光泽。

我们可以从最不时尚的角度来感受它的时尚。

毫无疑问，解燕燕是有语言天赋的，但她不是那种诡异的辞藻堆砌者，她的语言轻灵、细腻、流畅而幽邃。特别的是，我们能从她文字的荫凉里感受得到作者乐观、豁达、童心般的心境，因为如此，她的文笔在纤巧之中潜藏幽默，尤其是一些卡通化描写，令人捧腹不已。像莫小米摔伤后，身上满是黄澄澄的碘酒，解燕燕形容似"一幅毕加索的抽象画"；安以然一边帮人包扎，一边絮絮叨叨："我承认大学修护理这门课的时候有点混，但你也不用摆出一副要中风的样子……"，活脱脱神话故事里古怪的"巫婆"形象；还有"辣妹之牛魔王版"、"辣妹之红发女"、"辣妹之大姐头"等几个"小太妹"，也是活灵活现得紧！在这样一个竞争压力沉重的年代，读读解燕燕这种俏皮的文字，真是一种放松和解压啊！

对于情节，解燕燕似乎是驾轻就熟的。有人说，小说有两种写法，一种是给混乱带来秩序，另一种是给秩序带来混乱，解燕燕的小说显然是属于后者。故事最后的结局出人意料，一波三折，颠覆了有情人终成眷属的传统。故事在解燕燕的手里，成了一张可以任意折叠的纸片。不管规则如何，经过她的精心剪裁，最后总能成为变幻莫测的窗花。这本小说几乎完美地展现了作者游刃有余地驾驭故事的能力，这也许与她戏剧文学的科班出身不无关系。故事的广阔空间在解燕燕的手里像手风琴似的可以任意重叠舒展，以最随意的方式变成为一支旋律多变的乐曲。

但解燕燕并非只做到了形式上的优美。少男少女间真实自然的情感流露，悬疑曲折的情节发展，生动曼妙的细节刻画，使整部小说引人入胜，高潮迭出。这和她以前的小说是相似的。而超越了以前小说的是这个故事沉重和阴郁的底色。感性一点说，这不像她以前的《我为歌狂》、《爱上爱情》、《爱的魔咒》、《爱情不听话》、《蒲公英》等小说，均以活泼、轻快的文风见长，而《门背后的天堂》却涉及到单亲家庭、不伦之恋等社会敏感点。理性一点说，从这个故事中我们看到在这个日益冷漠的社会环境中人性沦丧的激烈，诚如小说中所谓"社会精英"莫文涛——一个对感情、家庭、子女极度不负责任的男人，却因为有钱有地位，可以随心所欲，受到众人追捧！莫小米的复仇，与其说是报复那个玩弄单晗雪的有头有脸、有妻有儿的男人，不如说是一剑刺向以其父为代表的"金玉其外、败絮其中"的"伪君子"阵营。毋庸说，莫小米身上，承载了许多当代问题少女"难以承受之重"，我们甚至也不妨把这看作是女性意识的一次觉醒！再深入一点儿，我们甚至可以绝望地感受到这是一位青春文学畅销书作家对青春的一次诗意的祭奠。天堂只在门背后，主人公莫小米的最后选择见证了成长的代价和青春的残酷。解燕燕由此向社会求证：当理想主义日渐消失，心灵的伤痕与日俱增，我们又该如何把握青春的圣洁！

因此，如果以少年读者的眼光来审视，这是一部值得一读的青春小说。透过文字和情节的万花筒，生活在隐隐约约地袒露着它的本来面目，慧心的小读者因此能从水晶般澄澈温柔的青春恋情后面窥视到成长的艰难并以此获得直面青春的一些勇气。

但是，如果从成人的眼光来看这个故事呢？

同样毫无疑问，《门背后的天堂》的情节是多少有些仓促的。作品的后半部分显然是作者计划中的高潮，情节要因此曲折起来，冲突要因此复杂起来，人物要因此多面化起来。但显然，作者原本设计的写作规划要大大超出于现今的文本，可能由于诸多原因，作品在许多环节的关键处只能匆匆做个了断。于是，慌慌张张的情节推进让计划中的匠心独运之处反而凝滞了呆板了，总让读者有一种逆水行舟背纤而行的感觉。我读到这些明显仓促的地方总觉得遗憾万分，"两岸猿声啼不住，轻舟已过万重山"实在不是小说情节架构中的自然美景。一旦远离了叙述的从容，情节的恣意漂行便会暴露作者对生活领悟的深度和醇度。

也因为如此，人物的塑造也会露怯，一如平原动物因为高原式的缺氧所带来的苍白。这是当然的连锁反应。这让《门背后的天堂》基本上没有脱离普通的青春文学的范式，这有如琼瑶式的爱情小说，哪怕人物和情节换了一茬又一茬，但似曾相识的感觉却挥之不去。

曾经读过《书屋》的主编周实先生在《齐人物论》中的一段话：

当代作家大多数人文素养稀薄，自由思想寡淡，创造血性严重不足。反映在作品里,只有模仿和怪诞了。卡夫卡的怪诞里包含了逼真,摄人心魄的观念真实,马尔卡斯的"魔幻"里暗藏了美洲大陆独具的文化底色。而出现在当代中国作家笔下的人物,往往只意味着词语的疯狂,大胆的谵妄。作者走马观花地追随形形色色的现代流派,创造的冲动被炫耀的热情所取代,真实的原则被展览的趣味儿所凌驾。我们看到了那么多不切实际的风情,莫名所指的苦难,胡搅蛮缠的象征,旱地拔葱的欲望。意识在流动,唯有人物的血液凝然不动;文字在喧哗,唯独思想的真义寂然无声。由于对鲜活本身的人性缺乏好奇和洞察,他们便更愿意乞灵于时代精神的襄助。或者相反,一头扎进某个"当时已茫然"的历史陈境,供自己的手掌随意翻覆。由于生活的活水已经不存在于内心,他们对所谓"体验生活"抱有孩子气般的抵触,坚信在某个瞬间,某个角落有"一丝"的感动,就能够使自己的文本能够具备旺盛的现代审美价值。可到头来,恰恰只能为一时即兴的话语留下终生的败笔。

　　这段话我以为一语而切中现在诸多时尚小说创作误区之痛处。对于解燕燕,以及更多的青春文学畅销书作家,如果能深谙此话真谛,我想,像《门背后的天堂》这样的青春故事,也就能更多一些从容和厚重。

　　对于少年读者,仔细品味一下这段话,也许在纵情于传奇般的情节的时候,能更多一些理性和清明的判断。

　　《门背后的天堂》是悲剧,它让人们眼睁睁地看着我们的青春在"伤花怒放"中黯然退场。这个故事是美好的生命对这苍白贫乏的尘世的一声叹息。读至结尾,我们只能暗自伤怀,美丽的青春始终会褪色,而我们所能留下的,就是对自己小小影子的薄奠。

　　唯愿我们的小读者们,不是沉溺于悲伤,而是能从青春不能承受之重中感受生命的美与脆弱,并由此获取掌控自己青春的力量。

如果一个人没有在童年时期就体验过面对书籍进行深思的激动人心的欢乐，那就很难设想会有完满的教育。阅读之所以能成为一种强大的教育力量，是因为人在赞赏英雄人物的道德美和努力摹仿的时候，就会联想到自己，用一定的道德尺度来评价自己的行为和自己的为人。阅读和面对书籍思考，应成为学生的一种智力需要。

——苏霍姆林斯基

## 走出师爱的误区（一）
——弗洛姆《爱的艺术》对班主任工作的启示

甘肃酒泉中学的霍军老师是国家级首批骨干教师，更是教师当中的思想者。在他的推荐下，我开始阅读弗洛姆的《爱的艺术》等书籍，受益良多。最让人感动的是，在我完成了《爱的艺术》读书笔记后，霍军老师写出了非常精彩的按语。

愿与老师们共勉。

霍军按语：中国人的爱是有误区的——照亮别人，燃尽自己。历来被人们说得很高尚也很可怕，普通人攀不上大公无私的境界，反而视道学家们设置的圣人境界为畏区。官员们当不了圣人，就把教师称做人类灵魂的工程师，好让自己在没人注目的角落大腐其败。所以,学了多少年雷锋,倒是繁殖出了大批的胡长清。我们谈爱,谈爱人类,就是把别人往火坑里推,让别人堵枪眼,自己"踏着先烈的血迹"去拔下敌人大旗,凯旋之后替"牺牲的战友"做英模报告。这一套把戏骗了许多人更害了许多人,至今还在玩,只是没几个人相信了。于是,全社会呈现出如此多的冷漠。人们不爱别人,却又感到精神空虚;人们想爱别人,却又害怕当冤大头圣人。

　　事实上,在伟大的人本主义心理学家弗洛姆那儿,爱本来是一个人作为人的人性的天然诉求:是人就必须爱,没有爱人情怀,人一天也活不下去。反之,无爱之人,其实不可以算是真正意义上的人——异化的人。可怕的是,今天有如此多的人在异化中生活!这,就是爱的误区。读《爱的艺术》而侦破出爱的误区,王老师是在以自己爱的体验观照异化的世界,把脉准确!就爱这个话题而言,没有谁比班主任更有体会了。我以为,班主任一词的解释,就是一个字——爱。

　　艾·弗洛姆对中国读者来说,并不是一个完全陌生的名字。在20世纪80年代中后期的西方人文及社会科学理论思潮中,弗洛姆作为精神分析学派创始人弗洛伊德的主要追随者,屡屡被人提及。但是人们对弗洛姆的了解往往停留在精神分析学派的概念上。其实,同西方大多数的哲学家和社会学家一样,弗洛姆的学术兴奋点始终在社会批评和社会拯救上。他主张对西方社会的政治、经济、文化等方面进行全面的改革,他认为这种改革主要应该通过人性的改造来实现。改革的目的就是要把人从异化状态中解脱出来,还原为真正的人。而要改造人性,一是培养生产型人格,二是爱。他认为生产型人格是产生真爱的前提,爱是实现人性改造的核心。

　　弗洛姆思想成熟期的作品《爱的艺术》集中阐述的就是这一思想。

　　近期反复细读了《爱的艺术》,深为其精辟论断所折服。其中诸多观点,对于身为班主任的我,更有醍醐灌顶的效用。《爱的艺术》不是为教育所写,其阅读对象也肯定不特对教师。但是,我以一位中学班主任的身份读此书,却深感他对班主任惯性思维和惯性行为误区的一语道破让人拍案叫绝豁然开朗。现摘抄点评一二,和班主任朋友们共享。

霍军按语：我以为，这本书应当列为我国教师法定的必读书。在欧美诸国，此书是高中生必读书。它简直是一本班主任教科书。从某种意义上讲，不具备生产型人格的人不可以担任班主任职务。在历史上，秦始皇的专制与残酷，希特勒的灭绝人性的统治，都是源自人们丧失了"生产型人格"，把人类的生产创造能力消泯干净，变成了依赖于专制者——金钱统治也在其中——的奴隶（参阅弗洛姆《逃避自由》）。而在今天，在功利面前的不由自主和人性异化，也在到处泛滥。我们时代的精神空虚和急功近利，由高考而伴生的对合理生活的剥夺、对学生健康人格的漠视、对学生生活权利的侵犯，正是"非生产型人格"的基本表现。

## 误区一：作教师本就是作蜡烛，作班主任简直就是作蜡心，燃烧自己，照亮别人

**弗洛姆说**："给予"并不是说为别人牺牲自己，而是奉献出自己内心最富生命活力的东西。他给予别人的是他的快乐、兴趣、理解力、知识和幽默。通过"给"，他丰富了别人，通过提高自己的生命感也提高他人的生命感。"给予"意味着使他人也成为一位给予者，他们共同分享融进生命中的快乐。在"给予"的行为中，某些东西诞生了。双方都感激这种新生的力量。给予的人不要把被给予的人看作是帮助的对象，而是同他们建造起一种创造性的相互关系。

**感悟**：当我们喋喋不休于班主任工作的琐碎复杂劳累清贫的时候，弗洛姆的这一段话简直如电光火石，一定会在瞬间照亮人迷茫的心空。就中国传统的思维方式而言，不惧艰辛乐于奉献是美德，奉献自己成就他人也是人生很高的道德目标。就是在这样的惯性思维的影响下，加之班主任工作本身的复杂，这就让班主任们极易沦落为一位自怨自艾者：在牢骚中渐渐磨蚀了对工作的激情，在"奉献"的自我安慰中迷失了自我，迷失了师爱原则。其实，谁都知道，"干哪行烦哪行"，职业倦怠是现代人的通病，聪明的人肯定是善于及时抽身倦怠，重鼓职业激情的人。弗洛姆的这一段话不仅对教师，对任何职业都有警世作用。

弗洛姆认为，最流行的误解是把"给予"理解为"放弃"某种东西，被剥夺或者是做出某种牺牲。有人将"给予"看作是自我牺牲的美德，"给"好于"得"意味着损失比体验快乐更好。然而，对生产型人格来说，"给予"是能力的最高表现。通过"给予"，我将体会到自己的力量、财富和能力。这种生命和力量的升华使我充满了快乐。我高兴是因为我感觉到自己是充沛的、富有的、有生命活力的。"给"比"得"更令人欢欣。这不是因为"给"是一种牺牲，而是因为在"给予"的行为中体现了我的生命力。

读着这些洋溢着爱和幸福感的文字，我感到一种脱胎换骨般的轻松。是的，如果我们都能怀着这样美好的情感投身于平凡的工作，我们还会有平日里那些挥之不去的倦怠吗？我们面对着学生的时候，还会有我以自己的青春养学生之青春的悲壮感慨吗？

霍军按语：孔子曾经谈到过，教育的最高境界是"教学相长"。孔子说过，一个人二十而冠，三十而立，四十而不惑，五十而知天命，六十而耳顺，七十从心所欲不逾矩。圣人此言意味着，人是终身成长的，生命不止，成长不止。不到生命结束的时候，生命就无圆满可言。孔子自认七十岁之前还是个差生，但他显然没有对此担忧上火，而是认定了自己每十年可以登上一个小台阶。孔子一生都在寻找，所以他走了七十二列国，他除了教育自己就是教育学生。他也为学生的不争气发过急，比如弟子樊迟想要弃学问稼，他很恼火，认为"朽木不可雕也，粪土之墙不可圬也"，号令弟子们"群起而攻之"。但更多时候，他还是能心平气和，有教无类，把每个学生放在最底层面上一点点开导。我们都是孔子的传人，我们的任务正在于，在引导学生成长的同时，促使自己成长。人性的伟大就在于发展自己，创造自己。

孔子同时还提出了教学相长的原则。在孔子看来，教师须认识到自己和学生一样，是不完善的人，需要发展的人，需要终生成长、逐渐进步的人，所以教师选择了教育这种职业当作自己成长的方便法门，把教学生的活动本身化作了促使自己完善的途径。从这个意义上说，教育这种职业天然地具有和人的意义价值体系沟通的性质，即教育与许多单纯谋生的职业不同，它在从业者谋生的同时即教给其他谋生者（学生）以生存的合理性方式，也在学生学到这种合理性方式的过程中给予从业者自己一种合理的生存。

## 误区二：班主任必须建立自己的权威甚至是绝对权威，才能使班级管理完美化

**弗洛姆说：**相信权力和使用权力都是信念的反面。相信现存的权力同不相信人类尚未实现的发展潜力本质上是相一致的。这种信仰是以现实为基础对未来的预言，但最终也会被证明是错误的，因为他忽略了人类的潜能和人类的发展。没有对权力的合理信仰，只有对权力和对那些拥有权力的人的屈从。人类的历史证明：在人类所取得的所有成就中，权力是最不可靠的。信仰和权力相互排斥，所以，一切宗教和政治体系，如果它们依赖权力并与权力结盟，它们最终会腐烂并失去所拥有的权力。

**感悟：**我们暂且不去议论弗洛姆的观点放在社会政治经济这个大背景下的对与错，我们单单只谈由于他对人性的认识而引发的这个观点对于班主任工作的启示，我们不能不赞叹他的深刻。因为班主任在班级中的特殊地位以及面对群体的特殊性，这导致了班主任想要建立自己的权威使用自己的权力比其他很多职业相对要容易些（有些班主任或者不敢承认，但其实这就是事实）。于是，树立权威使用权力成了很多班主任管理班务工作的捷径。颐指气使惟我独尊班主任一言堂成了司空见惯的事情，甚至还有不少班主任引以为荣，觉得自己一言九鼎魄力非凡。殊不知，这绝对权威的背后是教师的自恋因素在作祟，它导致的必然是学生主体意识的沦丧民主意识的缺失，这样培养出来的不是人才而是"奴才"。

弗洛姆说得好，教育的对立面是控制。控制就是缺乏对孩子潜力的信念，并且相信只有成年人将美好的东西灌输给孩子并遏制不好的东西时，孩子才能健康成长。弗洛姆肯定是没有当过班主任的，如若当过，他对所谓的"权力教育"的批判和论述一定不会如此温柔。

**霍军按语：**也许，根治中国专制病根的法宝，正在于民主教育。

权力意识已经毒害中国人三千年了。权力本身不是坏东西,权力只是一种工具,人们用它来保持秩序足矣。但权力意识却是病毒,它潜入人心,在根本意义上摧毁了人性。奴役别人的人和被奴役的人都是受压迫者。滥用权力越多的人,自己失去的自由也越多。因为控制他人而不是相信他人,剥夺了权力者的所有时间,从而剥夺了他的独立的生活与幸福。教师滥用权力,以压服督促学生学习,使自己成了永不熄火的沉重的"推土机"——不推,土自己不会前进;推,土只能越来越多,自己只能越来越力不从心。一台推土机的对象只能是土,而非具有主体性的自我。推土机的形象决不应该是教师的榜样。我曾听一位校长给班主任支高招——必要的时候,可以培养几个"奸细",以便掌握班上的情况!教师以权力控制学生,造就的只能是自己的控制性思维方式和学生的控制性人格,中国三千年专制历史就是这样代代传承下来的。权力压迫产生的就是权力压迫,不会是别的东西。而爱产生和造就的,当然也只是爱。

传递什么?这是今天教育者要对中国的未来回答的问题。

## 误区三:做班主任工作最重要最宝贵的品质是负责任

弗洛姆说:对孩子生命的肯定包含两个方面,一是保护孩子的生命和成长,因此关心和责任是必不可少的;另一个方面就比保护更深一层,即教育孩子热爱生活,使他产生这样的感觉:活着是很美的,做一个男孩儿或者女孩儿是很幸福的,生活在这个世界上是多么愉快。

上帝许诺的土地(土地象征着母亲)流淌着牛奶和蜂蜜。牛奶象征着上面所说的爱的第一个方面,蜂蜜象征着生活的甜美、对生活的爱及生活的幸福。多数母亲只能给予牛奶,但少数母亲才能给予蜂蜜。为了提供蜂蜜,她不仅应该成为一个好母亲,还应该是一个幸福的人——很少有人能达到这样的境界。我们完全可以在孩子身上,甚至是在成人身上看到哪些人只得到了"牛奶",哪些人同时得到了"牛奶"和"蜂蜜"。

**感悟**:在我们习惯于把自己当作蜡烛尽情燃烧,沾沾自喜地吟诵着"春蚕到死丝方尽,蜡炬成灰泪始干"的时候,我们自以为我们的崇高的奉献会给学生打下多么好的精神底子。殊不知，时代在改变，社会在发展，"长大后，我就成了你"实际上已经成为了班主任们的一厢情愿。君不见，教师职业依旧是高考优生们不屑一顾的职业，君不见，校园里老师的辛勤无法感化的问题学生数不胜数。人们已经渐渐认识到仅仅靠教师的负责奉献已经不能改变更不可能塑造学生的心灵。教师自己应该怎样定位，才能够给学生更多的精神濡养？弗洛姆的论述很精彩，只有当母亲自己成为了一个幸福的人的时候，她才能够给予孩子以"蜂蜜"。

那么教师呢？班主任呢？

所以，在准备事无巨细辛辛苦苦地管理孩子之前，请首先给自己注入生命的动力。因为很难想像，一个生活得疲惫不堪牢骚满腹甚至有厌世情绪的班主任，会领导出一个富有活力的集体。俗话说：榜样的力量是无穷的。但是你绝不能仅仅是一个辛辛苦苦工作的榜样。要想让孩子热爱学习，你首先应该成为一个孜孜不倦的求学者。要想让孩子们成为一个坚忍不拔的人，面对困难你首先必须波澜不惊百折不挠。要想孩子们成为乐观向上的人，你自己首先应该朝气蓬勃到老也还拥有年轻的心态。

只有如此，教育才可能真正地开始，你的班主任工作，才会进入一种幸福的境界，你自己和孩子们，才会成为真正幸福的人。

霍军按语：我不知道人们为什么要教下一代知识。如果仅仅是为了让下一代秉持这些生存本领延续自己这一代的生活，那么，我们该当效仿，不，是学习李叔同先生，成为弘一法师——从自我开始断绝一种并不美好的人类生活。无须复制，"我"这一辈子足够证明许多了。如果我们认定佛教是消极的，那么我们至少应当超越弘一法师，从自己开始创造性地生活。如果我们自己都不能创造生活，那么我们又能教会学生什么呢？知识吗？教师必须使学生认识到，生活是值得的；教师必须用自己的生活证明，生活是美好的，因为生活中的每件事都是创造。

## 误区四：要把所有的孩子都培养成为优秀的孩子

弗洛姆说：爱就是实事求是地看待一个人，认识到其独特的个性。尊重意味着他人的成长和发展。我希望被爱的人应以自己的方式，为自己的目的成长、发展，而不是来迎合我。尊重是建立在自由的基础上的。正如一首古老的法国歌曲所唱的那样："爱是自由之子，永远不是统治的产物。"

只有超越了对自我的关心，站在他人的角度看待他人时，才可能了解对方。相信他人的极限就是相信人类。

成熟的爱是在保持自己和他人的完整性和个性的前提下的结合。爱使人克服孤独和隔离感，但同时又使人保持自己的个性，保持自己的完整性。

**感悟：**虽然在新课程改革风起云涌的今天，"发展学生个性"已经成为了一句最时髦的口号。但是，在学校的实际操作中，我们不还是习惯着要把孩子们兢兢业业地培养成为"优生"吗？何谓优生？成绩名列前茅是优生，德智体全面发展是优生，听老师的话是优生，循规蹈矩不违纪是优生……虽然我们口口声声要挖掘学生潜力，发展学生个性，但是当和传统优秀的定义相悖的有个性的学生出现的时候，我们，甚至我们这个社会，又是否有勇气有能力去接受和培养呢？已经习惯并且必须要习惯靠着高考和中考的轨道惯性前行的作教师作班主任的我们，又有多少人能够把真心的欣赏和赞美送给在这个轨道之外的"优生"呢？也许改变这个事实非一人一时之功，但是弗洛姆一百多年前的告诫依旧如洪钟大吕，让人惊心。

重温他的名言"我希望被爱的人应以自己的方式，为自己的目的成长、发展，而不是来迎合我"，我们，以及整个中国教育是不是都应该感到脸红呢？

**霍军按语：**多元化是世界的本来形态，人的个体决定了世界上没有两个完全一样的人。"世界上没有两片相同的树叶"，希腊人的这句话人们都知道，但不一定有所领悟。所谓个性化教育，就是尊重每个生命原有的形态，并力图使这天然形态的潜能尽情发挥出来，是之谓创造。用一个模子塑造人，我们只是在扮演二十世纪版的秦始皇。没有必要把小草培植成大树，把蚂蚁克隆为大象。一个遍地恐龙巨兽的时代注定灭亡。世界的美不是因为相同，而是由于差异。我们甚至应当承认和接纳：做"差生"也是人生体验之一种，也是上天对个体的恩赐。教师只有一个任务，让所有学生在对生命的饱满体验中发展自己的潜能。体验的丧失意味着生命的消失，而被动地接受一切，不存在真正的体验。爱别人，就是让那个被爱者认识自我存在的价值，走向自我的丰富，成为自为的人（参看弗洛姆《自为的人》）。

弗洛姆还有许多精辟的议论，比如："每天都保持思想和感情的积极活动，使耳朵和眼睛处于活跃的状态，避免内心的懒散，这一切都是实践爱的艺术不可分割的条件。如果一个人在其他方面不是创造性的，那么他在爱的方面也不会有积极性。""相信爱能从零星出现的个别现象发展成为一种社会现象，这是一种以洞察人的本质为基础的合理信仰。""犹太教法典中就肯定个体的单一性：谁拯救了一个生命，谁就拯救了全世界；谁毁灭了一个生命，谁就毁灭了全世界。在西方启蒙运动的哲学中，平等指的是发展个性的条件。康德说：人永远不应该是实现他人目的的工具。人本身，就是一个目的。启蒙运动的哲学观点是：灵魂没有性别。"

霍军按语：包括各种各样的所谓差生，也不是实现老师全班平均分的工具。让他们从自身起步，找到属于自己的创造，但这创造，也许根本够不着学校的平均指标。爱孩子的老师心中没有这号指标，而有这指标的人是自私的，他只爱自己。

——爱是一种主动活动，而不是一种被动情感。它是"分担"，而不是"坠入"。在一般意义上，爱的主动性可以理解为：爱首先是给予，而不是接受。

霍军按语：给予学生以爱，而非拿学生当工具来爱自己。爱学生，就是接纳学生的一切，给他自我生长的能力。

——全面认识一个人的方法是爱，这种行为可以超越思想和语言，是勇敢地投入融合的体验。心理学的最终结论其实就是爱。

——如果只爱一个人，而对其他人漠不关心，他的爱就不是爱，只是一种共生性的依恋，或者是一种放大了的自我。只有爱那些与我利益无关的人，爱才会开始展现。

——上帝告诉摩西，他的名字是"我已成为我要成为的人"，"我已成为"就是上帝的名字。

霍军按语：摘出这些句子的人有福了，因为他必承受爱的责任。
……

真理总是朴素的。读《爱的艺术》，走进这位西方思想家的心灵世界，被洗涤被震撼被激活的感觉一直萦绕着我。在《爱的艺术》的熏陶下，我发现自己更加具有了爱的能力，更有信心艺术地去爱了。

感谢弗洛姆，感谢朴实的真理！

霍军按语：你的阅读，让我更加热爱真理。

生产型人格：弗洛姆将交易、生产、消费等经济学概念引入人格研究和社会批判。并将人的性格分为生产型和消费型、交易型。生产型人格是弗洛姆心目中的理想人格。"生产型"指人运用其力量和实现其固有潜力的能力。生产型人格不仅仅是指物质创造，同时也包括精神创造如科学、艺术、文学等。

霍军按语："固有潜力"这四个字，是一切教育进入的不二法门。

教育与幸福生活

> 在每一个年轻的心灵里，都存放着求知好学、渴望知识的火药，只有教师的思想才有可能去点燃它。
>
> ——苏霍姆林斯基

## 走出师爱的误区（二）
### ——罗素《教育与美好生活》对班主任工作的启示

情不自禁决定重读《教育与美好生活》，是因为这个题目又一次吸引了我。有了13年的中学班主任经历后，我是如此深切地感到在我们的教育中充满了剑拔弩张的紧张气息——如果你采访现在的中学生和中学教师，能有多少人有底气用"美好"这样的字眼来形容我们的教育和生活的关系呢？

失望和渴望促使我再次走进罗素。

罗素，是20世纪享誉世界的哲学家、数学家、逻辑学家、社会思想家和社会活动家，诺贝尔文学奖获得者。他对教育的观察、思考和实践经验均浓缩在《教育与美好生活》一书中。笔者摘抄一二，结合当前教育的误区，略谈感想，和读者朋友们共享。

**罗素说**：有些品性只能为某些特点的人群所拥有，还有一些品行则应为所有人所具备。我们不能着眼于让每个人都具有诗人气质来构筑我们的教育。以下四种特征便可奠定理想品格的根基：活力、勇敢、敏感、智慧。

　　**感悟**：可是，中国的教育往往是求全的教育。我们总是在经意与不经意之间要求所有学生达到教育的所有目标。这便使教师和学生之间的矛盾不断升级，也使相当部分学生一直处在学业无法优秀的焦灼感中。君不见，多少三四岁的孩子因为钢琴热的不断升温而早早就被父母赶到了钢琴上。有多少满脸哀怨的琴童，就有多少惟恐孩子在某一方面落后的家长。"求全心理"已经成为中国教师和家长（其实是中国教育）的一种无法摆脱的"隐痛"，这里面既有应试教育分数教育带来的负面影响，也有中国传统文化留下的痕迹。少年作家韩寒说的"全面优秀全面平庸"固然有些偏激，但确实也在一定程度上揭露了中国教育的弊端。

　　通才很少，专注于通才的培养是伤筋动骨的事情。我们的中学教育也要意识到人的差距而施教，不要为了分数而让学生在自己实在没有天分的领域苦苦争斗，而早早失掉了学习的乐趣。

　　善于发现学生天赋的老师是成功的老师，能够尽早为学生的天赋的培养创造条件的社会是优秀的社会。

　　幸而加得纳的多元智能理论已经风靡世界。这真是教育之大幸！

　　**罗素说**：我们的教育目的是应该使心灵充满直接实际用途的知识，还是应该设法将对自身完善有所裨益的精神财富给予我们的学生。

　　缺乏物理学、心理学、生理学我们就不可能建成新世界，但少了拉丁语言和希腊语，少了但丁和莎士比亚，少了巴赫和莫扎特，对于建成这样的一个世界却无大碍。但是，如果人们不知道如何利用闲暇和健康，那么获取他们又有什么意义呢？

　　**感悟**：一位名人曾经一语中的地说：什么是教育？当遗忘了学校所教的知识后遗留下来的，那就是教育。

　　可是，教育改革虽然已经搞了好多年了，我们这些一线的教师，不还是汲汲于往学生的头脑里硬塞能够获取高分的东西吗？教师的功利其实是整个社会的功利。学生自我价值的实现要靠"这些充满了实际用途的知识",教师的价值实现也要靠这些"充满实际用途的知识",整个学校整个社会的价值都承载在这些实用的知识上,所以,"高分低能"出现了,"浙江中学生杀母事件"出现了,"北大学生硫酸泼熊事件"出现了,"杀同学事件"出现了……不懂得闲暇和健康还不算可怕,可怕的是心中只装着这些"充满了实际用途的知识"的学生们还没有走出校门,就已经失落了做人的底线。

这些让人触目惊心的血淋淋的现实暴露了我们教育的苍白和失败,然而更让人揪心的是那些暂时还没有暴露的东西——缺乏"对自身完善有所裨益的精神财富"的学子们的心灵世界是什么样子的呢?现在是不需要千军万马过独木桥了,但是在千军万马杀向北大清华的喧嚣中,我们又会遗失什么?

理性一点说:罗素认为最应该教给孩子们的"活力、勇敢、敏感、智慧",我们不仅经常来不及教,而且往往一经我们教,孩子们本来有的一点儿也没有了。

**罗素说**:儿童的生活原本是充满期盼的,他总是指向将来的可能目标。这是促使儿童上进的动力之一。要儿童朝后看,并说将来会比过去更糟,这不啻会令儿童的生命之源干涸。

**感悟**:我们不是经常这样来吓唬我们的孩子吗?你再不努力,就考不上大学。或者就是:高中的竞争比现在可不晓得强多少,社会的竞争法则就是弱肉强食,你现在这个样子,长大只有去当棒棒、擦皮鞋。这就是我们为孩子描述的未来生活和未来人际关系。在现在的不少农村中学不是还挂着这样的标语吗——考上名牌穿皮鞋,考不上名牌穿草鞋。如此赤裸裸的描绘和启发,我们在善意地提醒孩子的同时,又暗示给了孩子们一些什么?我们经常斥责年轻一代冷漠自私,我们甚至还常常感叹孩子们的早熟叛逆。可是我们想过没有,这些观念的始作俑者是谁?在这汲汲于功名利禄而无济世之心的熏陶中成长起来的孩子,除了对未来的学习生活充满了恐惧之外,还有的便是自私和冷漠了。

作为教育者,留点"口德",留点希望,留点儿正义和善良。

**罗素说**：教育在于培养本能，而不在于压制本能。

**感悟**：想起李镇西先生的一段话：须知"人之初，性本善"，从某种意义上来说，教育的过程并不是给学生外加"美好道德"，而是让学生尽可能保持童心的过程。儿童的心灵比成人纯洁，这是不争的事实。

还有一个很著名的实验，在黑板上画一个圆，孩子可以把它想像成若干生动活泼的东西，而大学生就只会老老实实地回答那是个圆，成人根本就不敢回答，因为他们担心那是一个陷阱。这个让人捧腹的笑话告诉我们：教育，往往不一定能给予学生什么，反而是限制了剥夺了学生什么。在我们诸多严格要求学生的背后，是不是随时都应该想一想：我们的劳动，是不是无效劳动，或者根本就是反作用力劳动呢？

与此有异曲同工之妙的是，罗素还说：爱不能被创造，而只能被解放。

此言甚是！

越多接触现在教育中的诸多不合理现象，我们越不能不承认：许多教师俨然一个法官并由此获得了压制学生的权力和依据。学校更像一个防范束缚的场所，而不是发展解放的所在。学校成了"监察所"，而教师就是"监禁人"。应该被解放的何止有"爱"，还应该有诸多人性本能当中的"美"的东西啊！

**罗素说**：对于一个快乐的儿童，激发豪爽慷慨的性格并不困难。但是对于一个终日被愁云惨雾笼罩着的孩子，他自然会固守所能得到的物品不放。儿童不是通过痛苦的经历，而是通过幸福和健康的体验去掌握美德的。

教育的目标是让外界的压力在儿童的心灵上采用习惯、理念和同情的形式，而不是采取虐待、殴打及惩罚的形式。

**感悟**："儿童不是通过痛苦的经历，而是通过幸福和健康的体验去掌握美德的"，这真是一个无比伟大的提醒！在我们习以为常的教育中，我们不是更习惯于通过训斥与惩罚来让孩子记住美德吗？罚跑步，罚写作业，罚扫地，罚站，罚背书……想起来我们是多么的愚蠢啊，我们越要希望孩子们能热爱的东西，我们越要把它们作为惩罚的手段。我们为什么就没有想到：这样的行为完全会让孩子离这些东西越来越远呢？罗素还有一句名言：惩罚应该是你希望过失者感到厌恶之事，而不是你希望他感到欢喜之事情。你看辛辛苦苦地实施教育的我们往往是多么的荒谬啊！

当惩罚充斥着我们的教育，甚至成为教育的主要的表现方式的时候（事实上教育技巧的缺乏经常让我们的教师不由自主地沦入了这个怪圈），孩子们会离"幸福和健康的体验"越来越远，而我们教育的内在的成功也就离"幸福与健康"越来越远了。记得苏霍姆林斯基曾经说过：教育最重要的东西，就是要给予儿童丰富而充实的精神生活。让学生拥有幸福和健康的体验，是教育改革所要关注的核心，也是教育在具体实施过程中的底线。

遗憾的是，当我们看到题海战术在中学教育甚嚣尘上的时候，当我们看到体罚物罚在中学屡禁不止的时候，当我们看到升学排名依旧本质上是衡量一个学校教育质量的唯一标准的时候，我们必须承认：我们其实已经偏离这个底线太远太远了。

我们还必须承认：没有幸福体验的教育，也许能够培养出高分的学生，但绝对培养不出能够让幸福良性循环的人生。

**罗素说**：所有的道德教育都必须是直接的具体的：即须从自然的生长的情景中发展起来，并且不可超越在这个特殊场合所应做之事。不要泛泛地说"要勇敢、要友爱"，而要他去做一件足以体会勇气的工作，然后再说："好极了，你是个勇敢的孩子。"

在全部的学校教育中，应该继续不断地进行室外事物的教育。（不仅仅指游戏，而是指农业过程，动植物园艺，乡间观察习惯等等）

**感悟**：而我们的教育实在太注重说教了！而且注重的是先入为主的说教。我们总是大张旗鼓地在学生刚刚进入校园的第一天，就给他们灌输太多的规章法则，让他们还未开始进入教育，就已经背负起了教育的沉重包袱。这在不知不觉之中让教育成为了附加于人生的一种东西，而不再是人的内在需要。

而中国的教育又往往是不得已要因噎废食的。对我们的成长产生了重要影响的，留在了我们少年时代的记忆中的那些最精彩的课外活动现在不是已经多半不敢再举行了吗？原因只不过是因为某个地方又出了"安全问题"。于是"安全至上"的法则让一代中学生只能站在校园的大铁门内仰望校园四角的天空了。能让学生跋涉的只有书山题海，被局限了的视野和逼仄的生活体验让这一代孩子心胸畸形狭隘，心理健康问题层出不穷。谁之过？

　　罗素说得好，不管是道德教育还是学科教育，都首先应该是一种范本教育——先有了道德行为再有道德条款的教育。空洞的说教和画饼充饥似的规划只能让我们的教育越来越缺乏智慧和活力。

　　**罗素说：**在一个伪善的社会里，诚实确实有些不利。但是襟怀坦白，无所畏惧的益处要多于这种不利，否则，就无人会成为正人君子了。我们都希望我们的孩子正直、诚恳、坦率和自重，就我个人而言，宁可看到他们坚持这种品质而失败，也不愿看到他们用奴隶的伎俩取胜。

　　**感悟：**当一个社会在呼唤诚信的时候，这个社会肯定就多多少少患了"诚信缺乏症"了。我个人认为，当今教育最紧迫的问题还不是学生分数和能力的脱节，而是学校教育所受到了社会意识形态庸俗化功利化的冲击。作为教师，我可以容忍学生的很多缺点，但是学生群体中很难限制的大规模的作弊却让我痛苦甚至备感绝望。当才读初二的学习优生在日记中劝慰我："老师，你何必那样较真"的时候，我真的感到了教育的末日和教师的悲哀。这是教育尊严的缺失，也是社会道德的沦陷。

　　罗素的话给了我勇气：一个有责任感的教师，还是应该有一点儿明知不可为而必要为的勇气。我们要坚信襟怀坦白的价值，要坚守襟怀坦白的信念。

　　这是教育不可动摇的价值取向，也是教育道德尊严的底线。

　　**罗素说：**由于战胜困难而取得成绩而受到夸奖不失为青少年时期最令人愉快的经验之一，对于这种愉快的向往，完全有理由成为次要的动机，但不宜成为主要的动机。<u>主要的动机应当永远是对于事物本身的兴趣，不管那件事情会变成什么样子。</u>

　　**感悟：**这真是一个非常美好的前景设置。教育的最根本指向在哪里，教育到底要带给学生什么？罗素揭示得真是非常深刻啊！不仅仅是荣誉，不仅仅是夸奖，不仅仅是爱，更为重要的是兴趣：对生活本身的兴趣，对事物本身的兴趣。只有超越了功利的兴趣才能把人引领进云蒸霞蔚的自由天地。

我这才明白了居里夫人的名言的内涵所在，她说：我认定科学本身就具有伟大的美。一位从事研究工作的科学家，不仅是一位技术人员，而且是一个小孩儿，好像迷醉于神话故事中一般，迷醉于大自然的景色。这种科学的魅力，就是使我能够终生在实验室里埋头工作的主要原因。

我这也才明白了为什么会有那么多人为了外人并不理解的事业而甘愿献出自己全部的生命。

这种热情超越了爱本身，它更是一种深入了本质的生命冲动，因为无欲而刚，所以它才有能力支撑人们超越人生的诸多苦难而进入生命的至高境界。

教育如果能够尽可能地给予学生这种"本身的兴趣"，教育便有了"以一当十"的风帆，被教育者也就获得了所向披靡的武器。

罗素还说：从学生的观点来看，教学的目的部分是为了满足他的好奇心，部分是为了使之获取所需要的技能，以便使他能自行使好奇心得到满足。

从教师的观点看，教学的目的就是刺激某种能产生丰硕成果的好奇心。

在一切可能的情况之下，让学生主动而不是被动。这是使教育成为一种幸福，而不是一种苦恼的秘诀之一。

罗素说：优秀的智力品质主要有以下几项：好奇心、虚心、信念、耐心、勤勉、专心及精确性。

何等深刻！

而要做到这一点，就必须摒弃现行教育中的很多急功近利的做法，我有这个勇气吗？我们有这么一个宽松的社会背景的支持吗？

何等紧迫！

罗素还说：所有伟大的艺术和伟大的科学都是源于起初那种虚无缥缈的幻想——那种向人们召唤，诱使人们舍弃安全与舒适去忍受悲壮痛苦的奇美。凡怀有这种情感的人绝不会受名缰利锁的束缚，因为人之变得伟大，全归功于这种热情。

教师向学生学习，这是民主教育的题中应有之义。"教学相长"不应仅仅是知识上的互相学习，也应是人格上的互相促进与激励。在陶行知看来，教师因学生而存在，教育因大众而存在；而我要冒昧地补充一句：教师因向学生学习而拥有了高尚的人格，教育因为大众服务而获得了永恒的生命力。

——李镇西

## 走出师爱的误区（三）

——《教育人学——当代教育学的人学路问》对班主任工作的启示

《教育人学——当代教育学的人学路问》是江苏教育出版社《当代教育理论丛书》中的一本，作者王啸。在这本书中，作者从时间和空间两个领域，从中国和西方两个纬度对教育的人学发展历程作了梳理，并提出了"教育即自由"的观点。笔者先后两次细读，深为其中的某些见解折服，同时感到这些见解对教育特别是班主任工作颇有启示。写出点滴感想，和朋友们共享。

《教育人学》观点：

卢森堡曾经说过一段充满深情的话：……一个匆忙赶往伟大事业的人没心没肺地撞倒一个孩子是一件罪行。

史怀则说，我们应该敬畏生命。所以，在我们的教育中必须以"人"的方式来进行对人的教育。在这个问题上，没有什么讨价还价的余地。教育，从根本上来说，它要求的是目的和手段的统一，二者无论缺少了哪一个方面都是一种不可弥补的缺憾，因为它损坏了教育的底线，教育也就因此不为教育。

**感悟：**不久前，我校一位年轻班主任因为罚跑导致一女学生晕倒而受到家长投诉，最后学校作出了让这位教师停职一年等处罚决定。对这样的严厉的处罚很多教师包括我自己都不很理解，觉得家长和学校都有些小题大做，因为这会给班主任的工作带来很多负面影响，让班主任不再敢放手管理学生。

当我读到"一个匆忙赶往伟大事业的人没心没肺地撞倒一个孩子是一件罪行"时，我醍醐灌顶。

虽然《未成年人保护法》已经颁布了好多年了，虽然现在的师德师风教育搞得也算轰轰烈烈，但是我们必须承认，"师道尊严"在很多老师的心中还是非常顽固的——虽然可能很多教师自己也未意识到。最直接的一个表现是：教师俨然一个法官并由此获得了压制学生的权力和依据。学校更像一个防范束缚的场所，而不是发展解放的所在。学校成了"监察所"，而教师就是"监禁人"。学生呢，自然就如"戴罪服刑人员"了。

有一个很不正常的现象：不少在日常人际关系中彬彬有礼很懂分寸的教师，一旦面对学生，就难免想要高高在上，一言九鼎了。

这是因为我们作教师作班主任的，常常忽略了一个事实：从严格意义上来说，师生关系属于人际关系而不是事际关系。

《教育人学》认为，教师越淡化自己的职能身份，师生关系就越接近于教育的真谛。无独有偶，陶行知先生也曾经说过：如果学生忘记了你是一名教师，你就成为了真正的教师。这实际上给教师提出了更高的要求，但这也正是教育的艺术和魅力所在。然而现在的问题是，在我们的师生交往中，事际关系占据了主流，更有甚者，师生关系已经蜕变为"买方"和"卖方"之间的赤裸裸的利益交往。

教育是人对人的活动。雅斯贝尔斯所说的教育是"人对人的主体间灵肉交流活动"正是在上述意义上最好地表达了我们的意愿。我们诚然不能完全清除教师的职能身份，但我们应该力求把这种职能身份限制在一个范围内。特别是要坚持抵制和摒弃把师生关系利益化、市场化、庸俗化的种种作法，并且能自觉地站在人际关系的高度上来自觉地认识这一点。

如果我们都能恪守"尊重学生是教育的底线"这一原则，并由此来指导和设计我们的教育，也许文章开头所提到的悲剧就不会出现了。

《教育人学》观点：

> 马克思指出：只有在集体中，个人才能获得全面发展的手段，也就是说：只有在集体中才能有自由。这是从集体的本然意义来说的。"真实的集体"和"虚幻的集体"二者的区分在于对个人的自由发展提供了什么样的条件。换言之，对人的个性和独立自主性是否肯认定和成全是评判的唯一标准。

**感悟**：在班主任斥责学生的时候，用的频率最高最义正辞严的一句话往往是：你的行为损坏了集体的利益。学生在进行自我检讨的时候，也经常习惯性地写上这么一句：我的行为给集体抹了黑。这些语言在传统教育中可谓是耳熟能详。

从表层看，这种思维模式和教导模式很让人感动，因为在个人和集体的关系定位上，中国文化的价值选择看起来很崇高——因为总是推崇个人服从于集体啊！这便是我们一直引以为傲的所谓的集体主义教育了。由此而带来的整齐划一所产生的气势声威很让中国人陶醉。但问题是，很少有人反过来想一想：集体应该给个人什么？

这似乎是一个荒唐的问题。中国的传统文化向来是不谈个性的。用"最后的儒者"梁漱溟的话说："中国文化的最大偏失，就在于个人永不被发现这一点上。一个人简直就没有站在自己的立场说话的机会，多少感情要求被压抑和抹杀。"中国历史上寥寥可数的几个比较"自我"一点的诗人学者不是都被前人视为异端，被后世奉为经典吗？

在此文化中耳濡目染起来的中国知识分子一旦成为了教育者，一旦作了班主任后，自然常常就有意无意地让集体的意志（因为这常常就是班主任自己的意志）凌驾于个人意志之上了。这样的"集体"有一个显而易见的好处，对学生整齐划一的要求可以极为有效地降低管理难度。但是，这样的集体已经变味了，因为它总是试图以一般代替个别，以普遍代替多样性。于是，鲜活的生命个体就成了木乃伊。人的独特性、唯一性、不可重复性在集体中消失得无影无踪。

当然并不是说集体的意志不该先于个人的意志，只是在具体的班级管理中，因为对个性的忽略，班主任的思维指向和行为指向往往发生偏差。

比如在班级奋斗目标的确立上，过分强调学习成绩和年级排名，而忽视集体其他方面素质的培养。这种做法的后果是有学习天赋（其实不过是能够获取高分）的学生在集体中能够感受到自我的价值，而缺乏学习天赋和基础较差的学生在集体中越来越没有尊严丧失信心。轻者导致这些孩子厌学弃学，重者引发这类孩子的心理畸变，最后甚至危害社会。

这样的集体是虚伪的集体，因为它完全违反集体的生成原则，这样的集体，其本质其实是专制的，它不仅使人得不到发展，而且还能以不可逆转的力量使人陷入大众化、平庸化，并由此而失去自己。

马克思曾这样呼唤的真正的集体：在那里，每个人的自由发展是一切人自由发展的条件。这样的集体，认可每个参与其中的个人的主体性，以每个人的真实的生命活动确证自我的个人。集体的价值更在于：除开成全每个有个性和独立性的人以外不再有任何借以自重的其他价值。

如果有了这样的胸怀和认识，班主任在规划和建设一个集体的时候，或许思路就会发生重大的转变吧。

《教育人学》观点：

教育的领域是自由的领域。在这个自由的领域中，我们应该把受教育者自己生命的发展权、创造权还给他自己。教育就是对人性的充盈与放飞。一言以蔽之，教育即自由。

**感悟**：这个观点对中国人来说是匪夷所思的。中国古代有一句很著名的俗语，叫做"女怕嫁郎男怕学堂"，意思是说女人不听话就让她嫁人（这有一个背景，中国古代女子是不兴上学的），男人不听话就让他进学堂。由此看来，中国人把孩子送进学校就是为了给马套上缰绳，就是为了让他不自由，让他由此变得"听话"起来。所以，"教育"居然会和"自由"划上等号，这对于中国人来说，实在是旷古奇闻了。

前些年的素质教育，这两年的新课程改革都炒得如火如荼，但是基层学校的反应并不强烈。不是不想反应，实在是不晓得该如何反应，或者干脆说不敢反应。一旦反应了，学生真"自由"了，那还得了？现在的学生本来就不好管，如此新观念一旦灌输进去，学生还学不学习？分数还有没有？升学怎么办？教学质量是学校的生命线，这条生命线都垮了，学校还怎么办下去？

所以在中国的学校当班主任是不太敢想"自由"这类字眼的。连家长的叮嘱都是：给我管紧点儿，越紧越好！只要紧出了成绩，什么都好办！

要解决这个问题是一个庞大的社会系统工程。但是《教育人学》在这一点上给我的启示是：作为教师，作为班主任，首先必须在观念上解放自己。社会让孩子们进入学校，我们到底要给他们什么？除了实实在在的科学知识，更重要的还是"把受教育者自己生命的发展权、创造权还给他自己"。

鲁迅先生曾把"教育"理解为"人之自我建构的实践活动"，旨在说明：教育虽然存在一种外部施加影响的过程，但是其主题却应该是促进、改善受教育者的自我建构，自我改建。这种见解的意义在于，它看到了"教育首先是一次内心的旅程"，任何外来的影响只有深入到受教育者的内心或生命，引发受教育者对当下已有的自我存在状态的解放欲望，进而产生自我教育的需要，才能对人产生实质性的影响。在此意义上，教育绝不是规定，而是对人的任何一种已有状态、既定状态的打破。

联合国教科文组织继1989年提出"学会关心"之后，又在《教育——财富蕴藏其中》提出了教育的四大支柱：学会认知、学会做事、学会共同生活、学会生存。它试图表明这样一个基本原则，教育应当促进每个人的全面发展：即身心、智力、敏感性、审美意识、个人责任感、精神价值等方面的发展。应该使每个人借助于青年时代所受的教育形成一种独立自主的、富有批判精神的思想意识，以及培养自己的判断能力，以便由他自己确定在人生的各种不同的情况下他认为应该做的事情。其中，又特别强调：教育的基本作用，似乎比任何时候都更在于保证人人享有他们自己为充分发挥自己的才能和尽可能地牢牢地掌握自己的命运所需要的思想、判断、感情和想像方面的自由。

这便是"自由"的本质！

当然有了这些观念并不就能拯救我们的教育，但是，如果我们这些当班主任的有了这样的胸怀，作为教育最前沿的实践者，或许我们的学生能够得到更为丰富充盈一些的东西，而不仅仅只得到分数吧。

《教育人学》观点：

长期以来，我们一直把"道德"理解为一种对规范的服从和适应。我们无意反对规范，相反，有些规范是必要的。但这些并不是"道德"的核心所在。道德的领域是自由的领域、创造的领域、选择的领域。一旦将这些内核排除，道德就只能处于一种外在的"他律"层面。而道德一旦丧失了自律层面的内在支撑，道德也就走向了虚无和毁灭。因为这种道德里已经不再有自主和创造。

**感悟：**社会把学生交给我们，我们在学生身上烙下的最深的印记是什么？除了送学生参加一轮又一轮的升学考试，我们还通过让学生学会服从和适应规范从而理解和拥有"道德"。当我们为学生的如此进步而沾沾自喜的时候，我们确实很不容易去思考一个问题，那就是：学生是不是真正理解了这些规范。

记得在我的班上曾经有好几位外教，他们都有一个共同的习惯，每次上完课后，都是自己擦完黑板后才离开。而在平日的教育中，值日生必须准时擦黑板是班级的重要规范之一。外教的行为在班上引发了对班级习以为常的现行规范的激烈争论。坦率地讲，我以民族传统习惯来解释这种现象学生并不是非常服气，但这次争论给了我一个重要的启示：规范的确立必须要得到遵循规范者的内在心理的认可，规范才能够顺利实施，才能进一步达到涵养心灵的作用。

正如《教育人学》中所说：道德的领域是自由的领域、创造的领域、选择的领域。惟有如此，道德的教育规范的教育才能走进心灵内化为人的内心世界的力量。

西方的大哲学家们对此早有深刻论述。

卢梭把自由与道德联系起来。他把道德理解为人的自由，也就是人的意志自律。"惟有道德的自由才能使人类真正成为自己的主人。因为'只有嗜欲的冲动便是奴隶状态，而只有服从人们自己为自己所规定的法律，才是自由'反之，取消了自己的意志的一切自由，也就是取消了自己行为的一切道德性。"

而康德对此的解释就是——自我立法。

康德认为："责任"就是由于尊重规律而产生的行为必要性。"尊重规律"就是指法由己出，就是一种纯粹出于自身的内在必要性。"他之所以崇高，并不由于他服从道德规律，而是由于他是这规律的立法者，并且正因为这样，他才服从这一规律"。否则，根本就没有所谓责任问题。

康德第一次在思想史上把自由理解为自律，把自由与道德法则结合为一体。他之所以以"自由"为基石构建其道德学说，正是深刻地看到了"法由己出"的道德内涵。没有这一点，道德大厦必然崩溃。所以，我们应该站在自主创造的层面上来把握道德。也只有这样，道德才能成为人对自己主体地位的一种确证和践约，才能成为一种尊重。这也就意味着走出对他人的模仿和重复，创造真正属于自己的可能生活。

懂得了这个道理，教育者，特别是班主任就会避免很多教育的不民主行为：比如强行以个人的意志规定班级法规，以个人的喜好决定班级发展走向，制订不符合学生生理和心理特征的规范，不善于对规范作出人性化的诠释⋯⋯懂得了这个道理，教师就会更有耐心和宽容之心等待学生的成长，就会不断提升自己的追求目标：教育不是仅仅让学生学会遵守规范，而是在这个过程中走向自我启蒙、自我建构，不断提升自己、完善自己的"成人"之路。

总之，《教育人学》的核心观念是：教育的根本问题是要"培养"一种能动的非顺从非保守的精神状态的人。这种人不但有着自我超越自我建构的需要，而且自觉地把自己的发展与社会的进步紧密联系在一起。教育不仅仅是一种限制，它是人性的放飞和创造。

教育是一种解放。

教育即是自由。

我们生活的世界像一片森林，其中有的人是乔木，有的人是灌木；有的人是参天的白杨，有的人是婆娑的杨柳。你也许不是最美丽的，但你可以最可爱；你也许不是最聪明的，但你可以最勤奋，你也许不会最富有，但你可以最充实；你也许不会最顺利，但你可以最乐观……

——李镇西

## 教师自我拯救的三种视角
### ——读《我们和差生》有感

差生是教师的隐痛。可以说，教师的整个青春生命都是在与差生的"游击战"中耗过去的。差生最易埋葬教师的职业兴趣，摧毁教师的职业信念。所以，"差生现象"是现行教育瓶颈的最外显形式之一。如何突破这个瓶颈，是教育永恒的命题。

从大力鼓吹近代教育家陈鹤琴的"没有教不好的学生，只有不会教的教师"，到现在众多教师呼吁"教育要勇于正视失败"，教师与差生的关系成了一种悖论——教育信念和教育现实之间的不可调和的矛盾。

似乎没有出路但必须寻找出路。所以，在相当长的一段时间，我自己也因为陷身于这种悖论而痛苦。

直到读到甘肃酒泉中学霍军老师的《我们与差生》。

一口气读完霍老师潇潇洒洒近七千余字，我顿觉身心舒畅耳清目明，大有拨云见日之感。除了对"差生现象"有了多层次多纬度的认识外，更为重要的是，从霍军老师的思维方式和解读过程我强烈感受到：教师想要自我拯救从而实现自我建构，必须具备三种视角。

## 一、高屋建瓴的俯视

霍老师对差生现象的诊断，不仅仅靠的是观察，而首先是"透视"。霍老师"不畏浮云遮望眼"，他纵身一跃，直跃到历史文化政治的天空，在这个角度上俯瞰思考。这一看，果真不再有"只缘身在此山中"的困惑了。

### 1. 俯视整个人类在自然界中的生存地位

霍老师在把人和自然界中的其他物质（包括生物和非生物）进行了比较之后，这样表达自己的观点：

> 人几乎是一无所有的，上帝把人赤条条地抛到这个世界上来，本意就是要惩罚我们。它让我们不完美，其用心就在于，人天然地需要成长，需要逐渐地而不是一蹴而就地发展壮大自己。它让我们两脚行走，岌岌可危，但它却留给了我们一颗有待自我教育、开掘和生长的大脑。大脑就是人的利齿爪牙、翅膀长腿、嗅觉锐眼，是我们庞大的体格和无比的力量。但大脑永远是成长中的东西。那么，上帝让人们两脚行走其实包含了人生的全部秘密与哲理——通过教育来完善自己，教育是上帝给两脚行走不稳的人类的一根手杖。这决定了，教育的使命就是直面人的不完美这一事实和宿命，教育的根本原则就是改变不完美，一句话，改变差生。而人类全体在这个意义上，全都是差生！

"教育的使命就是直面人的不完美这一事实和宿命，教育的根本原则就是改变不完美""而人类全体在这个意义上，全都是差生！"何等精警的阐述！有了这个基础观点，霍老师的所有论述便站在了一个阔大坚实却又弹性的平台上。我想，霍老师文章的题目叫做《我们与差生》，而不叫

《论差生》，这本身就包含了一种人道主义的情怀。既然人类（包括你，包括我以及所有暂时不是差生的人）从生命本质上来看都必然拥有差生的经历，那我们为什么非要给予"差生"们另类的目光，而不把差生现象当作人类自身发展过程中的一个正常现象呢？

### 2. 俯视整个应试教育的弊端

反思"差生现象"，无法绕开的是应试。而霍老师对应试的思考是独辟蹊径的。进入他的视野的不仅仅是应试本身的残酷，他再一次地凌空一跃，火眼金睛一般洞穿了以应试为圆心，无限循环制造生产出差生的教育体系。霍老师这样幽默地表述：

> 应试的实用化、功利化特性强迫每一个参与其中的人按等级划分自己的领地。排名不仅是学生的事，也是教师的事，学校的事，县、市、省的事。排名的宿命是，第一第二永远与倒数第一第二对应，应试竞争存在多久，差生就会存在多久。教师其实永远没有可能在应试机制下消灭差生，甚至"转化差生"，差的转成了第一，原来的第一就变成了第二，原来的四十九名就变成了五十名。"皇帝轮流做，明年到我家，差生年年有，下回又该谁？"

如果仅仅是如此还不算奇崛。有了这般形象的思考之后，霍老师在历史的天空眺望着可怜的人类——他反思了在中国以及外国社会因为人为地妄想"全民皆优生"而导致的教育的畸变。在这番意味深长的回顾之后，霍老师感叹到：

> 教师彻底排斥差生，只能使差生变多，只能使他苦心营造的优等生小团体里继续产生新的倒数名次。排名淘汰末位学生的做法，就是营造更多差生的法宝。

现实的探究来自历史的借鉴，宏观的俯视往往可以让谬误无处容身。霍老师此言，入木三分！而在全文中，因为全方位高角度的俯视而带来的深刻表述比比皆是。这种角度使整篇文章给人以大刀阔斧之感，全然超越了同类论文的感性琐碎,从而使自己的思考具有了浩然之气。

## 二、悲天悯人的平视

站得高看得远是超越,但是人最后还是必须回到现实的土地当中来。这个时候霍老师从高瞻远瞩的观察变成了细腻入微的探究,显示出了悲天悯人的情怀。

### 1. 正视教师在差生面前的失态

霍老师是幽默的,在毫不留情地描述了教师在差生面前的种种失态之后,他笔锋一转:

> 应当承认,在差生面前失去耐心的大多数教师,在所谓"优等生"面前,往往完全是和蔼的,可亲的,聪慧的,有风度胸怀的,有远见卓识的,高尚的,神圣的,有教育思想和巧妙方法的。失去耐性乱了方寸,不是他们的常态而是他们的失常,不是他们的本心而是他们的特例,种种失常,常常是一个渐进渐变的过程。

这样的补充,不是对教师的姑息原谅,而是一种更为大胆的袒露。没有主动地站在学生立场上的自觉和自我解剖的勇敢的人,是不会有这样的袒露的。所以,这些文字真实得让人冷汗涔涔。

### 2. 正视教师之于"教育夹生饭"的责任

霍老师不仅仅是无奈痛楚地描述了教师的失态,更为动人的是,他对于这些"失态"造成的后果进行了冷静地揭示。他说:

> 对学生的过高预期极易导致教育者耐心的丧失,因为已经认定学生个个都该是优等生,所以就难以容受差生的一丁点儿错误,自己在焦躁中剪断了眺望未来的长远目光。期望值高过了耐心,现实就变得令人无法冷静,一系列企图一夜之间改变现状的简单粗暴措施应运而生:罚抄作业三十遍,罚写单词五十遍,罚做卫生两星期,罚叫家长陪训话,罚站罚回家,更不在话下。谁都明白这样的惩罚不科学、不理智、不符合学习规律,但出于一时之愤,类似愚不可及的惩罚令还

是随口而出，随时产生。

与这种简单措施配套的是，学习上要求人人上进，管到了不分巨细，明察秋毫，其他方面却糊里糊涂，不分好歹。许多优等生欲保优等，常常牺牲手段的合理性，常常"表现良好"却丧失了品性的纯朴。而差生呢，则在失去分寸的教育条件下恶性循环，非但争不到学习优胜地位，更在种种简单教育措施后丧失自信，失掉自觉，缺少自尊，不求自强，成为"教育夹生饭"。

"在焦躁中剪断了眺望未来的长远目光"是霍老师对可忧的教师现状的痛心描绘，而"失去分寸的教育条件下恶性循环"则是霍老师对教育现象鞭辟入里的定义。微微调侃的文字背后，是作为教育反思者的济世情怀。

### 3. 正视差生是教师的"饭碗"的现实

没有人愿意承认敢于承认，但霍老师还是掀开了老师们心理障碍的"盖头"，循循善诱谆谆告诫：

> 我们离不开差生，因为我们离不开应试。差生是上天赐给教师的礼品。得天下英才而教育之，不亦乐乎？但那是大学老师的事，名教授的事，谁让人家是名教授呢？我们的说法是：没有了"差生"，基础教育就失去了存在的依据，教师就没有了存在的价值。"差生"甚至是中学教师生存的土壤，是我们的饭碗。用商业类比的话，顾客是上帝，吃中学老师这碗饭，差生就是我们的上帝，是我们的生存空间。没有了"差生"，我们只有失业。我们的教育大店要想生意兴隆，只能依赖差生，除了办好这座大商店，我们无路可走。

是有一些无奈，但可贵的是霍老师直面了这份无奈，并赋予了这份无奈以现实人生的柴米油盐气息。在展望未来之前，感受一下脚下土地的甘甜和苦涩，这将使每一个教育者都能恰如其分地丈量自己飞翔的翅膀。

窃以为，这些"正视"的前提是"平视"，是怀着坦然正直善良的心境对自身的"内省"。

这一番内省，直逼每个教育者的心灵深处。

## 三、激流勇进的仰视

透彻地分析了差生产生的诸多原因之后，霍老师知道，他要面对的是所有老师的质疑："为什么"固然重要，但"如何办"更牵动人心。正如尼采说"你们的光荣不是你们从何而来而是你们向何处去"，如果找不到一条能说服众人的出路，这番思考将成为让人哂笑的空中楼阁。这个时候，胸有成竹的霍老师没有陷身于津津乐道某种具体的操作方式，而是举起笔来，为教育者和差生们描绘了一幅可感的蓝图：

### 1. 坚信应试与素质并存的合理性

如果仅仅是怨天尤人牢骚不断那就不是霍老师了。哪怕是对导致"差生现象"的罪魁祸首的应试教育，霍老师也并非完全口诛笔伐。他优美而独到的阐述让人动容：

> 素质教育是颗不幸的种子，一脱手便被撒在应试的冰冷土地上。但应试的现实性并不意味着应试制度的完美合理，素质教育的理想化色彩也不意味着它就应该充当空中楼阁。应试教育非搞不可，素质教育也必须实行。这意味着，我们只能也必须在应试的夹缝中开展素质教育，或者说，我们只能借助应试制度的"方便法门"来走通素质教育的大道。应试本身并无过错，错在人们以应试为教育的终极目标。应试永远只能是手段，素质才是我们的目的。甚至应当说，素质教育的所有优良品性当在应试的过程中渗透融化。教师的人格力量许多时候表现为，我们就是要利用应试的实用性、功利性、残酷性来进行素质教育，教会学生面对生存、适应生存和超越生存的从容、镇定、优游的心态，教给学生一种做人的素质，即一方面丰富自我知识，壮大自我智慧，强化自我能力，另一方面人格健全发展，心理健康成长，让自己以美的精神和灵魂，用艺术化的、诗化的生活态度和生活方式去化解单纯残酷的生存竞争带来的焦灼空虚，去遏制物质主义带给我们的人性滑落。我想，这正是我们这一代教师的宿命。我们侥幸逃脱了极"左"政治和专制政治的魔爪，敲锣打鼓欢庆胜利，以为进入了

教育的天堂，欣喜地推开大门，却发现自己落入了物质主义、功利主义的地狱。世界上没有一座单纯美丽的天堂，正如没有一所清一色优等生的学校。我们命运的悲壮和神圣正在这里，我们两肩挑起应试的重担，双脚踩在冰冷的应试竞争的崎岖山路上，双手却得在黑暗中摸索发展人、发展人性、发展人的自由精神和超越灵魂的坦途。

这段论述让我想起了一句名言：怀着沧桑的心情写风月，背负着现实的重负谈理想。庸常的生活中我们的埋怨总是太多，而我们的宽容总是很少。我们总有意无意遗忘了这样一个真理：当现实无法超越的时候，人类的梦想更为重要。霍老师的梦很美好，但并不虚幻，他为我们提出了一种可能——以我们自身的智慧尽可能地遏制应试教育的负面影响。这是我们这一代教师的宿命，也是我们的光荣。鲁迅先生说：真的勇士，敢于直面惨淡的人生，敢于正视淋漓的鲜血。我以为，霍军老师，就是这样的勇士了。

## 2. 坚信人的发展的必然性

"差生"给予教师的最深的痛苦是"发展停滞"。无论你下多么大的功夫，往往表现在差生身上都是如水滴融入大海，什么都看不见。就是在这样的回环往复失望的挤压下，教师渐渐地失去了耐心爱心。这是"差生问题"瓶颈的瓶颈。对此尖锐问题霍老师毫不回避，他一针见血地指出：

> 真正的关于人性的信念应当是，只要我还在努力着，那么，受教育者就在改变，就在成长而不是倒退，就在无限地接近圣人境界。这是坚强的信念而不是算术式的、资本家式的生产预期。信念相信人永远成长，所以敢于以一个学生的一生为期限，正如孔子的那段话的表述；算术预期则把人看成产品，认为有投入就该立即有产出，效率第一，周期要短，要立竿见影，立马生效。如果说我们的现代化教育出了问题，就是这个问题：将人工具化，商品化。商品的特点就是其实效性，要时髦、时尚、时新，要一上市就抢购一空，要消费，用过就扔，要抢个第一，第二肯定卖不上好价钱。而人的成长，那是终身大事啊！肯定有少年有为的英才，但也必须承认，有相当多的人，甚至是绝大多数人，他们的成长需要一辈子，他们在一生的大多数时候，

只能是差生。

我认为，其中最为掷地有声的一句话乃是"信念相信人永远成长，所以敢于以一个学生的一生为期限"。人与万物的根本不同是：在对人的理解上，从强调空间转向强调时间。人有生成变化，人有可能凭着他的可能性去创造更大的可能性。而与其相反的是把人看作僵化凝固的实体存在，而看不到人的精神建构，特别是创造批判超越的一面。所以，对人来说，可能性永远高于现实性。或者说，可能性比现实性更深刻地揭示了人的意义。从某种意义上来说，教育抓住了人的可能性，也就抓住了人的根本。"以学生的一生为期限"，教育如若有了这种眼光和气度，能够得到彻底改变的，恐怕就不仅仅只有"差生"了。

### 3. 坚信发展差生就是发展教师自我的创造性

霍老师文题是《我们与差生》，我以为，全文中最意味深长最有价值的还不是对于"差生"的解读，而是对"我们"的透析。而所有的透析中最给人以启悟的是这段话：

> 从这个意义上说，教育这种职业天然地具有和人的意义价值体系沟通的性质，即教育与许多单纯谋生的职业不同，它在从业者谋生的同时即教给其他谋生者（学生）以生存的合理性方式，也在学生学到这种合理性方式的过程中给予从业者自己一种合理的生存。我们不对差生焦躁的内在理由是，我们不应该对自己焦躁。如果你认为自己没能力转化一个差生，说明你自己作为一个人还不完善，那么就应该认为差生之差只是人成长的一种必然的、甚至是合理的表现。引导差生一点点进步，恰是教师自我成长的一种最佳方式。差生之差，正是"差师"之差。学生的不完满映照的就是老师的不完满，学生的"操蛋"正说明老师是"操蛋"的。"童话大王"郑渊洁说得好："差生是差师教出来的。"郑先生的话多少有些偏激，我的理解是，差生是我们教师成长的一个起点，教差生是老师的生命线，差生身上所代表的人类缺点给了教师发展自己教育能力、生命创造力的广阔空间，教育差生才能让我们学会教育这门高级手艺，而学会之后，我们的任务就

是面对更多差生；只是永远没有相同的两个人，于是，我们永远不寂寞，永远有成长的机会。

你看，面对差生，霍老师绝不"焦躁"，他不焦躁的理由是"差生是我们教师成长的一个起点，教差生是老师的生命线，差生身上所代表的人类缺点给了教师发展自己教育能力、生命创造力的广阔空间"，说得多么优美而又意气风发。教育是什么？教育是人在生活中不断进行精神创造，不断谋得视界融和，不断求得精神教化的过程。霍老师非常崇拜的人本主义思想家弗洛姆说："给予"并不是说为别人牺牲自己，而是奉献出自己内心最富生命活力的东西。他给予别人的是他的快乐、兴趣、理解力、知识和幽默。通过"给"，他丰富了别人，通过提高自己的生命感也提高他人的生命感。"给予"意味着使他人也成为一位给予者，他们共同分享融进生命中的快乐。在"给予"的行为中，某些东西诞生了。双方都感激这种新生的力量。给予的人不要把被给予的人看作是帮助的对象，而是同他们建造起一种创造性的相互关系。有了如此见识和胸怀，我们的眼光，就能跃过差生头上的阴云，而看到云层下的太阳和阴霾后蔚蓝的天宇。

从霍老师的笔下，我们读到的不仅仅是一位中学一线教师开阔的人文视野和温柔厚重的教育情怀，我们更从中读到了一个人之为健全饱满的生命的必要条件。世之万物绝不可能十全十美，人生之价值也不可能尽遂人愿得到完全实现，但是，如果我们都有了霍老师这三种视角：能正视自身的渺小但不为此渺小怨天尤人，我们能正视自己的宿命但不沉溺于这种宿命，我们能自觉地站在生命、历史等宏观背景下深入自己的内心，那么，我们便获得了一种超越人的生命局限，并且重新建构生命的可能。

还是想引用霍老师自己的话来结束这篇读后感：

多年的教学生涯使我们当中的人大多都有一种越来越强烈的感受，那就是，如果我们以教书这一职业与别人比功名利禄，我们就毫无骄傲自豪可言，除了自卑，我们一无所有。但是，如果真正沉浸在让学生获得了一点点提升的微小喜悦中，我们会发现，正是这个职业成就了我们，拯救了我们。

## 跋：每一天都是金子

九月在望了，书稿的整理已近尾声。但阳光依旧是毒辣的。今年，重庆遇到了百年不遇的大旱灾。

然而，因为这些并不精致的文字，这个暑假的每一天都变成了金子。

就在昨晚凌晨时分，电脑提示有新的邮件到来。打开，是杨雅云——我的丫头写来的。她幽幽地跟我唠叨了很多IB班的细节：

王老师：

近来可好？

仔细算来，IB班分开也有两月了。直到现在，我还忍不住翻开从前的相册，凝视那些肆无忌惮的快乐。照片上一张张淘气的脸让我总想写些什么回忆的文字却总又下不了笔。我也曾经回学校IB班的教室去看过，奖状还在，桌子椅子都还在，还有谁的书掉在了地上，黑板上不知是谁的涂鸦……只是我们不在了。在小小教室里，从前的故事似乎都没离开，我依旧在小黑板上抄着这个周的名句，一本正经地讲解着，和熙丫头哼哈二将评讲《轻巧夺冠》，下边是起哄的小子丫头们；大头似乎又站在饮水机边帮谁接水；三妹（张钪）似乎还蜷在哪个角落里大声地唱歌，老葡萄转身就给他一下，一声惨叫；谷雨还在那里埋头看着我们看不懂的书，一边提防着老师；慰K又和刘宏达追打去了，小宝和长臂猿又发明了什么游戏，在一边眯着眼睛笑；小卷毛又被谁惹了，气得嘟起了嘴……
……

王老师，您的"IB日记"继续写，好吗？我几乎每次上网都会去看"IB日记"，却是迟迟不见有新的文章，我还是希望您为IB班继续写点什么的。我的文集我也依然会继续，而且我的练笔，我的长跑，我一件也不会丢下的。我还是会每天把练笔交给您，没准儿您每天晚上还是能在操场上看见我呢！

夜里胡思乱想，难以入眠，信笔涂鸦尔尔。

您的丫头：杨雅云<br>2006年8月25日晚

三年来，让我不能不写，一写而不可收拾的，就是如上面这些日日弹拨着我的心弦的文字，日日让我动情的真情。

我的所有文字，三年来陆陆续续地发表在互联网"www.writebar.com"（中文实名"写吧"）的"IB日记"和"青春之语文"两个专题中。这本书中展示的只是其中很小的一部分。写它们，于我来说是情之所至和兴之所至。然而三年后我的收获是饱满的。这并不仅仅是因为两本专著的出版，而更是因为日复一日的坚持让我渐渐养成了学习的习惯、思考的习惯、写作的习惯、爱的习惯、快乐的习惯。也是在这日复一日的坚持中，我对李镇西老师的谆谆教诲有了更加深刻的领悟。

教育理念可以朴实地阐释。理念与深奥的术语没有必然联系。所谓"教育理念"无非就是隐藏在教育行为背后的指导思想，这种指导思想人人都有，而并非教育专家所垄断。所以，理念并不神秘，因而对教育理念的阐述完全可以也应该是平易通俗的。

教育情感可以诗意地抒发。教育研究和教育实践都不纯粹是自然科学式的操作，它更带有强烈的人文色彩。因此，如果说在自然科学的研究过程中，研究者要保持自己与研究对象的距离，避免主观感情以保证结论的客观性的话；那么，教育恰恰相反，教育者与教育对象应该是融为一体的，其间感情的流淌、诗意的飞扬，正是我们追求的一种教育境界。因此，教育论著完全可以让真情实感像泉水一样自然而然地奔涌流淌。

教育过程可以形象地叙述。教育者的智慧更多的是体现在教育过程之中，具体说，就是体现在故事中。因此，"讲故事"也是一种教育感悟的表达方式。对于一线老师来讲，坚持写教育日记、教育手记，哪怕仅仅是记载自己每一天的教育故事都是很有意义的。如此坚持三年、五年，任何一个普通教师都可以成为真正的教育能手乃至教育专家。

教育现象可以激情地评说。教育者应该是一个性情中人，各种教育现象都会在他的心中掀起喜怒哀乐的波澜，孕思考于胸中，遣激情于笔端，指点教育，激扬文字，敏锐而犀利，从容不迫而又掷地有声⋯⋯

就是在这样的身体力行中，我越来越明白：作为青年教师是完全可以有自己富有特色的教学科研的，因为真正的研究并非"大题小作"，而是"小题大做"，教师的智慧也并非"一飞冲天"，而多为"积小智成大智"。只要我们带着一颗思考的大脑从事每天平凡的工作，就会感到富有价值的课题是源源不断的。

我的坚持也带动了孩子们的坚持。我们把随笔的写作、欣赏、交流一直坚持到了初三的最后一天。正是这坚持，让我和孩子们一起度过的每一天都变为了金子。

泰戈尔说：天空没有留下我的痕迹，但是我已经飞过。我们不仅飞过了，而且我们还留下了青春的脚印。

我的随笔，还有孩子们的随笔，这些记载了2003年到2006年的三年青春生活的文字，每一个字也都是金子。

感谢初2006届1B班和9班的所有孩子们，你们给了我永不会枯竭的写作灵感。

感谢我的小姨，没有她多年辛勤操持家务，我就不可能全身心地投入教育教学工作。

感谢我的先生，他历尽艰辛一手创办的网络写作平台"写吧"成了我和孩子们交流的最好平台。

感谢李镇西老师，从八年前我们一同参加全国课堂教学大赛开始他就不断在精神上启迪我激励我。李老师的《教育也可以这样表达》让我这样平凡的教师找到了表达个人教育理想的途径和拥有了表达的信心。李老师已经多次在网上发表文章《不再写序》，这次却在刚刚调动工作出任武侯试验中学校长的繁忙之际破例为我的小书作序。这份情谊，实在不是"感激"一词可以表达的。

感谢一直关注我爱护我的前辈们：首都师范大学的刘占泉副教授、荆州市教研室的著名特级教师余映潮老师、深圳教研室的程少堂副教授、《语文教学通讯》、《中学语文教学》、《语文建设》、《中学语文》、《班主任》、《班主任之友》的全体编辑们、重庆外国语学校的各位领导和王兆麟教研员，没有你们的关心支持，就没有这本拙著的问世。

九月是教师出发的季节。在我看来，教师的光荣就是和孩子们一起锤炼每一个日子，让一段又一段的青春旅程变成孩子们初步感受幸福和创造幸福的人生体验。千淘万漉虽辛苦，狂沙吹尽始是金。我憧憬着并且将继续不懈努力——让自己和孩子们的心灵变成金子，让我和孩子们的每一天，都变成金子。

2006 年 8 月 26 日

图书在版编目（CIP）数据

教育与幸福生活/王君著．－福州：福建教育出版社，
2007.9（2009.5重印）
（闽教书香文库·教育新视界丛书/李镇西主编）
ISBN 978-7-5334-4774-8

Ⅰ．教… Ⅱ．王… Ⅲ．中小学－班级－学校管理－经验
Ⅳ．G632.421

中国版本图书馆CIP数据核字（2007）第148509号

闽教书香文库·教育新视界丛书
教育与幸福生活
王　君　著

| 出版发行 | 福建教育出版社 |
|---|---|
| | （福州梦山路27号　邮编：350001　电话：0591－83706771　83733693 |
| | 传真：83726980　网址：www.fep.com.cn） |
| 印　刷 | 泉州晚报印刷厂 |
| | （泉州市新华路65号　邮编：362000） |
| 开　本 | 787毫米×1092毫米　1/16 |
| 印　张 | 20 |
| 字　数 | 295千 |
| 插　页 | 2 |
| 版　次 | 2009年5月第2版　2009年5月第1次印刷 |
| 书　号 | ISBN 978-7-5334-4774-8 |
| 定　价 | 32.00元 |

如发现本书印装质量问题，影响阅读，
请向本社市场营销部（电话：0591－83726019）调换。